玄峰老師

高木蒼梧［編著］

大法輪閣

昭和三十五年　不動尊例祭御出頭前（隠寮にて）

隠寮にて御閑坐（九十五歳）

絶筆　玄　峰　塔（九十六歳揮毫）

玄峰塔（東光寺）

蘭を愛でる老大師

酒を愛した老大師

補聴器を持たれて

下の隠寮

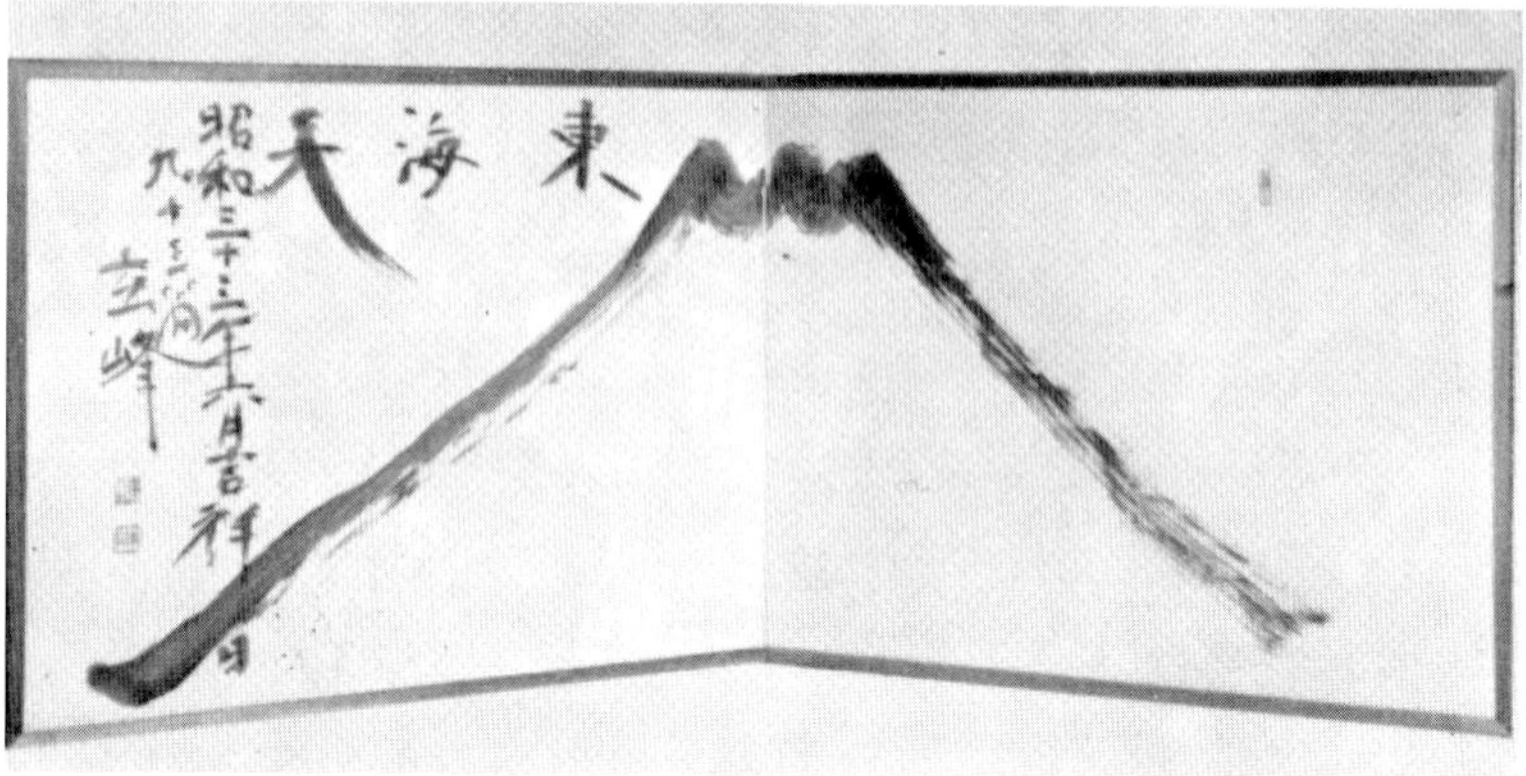

東海天（九十三歳揮毫）

揮毫中の老大師

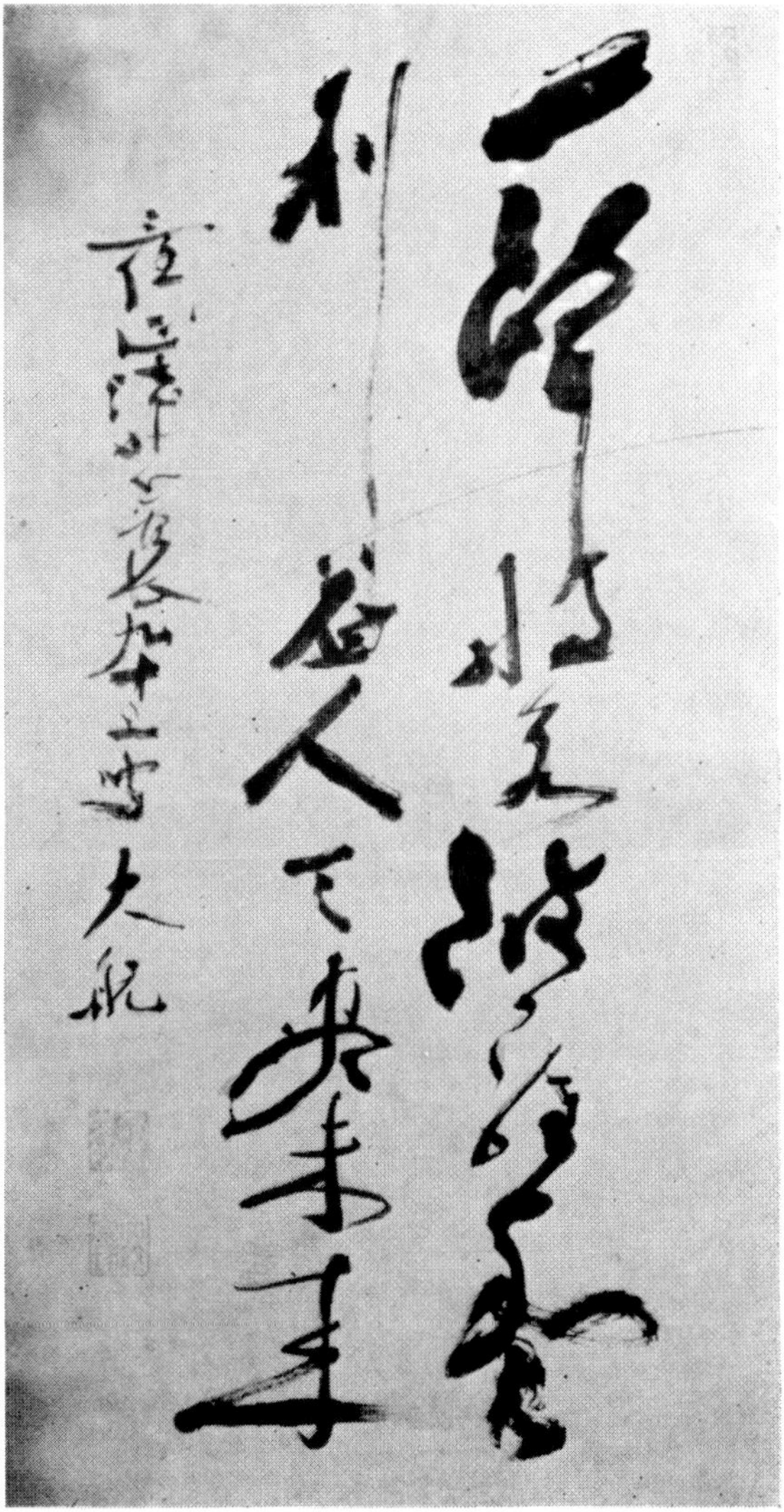

一聲般若波羅蜜
利益人天盡未來
三住正法管長九十三叟大航

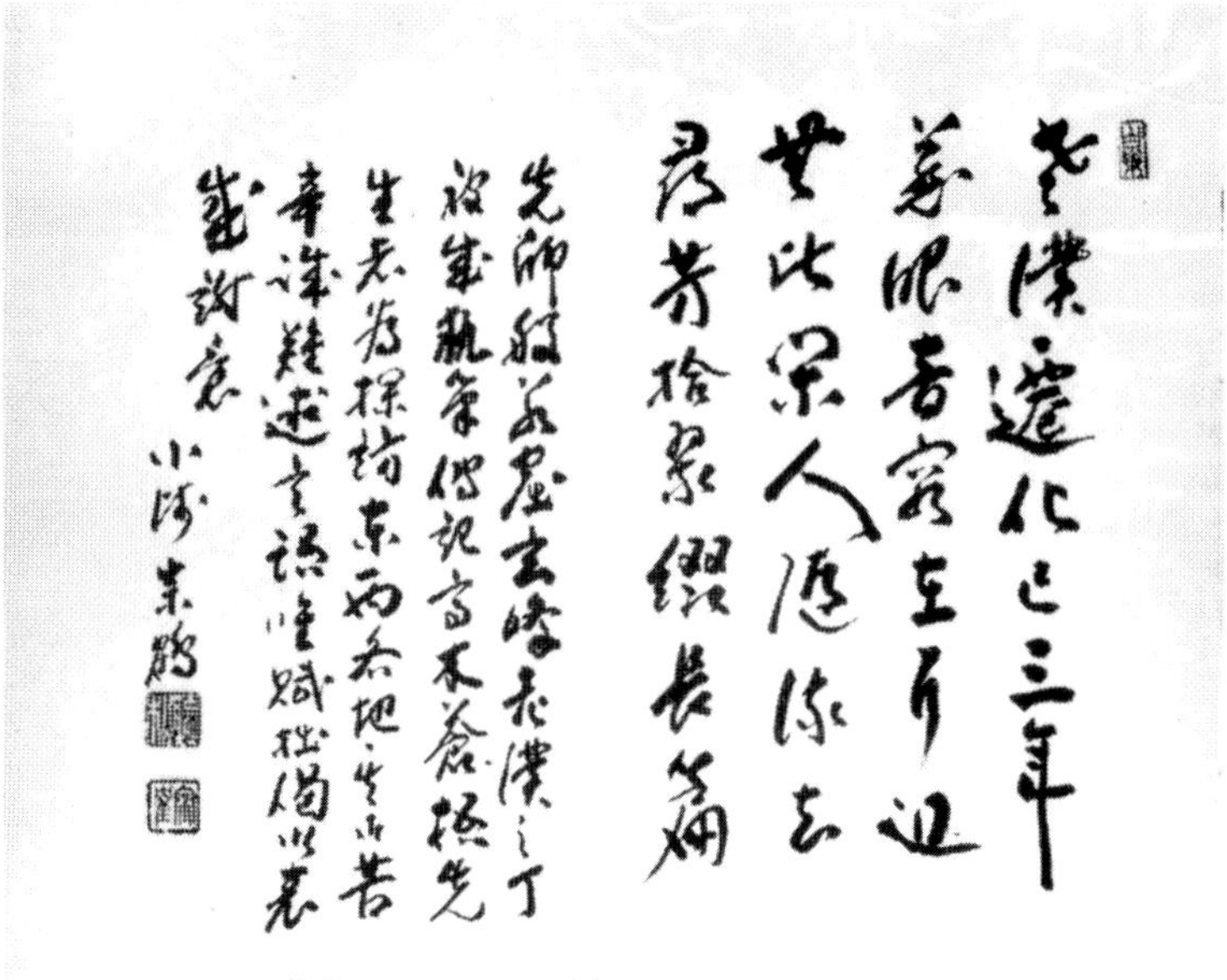

老漢遷化已ニ三年
慈眼音容在リ㆓耳辺ニ㆒
無比閑人随テ㆑流ル去
尋ネ㆑芳拾ウテ㆑翠綴ル㆓長篇ヲ㆒

先師般若窟玄峰老漢之丁アタリ㆑
被ルニ㆑成サ執㆓筆伝記ヲ㆒高木蒼梧先
生者ハ為㆑探㆓訪東西各地㆒其御
苦辛誠ニ難シ㆑述ベ㆓言語ニ㆒唯賦シ㆓拙偈ヲ㆒
以テ表ス㆓感謝ノ意ヲ㆒

小師宗鶴

序

「わが滅後、位牌作る事勿れ。塔立つる事勿れ。」般若老漢のきびしき御遺言である。況んや伝記を編し之を梓に上すに於てをや。然れども官には針をも容れず。私に車馬を通ず。既に無門の関を開いて世に問ひ給ひし老漢。この書の成るを御覧じて、顰蹙し給ふのみにも非ずと念ずる者である。

幸に蒼梧翁の御努力と筆勢、老漢の面目を躍如せしめて余す所なし。我はたゞ空手傍観。世界巡礼の旅に立ち出で、今日只今、ブッダ・ガーヤに釈尊成道の聖跡を拝す。静かに菩提樹下に蹲《うずくま》り、奉じ来りし老漢が霊骨を再び荼毘に附し、尽天尽地是れ般若の回向をした事であった。

この書も亦、この煙と共に宇内に拡がり、玄　又　玄。老漢が不伝の心を伝へゆくものと信じ、遙かにペンを馳らすと言爾。

昭和三十八年二月八日

於印度山中

宋　淵　敬　白

序

大戦中のある年、大蔵出版社社主長宗氏から玄峰老大師伝の起稿を嘱され、宋淵老師を通じて御意向をうかがうと！　生きている間はやめてくれ！

爾来、春風秋雨幾星霜。老大師は一昨年百歳に近い天寿を全うしたもうた。その後間もなく、長宗氏と宋淵老師から御伝記執筆を慫慂せられ、白頭老を忘れて欽然これに従いしも御青年時代の事など、許多の寒暑を経てほとんど伝説化し去らんとしている。筆者は臆説を排し真実を採らんと努めた。これがため波瀾に富みたまえる老大師伝を幾分平板化したる嫌いなきにしもあらず。

かつ、多年般若窟・蜜多窟に出入しながら禅味を知らず、加うるにすでに耄境に入り、聞聴の資料を忘却の海に落脱したるもの二三に止まらず、剰え文字を遺却して文、章を成さず。慚慨々々。

さもあらばあれ、今わが及ぶ限りの資料を蒐集し置き、後の君子を待って完璧を期せんとす。老大師の尊霊並びにこの書を劉覧したまわん諸家の寛恕を希う次第である。

昭和癸卯春

於望岳窓　高木蒼梧

「玄峰老師」目次

三　住職時代……六〇

装幀…清水良洋（マルプデザイン）

出自

誕生地と生家・養家

白隠禅師開創の古道場、三島市円通山龍沢寺《えんつうざんりゅうたくじ》専門道場の師家、妙心寺第六百三十二世第十九代の管長般若窟山本玄峰老大師は昭和三十六年六月三日、九十六歳の高齢で泊如《はくじょ》として遷化《せんげ》せられました。まことに天寿を全《まっと》うせられたものと言うべきであります。苦難のうちに生い立ちたまい、辛酸《しんさん》を嘗《な》め尽《つく》して倦まずその御一生は数奇《すき》を極めたものでありました。なかんずく道力ことに深く、幾箇の荒廃せる寺院を再建し、禅風を高揚したまいて一世の高僧と仰がれ、白隠禅師の再来と呼ばれ、まことにわが仏教界の重鎮でありました。

ここに老大師の小伝を摘撮《てきさつ》して、まずその概念を得ようと思います。老大師は紀州湯《ゆ》の峰《みね》の西村家にお生れになり、襁褓《きょうほう》のまま同地岡本家の相続人として養われ、芳吉と名づけ養育せられました。次いで御青年時代眼を疾《や》み、まさに失明せんとして四国の霊場遍路の途中、雪蹊寺《せっけいじ》の太玄《たいげん》和尚の慈手に提掖《ていえき》せられて出家し、その後、各地著名の諸老大師の炉《ろ》鞴《はい》に入り、三十八歳の時太玄和尚遷化のため雪蹊寺後董《こうとう》となり、四十三歳再行脚《あんぎゃ》を志して寺を出で円福寺の見性宗般《けんしょうそうはん》老師に鉗鎚《けんつい》をうけ、四十九歳で嗣法《しほう》、翌年龍沢寺晋山《しんざん》、それより欧米及び印度・支那等を巡錫《じゅんしゃく》、帰りて、妙心寺派管長に就任、その間、龍沢、松蔭《しょういん》、覚王山《かくおうざん》、正受《しょうじゅ》、瑞泉《ずいせん》各寺に住持、新京《しんきょう》妙心寺別院開創等のことあり、昭和三十四年冬より病臥、三十六年御遷化になりました。

之を要するに老大師は西村氏に生れて岡本氏に養われ、その後雪蹊寺の山本太玄和尚の法嗣《はっす》となり、その姓を冒されたものであります。

老大師の御生年は、戸籍には慶応二年丙寅《ひのえとら》正月晦日《みそか》生とあり、印度旅行の海外旅券には、高知県吾川郡長浜村長浜八五九番地　平民戸主　山本玄峰
慶応二年一月三十日生

とあり、長浜は雪蹊寺の所在地であります。しかし実際は一月二十八日生れであり、近藤政吉氏によりしばしば誕生祝をされていましたことに徴《しる》しても確かであります。また慶応元年御生誕説もありますが、老大師は寅年生れとお言いになっていましたから、二（一八六六）年御生誕が動かぬところであります。

御誕生地は和歌山県東牟婁《むろ》郡本宮町四番屋敷で、昔は四村《よむら》字湯《あざゆ》の峰《みね》といった温泉郷で、芳野屋と称し温泉宿でありました。今、東屋《あずまや》の少し先に温泉宿よしのやあるも、老大師生家とは全然無関係であります。

襁褓の孩児《がいじ》をもらいうけたのは、四村字渡瀬四十一番屋敷の岡本善蔵・とみえ夫妻、芳野屋の子である処から芳吉と名づけて養育しました。岡本氏は通称岡善と言われ、新宮《しんぐう》あたりまで響いた素封家《そほうか》、山持ちの大百姓です。その持ち山は今次の大戦に強制伐採を命ぜられ、少なからずいためつけられたのですが、その富は億をもって数えると言われております。

巷間老大師の御生母は後妻であったため、先妻の子女に対する気兼ねなどから、老大師を間引こうとしたとの説があります。それには桶に伏せて一昼夜捨ててあったが、温泉場のこととて地熱高く、それがため絶息するに至らなかったとか。あるいは既に絶息しているのに酒を吹きかけたら蘇生したとか。先妻の末娘の

夫が憐れんでこれを助けたとか。畚《もっこ》に入れて一昼夜捨て置き、絶息していたら納《い》れるつもりで空俵を持って来てみると、まだ息が通っている、それで空俵を持って途方にくれているところを通りかかったのが岡本氏で「お前さんその子供を捨てなさるなら、わしは子供が無いからもらう」と言って、ついにこの人に貰われたなど、説ははなはだ多いのでありますが、老大師の甥岡本勗《つとむ》氏は「誰かが作った数奇的な伝説が色々に伝わったのでしょう、事実は生れてすぐ岡本家に遣《や》ったもので、捨子は虚説です」と言われております。今日では具体的の確証を挙示するわけに参りません。

岡本家はこの孩児をもらった後、二人の男児と一人の女児が生れたのでありますが、どこまでも芳吉を長男として養育したのでありました。岡本家の主人善蔵は非常に厳格な人で、四村地方で最後まで丁髷《ちょんまげ》を結っていた小柄な男で「裸で柚《ゆず》の木に登るよりも、岡本のおやじに仕《つか》えるほうがつらい」と言われていたそうであります。とげだらけの柚の木は近よるのも恐ろしいようです、岡本氏の厳励さが想像されるのであります。老大師の少年時代は、ことごとくこの厳励な養父からピシャリピシャリとやられ、荒行で鍛錬せられました。老大師は晩年まで「何べんおやじになぐられ、げんこつをくらわされたかわからん、本当にありがたい」ということを言っておられました。一方お母さんは――玄峰老大師は「母」という言葉を口にしても、涙ぐむようなお方であった、と宋淵《そうえん》老師が言われています。老大師は「お母さんありがたい」という揮毫《きごう》を、かなり沢山なさっておるのであります。こうした厳励なお父さんと、ほんとうに慈愛に満ち満ちたお母さんにはぐくまれて御生長になったのでありました。

そのお母さんは病弱の人でありました。昔の熊野の山奥では、近所に医者がない、お母さんの薬は必ず芳吉少年が自身でとりに行き、決して他人にまかせません。その医者へ行く途中に一つの池があって、その水が日没になると七色に変るという、気味のわるいような神秘的伝説がありました、十歳前後の芳吉少年がお母さんの薬をかかえて、この池のほとりを行く姿を髣髴《ほうふつ》とするのであります。芳吉少年の岡本家からは二キロ余の所であります。

また今の東屋玉置氏は一家五人医学博士ですが、東屋の前号は清水屋と称し、玉置良哉という医者でありました。芳吉少年がお母さんの薬をとりに通《かよ》ったのは、この良哉先生のところかと考えられます。いずれにしても九十年前の淋しさが思いやられます。お母さんは芳吉少年が十二歳の明治十（一八七七）年一月五日、三十五歳で病歿されました。

そのころ、父親のために酒を買いに行かれることも多かったのです。一日働いて腹をペコペコさせ帰って来るとすぐ酒を買って来いと命ぜられる、酒屋へは一里以上あったということです。ある時、いつものように酒を買い、瓢簞《ひょうたん》を首にかけて家に帰る途中、小石にけつまづいた拍子に瓢簞が地に落ちて割れ酒が流れた、この時とっさに地に這《は》って酒を舐《な》められたという、これも岡本氏がもらう時、酒を吹きかけたという伝説と共に、老大師が御終命まで酒を愛されたところから出た説かと思われますが、空腹のために自然がさせた動作かも知れません。芳吉をもらって後に生れた二男は喜蔵・寛蔵と名づけられ、とみえ歿後娶《めと》った後妻に安恵と善左衛門が生れました。

養父—岡本善蔵
天保八年生、大正四年四月二十九日歿、
七十九歳

養母—とみえ
天保十四年生、明治十年一月五日歿、
三十五歳

芳吉（老大師）
喜蔵（本家）
明治五年生
寛蔵（分家）
明治八年生

老大師の養母とみえは喜蔵・寛蔵の二人を生み、明治十年に歿しましたので、養父善蔵は明治十八年一月十日後妻かんを娶りました。かん女は同村大玉兼太郎の長女で慶応元年十二月七日生れ善蔵との間に翌十九年六月四日、長女安恵を生み、安恵の弟に善左衛門を生みました。

長男の芳吉（老大師）が出家したので、喜蔵は本家を襲《つ》ぎ、善太郎・昜・とみ・千代子の四子あり、喜蔵の弟寛蔵は分家し善吉その他の子女があります。安恵は新宮の中村恒彦に嫁《か》したのですが、恒彦病を得て老大師董督《とうとく》の松蔭寺に静養中、大正十一年に歿し、その後京城《けいじょう》及び仁川《じんせん》から引上げて来た恒彦の長男正美氏及びその一族は、実に親しく老大師と来往されておりました。

また養母とみえの兄、すなわち芳吉の伯父に中村和七郎あり、その子専輔は医師であり、この父子は芳吉の眼病平癒《へいゆ》に非常な努力をしたのでありました。

わしの生れた紀州の屋敷にお湯が湧いた、玄恭《げんきょう》（侍者、現、全生庵住職）は知っておる、新命《しんめい》さん（宋淵老師）も一度行ったことがある、その湯が九十六度という熱さじゃ、その下の川のところに行っておるのが九十三度、たくさん湧いておる、新命さんと行ったときも、縁の柱とわずかしか隔たっておらんところに大きな岩があって、その岩の下にドーッと湯が湧いておった。いまわしの生れた家もそこにはない、ただ庭になっておる。昨年もお墓詣りにいった、東屋という旅館があって親戚なものだから迎えにくる。

とお言いになっておる。このお言葉に少々注釈を加えて置きましょう。「わしの生れた紀州の屋敷」は、現在湯の峰温泉東屋旅館の一部になっております。老大師がお生れの時には、東屋と並んで芳野屋があり、そこに呱々《ここ》の声をおあげになりました、当時芳野屋も旅館を営んでいたのですが、後には東屋が拡張して、芳野屋の土地も併合し今日東屋の一階の大浴場と、露天風呂の庭のあたりが「自分の生れた家だった」と、老大師がお言いになっているのであります。今、東屋旅館の温泉の噴出する処に「玄峰産湯《うぶゆ》の霊泉」の碑が建っております。
養家の岡本家は昔のまま渡瀬部落にあり、御生家とは二キロほど隔たっております。「東屋と云う旅館があって」とお言いになっていますが、現在の東屋旅館と老大師と血縁関係はなく、老大師の人徳に帰依すると共に、その御生家の敷地が現在の東屋の一部分になっておりかつ旅館なので、老大師が御帰郷の時は東屋から迎えられたのでありました。芳野屋と東屋とは遠い親戚関係があったらしいとのことであります。

少青年時代

御幼少時代はおからだが弱かった。「四歳くらいになってもまだロクに歩けん、大きくなってからでも、どこへでもおんぶしていった、一日坐らしておいたら一日じっとしておった、それから小遣銭《こづかいせん》をもらうと薬を買った、普通体温が六度以上なければならんのに、五度の熱がない、いつでも四度幾ら、もう六度七度といったら大熱なんじゃ」とお言いになっています。慈愛深いお母さんは、どこへでもおんぶして行かれたのであります。が、やや大きくなられては、敏捷《びんしょう》で聡慧《そうけい》、記憶力すぐれ、感のするどい少年でありました、それで人々から「感応丸《かんのうまる》」とあだ名されていました。感応は心が事物にふれて動くこと、心に応《こた》えひびくこと、信心のほどが神仏に通じること、そのいずれにせよ慧敏な意味があり、それから名をとった感応丸という薬は小児薬王と言われ寒村では貴重薬とされていたものであります。

このころのことでありました。孤児院の者が院児をつれて憐れな院児の境涯を述べて寄附を求めて来ました、それをおききになって五銭寄附しておやりになりました。後でこのことが養父に知れますと、五銭は多いとて叱責せられ、罰として草履《ぞうり》を十足つくれと命ぜられたのでありました。明治初年のこと五銭は相当な金額だったので、無理もないことです。そこで芳吉少年は藁《わら》を打ち縄をない、十足の草履をつくり上げたのでありました。これは岡本昜氏のお話でありますが、岡本千代子氏は薬売から薬を買ったように記述されて、逸話に御寄稿下さいました。

後年、大戦に際し龍沢寺の各室を罹災者《りさいしゃ》に開放せられたところ、「火事のあとは履物に困るものじゃ」と、龍沢寺の庭にむしろを敷き、自ら草履をつくり罹災者に配られたことを玄恭師が伝えておられる。御幼時の経験が生きた一つでありましょう。

岡本家は持ち山も多く農業も手広くやっていました。芳吉少年は牛を牽《ひ》いて草刈りに行き、畑仕事もやれば山林に苗木を植えること、下草刈りなどもやりました。やや長じては杣《そま》どもにまじって伐木《ばつぼく》や筏流《いかだなが》しもおやりになりました。この体験は後年龍沢寺に植林し、建築の時は木材の目《め》利《き》きなど、いろいろに活用せられております。

十三四歳におなりのころ、月末には山で仕事をしている連中に、父親の言いつけで給料を持ってお行きになります。杣どもは「坊っちゃんが来た、坊っちゃんが来た」と大歓迎します。が、不自由な山の中に住んでいる彼らの娯楽は、酒と賭博《とばく》の外には何もなかった。坊っちゃんに酒を飲ませ、また賭博に引き入れたのでありました。後年老大師は『無門関提唱《むもんかんていしょう》』（大法輪閣刊）の中に、賭博のことも知っておるとて、

　わしはバクチを打ったことがある。二ゾロはどうなるとか、五一はどうなるとか、五・四・六の場《ば》というて、五と四と六と出れば、それは親分が取ってしまうというような定めがある。それが両采一賽《りょうさいいっさい》で、二ばかり出たり、三ばかりそろうて出たのも同じようなものじゃ。

とお言いになり、

　またわしは昔の火《ひ》縄筒《なわづつ》で的を撃ったことがある。賭的《かけまと》を撃ったことがある、ばくち的じゃ、金を賭《か》け

て、黒星を抜いたら幾ら、そういうこともやった。ところが、なかなか当らんな。鉄砲でも黒星を射抜くどころじゃない、まるい白星の中にもなかなかはいらない。弓もその通り、とおっしゃっている。杣どもは芳吉少年に一と通り賭博の知識を与え、そして賭博の真剣勝負にまで誘いこんだのでありました。給料として持って来た金員を、賭博でまき上げられ、これがため給料が払えなくなったこともあり、そうした時は家に帰らず山から逃亡なさったこともある、おそらく杣どもから逃がしてもらったのであろうと言われ、後年の行脚好きは、あるいはこのころの放浪癖の一転したものであろうかと言う方もあります。

またいろいろ殺生《せっしょう》ごとをなさったこともあります。「蟹《かに》取り仏頂《ぶっちょう》」の話がありますが、老大師も

わしは子供のときに大きな籠《かご》、やなとはまた違ったものをこしらえて、それに何杯も担うてくるほど取ったことがある。目が悪うなって一切やめたけれども、明《あ》けの下り蟹を取ったことがある。火を焚《た》いておいて、その中へ蟹を放り込んで焼こうとすると、パラパラと爪《つめ》がみんなとれてしまう。

またこのころのことであったろう、欲しくてたまらなかった釣竿を一本、近所の家から失敬されたことがあり、それを九十余歳の晩年まで「悪いことをした」と懺悔《さんげ》されていました。

また「わしは子供の時分には暴れ者で、昔式の火縄の鉄砲を撃ったことがあるが、十六間《けん》向うの板へ、差し渡し三寸五分くらいのマルを書いて、その中に黒い目標を置いてある、これを撃つのだが、はじめのうちなかなか当らない、それで台を置いて、鉄砲を台に据《す》えて撃っても当らない、それが始終研究しておると、腰だめというて、腰でためて撃っても、十六間向うの的の小さい黒星に当るようになった、なれてくるとそれくらいのものじゃ。」とおっしゃっている。これは賭的のためか鳥獣などをお撃ちになるためかわからぬが、鉄砲などもなかなかお上手だったらしいのであります。

やや長じられては杣どもと共に杣下《おろ》しをやり、熊野川を筏で下って新宮へ着く、今はバスで二時間あまりで着くが、筏では一日かかるのでありました。新宮へ着くとそこには隠《かく》れ里《ざと》があり、山奥で労働している杣どもはそこに慰安を求めるを常としていました。芳吉青年はむろん彼らと共にそこに出入したのでありました。

老大師は年少にして人生の裏も表も知り尽し、酸《す》いも甘いも嘗め尽されたお方でありました。芝居の幕引きをなさったのは、杣に渡す給料を賭博にとられ、山中から逃走なさった時のことらしいのであります。

またこれも少年時代の老大師の思い出でありますが、

大和《やまと》の天の辻というて、熊野川の上流にあたる山の奥では、男は碁を打ったり謡曲をやったりして、食べ物といえば粟《あわ》、ヒエというようなものばかり食っている。わしも十三から十四のときには、あそこから天の辻堂という所までいって、その年の盆から正月をした、一日三銭七厘の駄賃をもらって、四十人余りの弁当を背負うていって、雪が降っても雨が降っても木を焚《た》きつけて茶を沸かして、そして皆に弁当を食べさして帰ってくる。弁当の入れ物が同じようだから、間違えて持っていくと、頭をコツンと叩かれる、それで爪でわからないようにちょっとしるしをつけておいたが、それを見つかってまたキズをつけたというてはカチンとやられた。一日三銭七厘もらってそういう仕事をしたことがある。その時分ワラが一貫目二十銭くらいした、わしらの駄賃は三銭七厘、ワラ持ってくるのがたいへんじゃ、それを背負うて夜から夜へ歩いて二日かかった。ワラなんてできるようなところじゃないのじゃ。食べ物はほとんど粟何石《ごく》という粟を拾うて毎日粟とヒエばかりじゃ。

とお言いになっています。

六祖慧能《えのう》大師は臼踏みをして、雲水の食べる米を精《し》らげられましたが、老大師も郷里におられた時、臼を

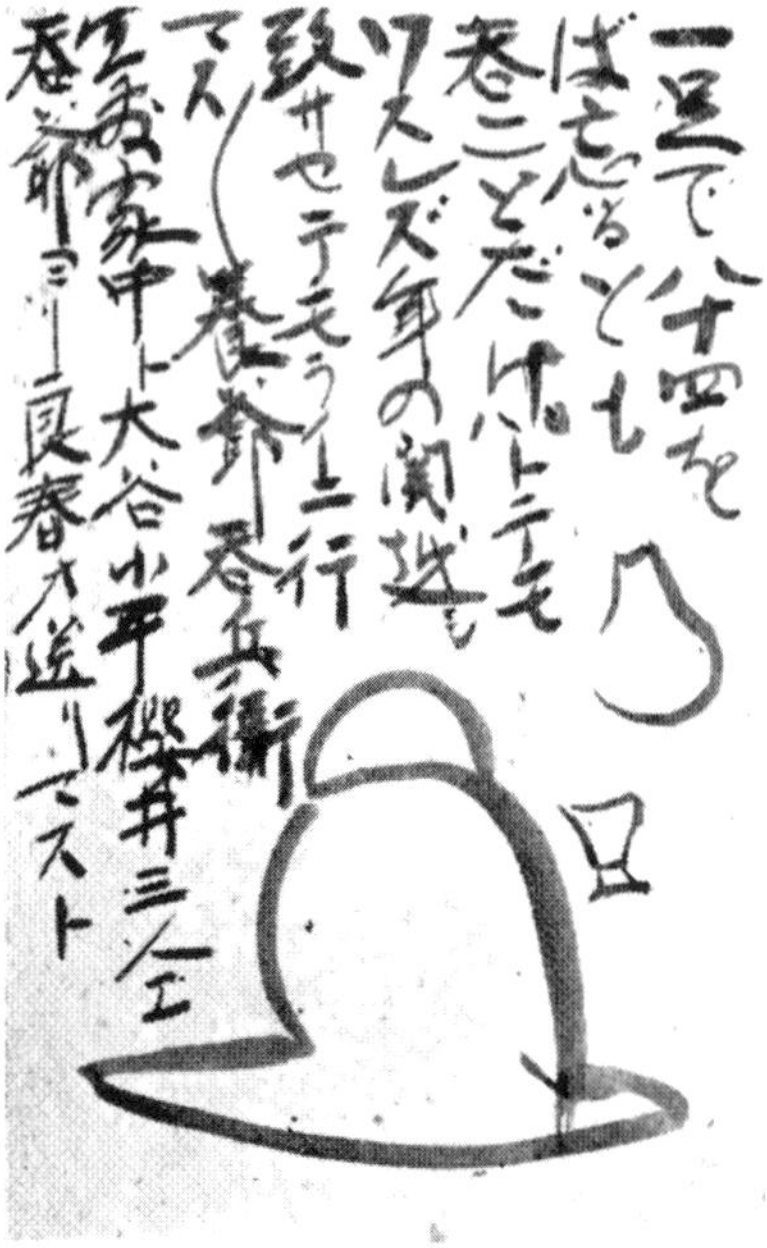

養爺呑兵衛自画像

踏んで米をお搗《つ》きになりました。「明日炊《た》く米がないから米踏め」といわれたが、眠たくなってきて、そのまま臼部屋で寝ておしまいになった、そして夜が明けてみたら米は一つも踏んでおられなかった。その時のことを

カラ臼は年をとって力がないとキネが上がらんようになる。お前たちはそんなことやったことないから知らんじゃろうけれども、三貫目の石を背負う、そうするとこっちが重うなるから、三貫目だけは力を入れないでも、こっちの重みでキネが上がってくる。ただ石を負うとすべり抜けるから、石をビクに入れて背負うて、そうしてこう踏むと力をよけい入れずにすむ。ところがこれには多少術がいる、ずっと踏み上げていってパッと踏み放さんと、トンと向うへ力がいかんのじゃ、臼を踏むにも術がある。

とお言いになっている。ここにも御少年時代の御苦難のほどがしのばれます。

沼津市八幡の岩淵病院々長岩淵七郎氏御一家は、老大師を深く崇敬せられており、老大師も家族同様に打ちとけて、しばしば休養に行かれたところです。世間には養父母とか養子女とか言うのはあるが老大師は岩淵家の養爺《ようや》だと言われ、老大師自らも岩淵家に対しては自ら「養爺」とお言いになっています。ここに挿入の自画像葉書は昭和二十四年十二月二十六日付で岩淵氏に送られたもの。

一足で八十四をば忘るとも呑ことだけはトテモワスレズ、年の関越シ致サセテモライニ行マスく、

養爺呑兵衛、宜敷家中ト大谷、小平、桜井三人エ呑爺ヨリ良春オ送リマスト

とあり、盃と壺を前にする人物は老大師自画像のおつもりでしょう。呑兵衛の戯号は老大師の戯画にしばしば見るところであります。

岩淵家で微醺《びくん》を帯ばれますと、おりおり正調博多節が出たそうであります、それも「調子はずれで」と八重子老夫人が、なつかしそうに追懐されました。また老大師はお若いころいろいろなことをおやりになったことを話されています。よそで曾《かつ》て聞かなかった話では、或る時は法界屋《ほうかいや》になろうと思って、三日間修行したが「見込がない」と師匠から見放された。（法界屋は明治時代に流行したホウカイと言う囃《はやし》を入れる俗謡で、清曲の九連環に基づいたもの、月琴を鳴らし当時の書生風を装い、縁日や祭礼などの場所で唄い流した芸人）

また桶屋になろうと思ったこともあるが、箍《たが》がなかなかはまらぬもの。鳥取県のどこやらへ行こうとなさったが全身に疥癬《かいせん》ができていて船頭が船に乗せてくれぬ、その時、路傍で筮竹《ぜいちく》を使って易者《えきしゃ》のまねごとをなさったことがあるという。以上は御青年時代のことでしょうけれど、雪蹊寺におはいりになってからも頼まれて易をみてやり「当ったことがある」とお話になっています。また漁師が「近ごろは漁が無い」というので、海へ出て拝んでやったら翌日から漁があったとて感謝されたことがあった——と岩淵老夫人の談片であります。

帯妻

明治十七（一八八四）年、岡本氏は十九歳の芳吉青年に妻帯させました。比較的早く妻帯させたのは、芳吉の素行に心を痛めた養父のはからいであったかと思われます。かくて和風麗日がつづき、このままで行け

平治川の滝

ば紀州の山林経営家岡本芳吉で終るのでありましたが、幸か不幸か結婚のころから眼疾を発し、視力がじりじりと減退しました。それが素因をなして後年の玄峰老大師を生むのであります。

眼疾平癒を祈念して、四村発電所近くの平治川の滝に打たれる行をなさった、熱心におつづけなさったのでしょう、それを見た村人どもは「行者さん行者さん」と言ったそうであります。水行もはかばかしく効果が現われません。伯父の中村和七郎、その子の専輔は医師であり、芳吉の眼病平癒のために手を尽したのでありました。京阪の専門医に治療をうけることになり、中でも京都府立病院（今の府立医大）には三年間も入院して治療をおうけになりましたが、快方に向うどころか症状はだんだん進んで、失明に近づいて来たのでありました。晩年は視力が、幾分よくなったとのことで「修行中には今よりももっと見えなんだ」とお言いになっております。これは後年のことでありましょうけれど視力は百分の九ということでありました。ついに世をはかなみ、投身自殺の覚悟をきめて華厳の滝へ行かれましたが、目的を果し得ず、山を越えて足尾銅山などにさまよい、また越後にさまよって行き倒れになられたことがありました。その時、それを助けて小使銭を持たせ「国へ帰りなさい」とさとして帰宅せしめたのが、越後国出雲《いずも》崎《ざき》字石井の高島伝平氏でありました。昭和十一（一九三六）年、龍沢寺の授《じゅ》戒会《かいえ》に、日大職員村木覚蔵氏の夫人史子さん、その妹君三重子さんの二人が見えました、お二人は老大師を出雲崎で扶《たす》けた高島伝平氏の玄孫《やしゃご》に当る方でありました。老大師は高島氏の墓参に出雲崎へ二度お行きになっております。そのことについて、

わしが、七十年ほど前に行って世話になった家の人から、その孫くらいになる娘が縁づいたといって

きたが、その時分のわしらまだ坊さんにも何もならん、二十一か二で、病院でいよいよ盲目と宣告を受けて、病院を出て、ブラブラと思いもよらん越後まで行って、あそこで行き倒れになっておって、助けてもらった。そこへお礼にもお墓詣りにも二度行った。

とお言いになっております。『思い出のかずかず』に高島氏の後裔の方から、御寄稿を得ております。

四国遍路

眼疾はすすむ一方で少しもよくなりません、それこれするうちに、四国の霊場を巡拝して、弘法大師の高徳に縋《すが》ろうと一念発起されたのであります。

四国の霊場とは阿波の国二十三ヵ所、土佐の国十六ヵ所、伊予の国二十六ヵ所、讃岐の国二十三ヵ所、合せて八十八ヵ所。三十六丁一里に数えて三百余里の長旅程であります。普通には白衣《びゃくえ》・手甲《てっこう》・脚絆《きゃはん》・草鞋《わらじ》、手には鈴《りん》を持ち金剛杖《こんごうづえ》をつく、小さな柳行李《やなぎごうり》を肩にかけ、納め札を入れたはさみ箱を首にかける、そして笠には「迷故三界城《めいごさんがいじょう》・悟故十方空《ごこじっぽうくう》・本来無東西《ほんらいむとうざい》・何処有南北《かしょゆうなんぼく》」と書く。唱える真言は南無大師遍照金剛《なむだいしへんじょうこんごう》、各霊場ごとに御詠歌《ごえいか》があります。老大師が勝縁を結ばれました、三十三番の札所土佐国雪蹊寺は臨済宗妙心寺派で、この寺の御詠歌は「旅の道うえしも今は高福寺のちのたのしみ有明の月」というのであります。ふしゆるやかに御詠歌を唱えながら、納め札を奉納して歩くお遍路の旅は、まことに長閑《のどか》なものらしく思われますが、老大師においてはそれは悲壮な御決心で、命がけの御修行の旅でありましたことは、はだしで七回もお廻りになったことによってても察せられます。それについて老大師は「寒中の寒いのは何とかなる。わしは寒中四国参りを七回も八回もはだしでやった。寒中の氷の中、雪の中を歩くのはどうにかやっていける、歩くほど温《ぬく》もってくるし、つらいとも何とも思わん。しかし、暑いときに砂利が道などに敷き込んであるところを歩くと、全身にこたえる。」とお言いになっています。

老大師は八十八ヵ所を数回お回りになりましたが、何の感応もなく、七回目の時、三十三番の札所雪蹊寺で行き倒れになられたのでありました。それは明治二十二（一八八九）年、二十四歳の時でありました。四国めぐりは一回回るのに大約六十日ほどかかるのですから、七回目といえばその前年二十三歳の時からおはじめになったのであろうと思われます。

この雪蹊寺で仏道におはいりになるのでありますが、その動機についてもいろいろ説があります。既に七回も回って、いわば遍路ずれしている者が、行き倒れになるまで歩くものではない、雪蹊寺境内で遍路同士が口喧嘩をしている、そのひとりの啖呵《たんか》のきりようがいかにもきびきびしていて威勢がよい、それを聞いた雪蹊寺の住職太玄和尚が、それにほれこんで寺にとどめた、それが後の玄峰老大師であるという説があります。次には、行き倒れになっているところへ、外から帰って来た太玄和尚がこれを扶け、「通夜堂でお通夜して行きなさい。」とすすめた、これに従って一晩お通夜しているうちに、僧侶になりたいという気が起って、翌朝和尚にそのことを申し出られたという説であります。また、太玄和尚の方から、僧侶になるようにすすめられたという説があります。それには読経《どきょう》の声がよいのに太玄和尚が感じてのことであるというのでありますが、そのころの老大師が朗々とお経をお読みになったとは思われませぬ。お唱えになったとすれば「南無大師遍照金剛」の真言であろうかとも思われます。

老大師が自ら発心《ほっしん》なさったのか、あるいは太玄和尚にすすめられたのか、その間のことは判然いたしませぬ。言い伝えられていることは、太玄和尚が「お前さんは坊さんになる人だ。」と云われた、これに対し「私は目は盲目に近く、文字も知らぬが坊さんにしてもらえましょうか。」と言われると、和尚は「親からもらった眼は老少不定《ろうしょうふじょう》で、いつの日にかは見えなくなる、しかし心の眼が一度あけばつぶれることはない、お前さんは心眼はまだあいておらぬが、あく気になればあく、文字を知らねば経読み坊主にはなれないかも知れぬが、通り一ぺんの経読み坊主なら幾らでもある、死んだつもりになってやれば、ほんとうの坊さんにはなれるよ」とさとされたので、ここで一大決心をなされて一切の名誉も利欲も捨て切って仏道にはいられることになった、というのが真に近い説であろうと言われています。老大師は七回もはだしで四国の霊場を御巡拝なされて、御利益が無かったどころではない。肉眼の視力は晩年幾分か恢復《かいふく》せられたが、ここでまず法眼《ほうげん》をお開きになったのでありました。

四国遍路は老大師にとっては命がけの御修行道場でありました、御遷化の前年の大病の後までに、総計十七回お重ねになっております。お遍路さんが寺から納経印をもらうには、近年は二十円くらいずつ納めねばなりません。老大師は晩年一万円雪蹊寺へ寄附せられ、その分だけお遍路さんに無料で納経印を捺《お》して上げてくれと托されたことがありました。また雪蹊寺と共に村の氏神へも、必ず賽銭《さいせん》一封を届けられたのでありました。老大師はこうした隠れた徳を施されているのでありました。

修行時代

雪蹊寺と太玄和尚

雪蹊寺《せっけいじ》は高知県吾川郡長浜町にあります。四国三十三番の札所で高福山《こうふくざん》と号し、長曾我部《ちょうそかべ》元親《もとちか》の菩提寺であり、朱子学南学派の祖天室《てんしつ》はこの寺の住職で、その門から野中兼山《のなかけんざん》・小倉三省《おぐらさんせい》・谷時中《たにじちゅう》など錚々《そうそう》たる学者が輩出しております。

明治維新の時、廃仏毀釈《はいぶつきしゃく》運動は各地におこり、制札を建てて僧形《そうぎょう》のものの神社境内にはいることを許さぬなどのことがありましたが、この運動の最もはげしかったのが土佐でありました。道ばたに地蔵さま、石仏の類も置くことはならぬというようなことになりました。「わたしらの郷里の方でも、みんな道のはたにある地蔵さまなどを、お宮の山へ持っていって隠しておいたのであります、大和の十津川《とつかわ》とか鹿児島とか、土佐とかいうのは、そのうちでも廃仏がはげしくて、仏さまをみな海へほうり込んだり、川へほうり込んだりした、時勢に抗することはできん、だが後、十津川の部落など、没落する家がたくさんあって、北海道へ流れていき、五十九部落も移民したが、あれは仏さまを川へほうり込んだりした罰じゃとみないうたもんじゃ」

また「わしの師匠（太玄《たいげん》和尚）などが高知県へ行かれたころは、寺々をぶちこわしてあそこの川へ地蔵さまでも仏さまでもなげ込んだ、それで仏さまをあっちへ持って行き、こっちへ持って行きして、焼かんようにしておいた、今国宝になっておる」と老大師のおことばであります。

太玄和尚像讃

太玄和尚像讃は円福寺の宗般老師の筆。
原画の讃は左から右へ読むようになっている。

師諱宜黙号太玄幼而投于摂州本源
玄瑳和尚薙髪受具壮年遊方掛錫於
備前国清入月珊老師室錬修十年帰
本源嗣玄瑳和尚住持有歳時当維新
際土佐国頗多廃寺師隠退後憤起大
志願来当地欲再興雪蹊霊場苦慮百
計漸再建本堂於此明治卅六年春挙
入仏式兼設戒会同年六月念七日俄
然寂世寿七十七其事業盛大也宜称
中興祖乎禅余好画梅花妙入神今茲
当七周忌之辰図真影来請余讃辞因
題幀上云
身著紅衣倚曲禄　顔如春色眼玲瓏
本源自性天真仏　高福中興一老翁
聻
露出阿師真面目　馥郁梅花筆頭蹤
明治四十二年已酉仲春
大徳寺管長　宗般□□

また維新の折にあの土佐全部が廃仏をやって寺を壊《こわ》してしもうて、ほかはたいてい川へほうり込んだり、焼いたりした。五台山だけでも、二十ヵ寺もあった。そのとき五台山にいられた律師さまがとりとめた本堂だけが、いま国宝になっている。ところが、どういうわけか、

雪蹊寺

雪蹊寺に国宝になるべきものが十八体もあるのじゃ。もっとも今は十七体しかないが、それを龍興寺《りゅうこうじ》という寺これは山内家の菩提寺で七千石ついておった寺じゃが、あれはまさか壊しはすまいと思って、そこへ持っていったら、龍興寺はいま壊すところじゃというて壊していた。それからまたこっちへ持ってきたが、雪蹊寺はすでに壊してしもうていたから、前の堤防に上げておいた。そうしたら葛野五十二という人が、ここにおいてはもったいないというて、家の中へ持ち込んだ、そうしたら村八分にされた。仏像を家へ入れたのがいいやら悪いやら、そんなことはわからんが、もったいない気持がしたわけじゃ。それから五台山へ人を雇うて持っていったら、むろんここも一ぱいで、置くところがない。しょうがないから本尊さまを縁に置いて、そうして十二神将さまなど縁の下へつっ込んでおいた。そのうちわしの師匠が文部省の許可を得て、いよいよ雪蹊寺の復興をしようとしたら、土地の人は絶対にもうここへ寺を建ててもろうてはどうもならんというて反対しおった。ひどいもんじゃ。けれどもわらぶきのちょっとしたものを建てて本尊さまを迎えてきたんじゃ、その間にどうして持っていったものか大阪に元の雪溪寺の仏さまが二体行っておった。それは西寺《にしてら》という寺を再興するについて大阪へ出張所をこしらえたから、そこの本尊さまにするので持っていったのかもしれん。ところがその仏さまが、道具屋の手にはいって、アメリカ人に一つ売ったということを聞いたんで、わしが大阪へ行って尋ねたら、西寺の道場にあった仏さまが道具屋にあるという。幾らで売るといったら、二十八円じゃ。それから道具屋へ行って、木綿を買うてグルグル巻いて、そうして土佐へ背負うて帰ったのじゃ。それじゃから十二神将も十一神将しかないが、どういうようになっておるか。奈良の正倉院へ持っていっておったのは返してもらい、東京のは土佐へ堂ができて、こっちへ置いてもらいたいというておるけれども、元々高知県にあったものじゃから、土佐で保存するようにしたいものじゃ。せっかく雪溪寺も再興してできたことじゃから、今の和尚は年は若いし、願心をおこしてひとつやってもらわんことにゃ……。

雪蹊寺の仏像　右より日光菩薩、薬師如来、月光菩薩（重要文化財、運慶作）

雪溪寺の本尊さま、十二神将、今いう毘沙門さん、ちょうど前の内務省のあった時分に八人の人が来て、一年四ヵ月もかかって、修復をしたものじゃ。おもに奈良にいた人が来て、手のないのは手をつけ、奈良へ持っていったり、東京の博物館へ持っていったりしたけれども、それは元々雪蹊寺のものじゃ。政府からも補助をくれ、県も補助をくれ、市も補助をくれておるけれども、付属のいろいろやらんならんこともあるし、どうにもならん。ここへわしの師匠が行って長い間苦労した。わしが行ってからでもどんどん石をほうり込まれた。ほんとうにそのときは泣いたものじゃ。和尚が、もうここは寺にはならないから、お前は美濃の興福寺という寺へもらわれてゆくがいい、人間の出世をとめることはできんからそこへ行くように、というけれども、何とかしてやってゆくからおいて下さいというて、そうしているうちに偶然に屋敷を買って寺を建てたが、これはよかった。それも、この寺は必ず将来盛んになるから、あなたのいうだけの土地じゃやせまい、もっと広く屋敷を買っておいたらといって、買ってくれる人ができて、家が三軒、寺の前に建っておったのじゃがそれも買えた。まあそのうれしかったことというものは……元の寺には日暮門《ひぐらしもん》があって、全部金金具《きんかなぐ》、そんなものを維新の際にみなこわしてしまった。倉が三十間あったという。土地も大変なものじゃった。その土地が災いして建てさせんということになったのじゃが、おかげで今日ああいうようになって、とにかくどんな道楽坊主でも暮していけるし、八十八ヵ所の霊場

雪蹊寺霊宝殿

として参詣人も来るし、また土佐の七とこ詣りというものがちょうど中心になっておるから、春になればたくさんの人が山へ来るようになった。

どうかして霊宝殿だけでも立派にしたいと思っている。せっかく政府も県も市も補助をくれていることだが、それなら檀家や村の人もというけれども、あそこは農家がおもで、もと大地主ばかり住んでおったところで小作人はほとんど特殊な人だった。造船するところなどもあったけれども……今では土地はあらかた小作人に取られてしもうた。寺のついそばの、北のほうの一番の大地主などは、家屋敷を全部取られた。その中の郵便局長などしておった人に、あなたのところはもう何もなくなって困るじゃろうというと、すっかりなくなりはしません、田畑で一町三反くらいは残るようになっておる、けれども生活を縮めるわけにもいかずといっていたが借銭が嵩《かさ》んで、この間帰ってみたら、もう家屋敷は人に売ってしまっておった。まあそんなことになっておる。仏像をおまつりすることも楽ではないが、幾らむずかしゅうてもこれだけはわしの生命じゃからまもってゆく。師匠に対しても、またわしが八十八ヵ所の遍路が縁になって雪蹊寺の坊さんになったのじゃから、それらのことを思うと放っておくわけにはいかん。それならだれかやってくれるじゃろうというけれども、わしは直接人に物を下さいとめったにいわんが、何とかやっていけるものじゃ。松蔭寺だって、瑞泉寺にしたところで、どうか寄附下さいというていかなくても自然にできてきた。して下さる。ここでもそうじゃ。寺なんかじきに焼けてしまえばどうなるやらわからんのじゃからというたけれども、そうじゃない、といって、一番初め開山堂、それから庫裡《くり》を銅で屋根ふいた。こうして下さいということは一ぺんもいうていきはせなんだが、自然にできた。しかし今度はわしの徳も尽きてくるし、仕方がない。それじゃからあっちこっちお願いして今度だけはやってもらいたい。

太玄和尚の画

と老大師は『無門関提唱』の中におっしゃっている。廃仏毀釈の機運に遭《あ》って廃寺になり、住職になりてのないところを太玄和尚が再興せられたのでありました。

この和尚、もとは摂津《せっつ》茨木《いばらき》の本源寺の住職でありましたが、詩書画が達者に出来るし、客を愛されるため、文人墨客に飲み倒されて寺を逃げ出し、この荒れ寺の中興開山第一世となられたのであります。芳吉青年の老大師は、ここで仏道にはいる決心をなさったものの、岡本家の家督相続をなさっておりますから、その方の処置をつけねばなりませぬ、そこで入寺の約束をして置いて一たん紀州へお帰りになり、妻女や家の方の始末をおつけになって、翌明治二十三（一八九〇）年に寺男兼雲水というような体裁で、雪蹊寺にお住みこみになりました。そして後に太玄和尚の養子になり、山本姓を冒されました。

長浜町役場の戸籍簿には左の如くあります。

長浜八五七番地、明治三十四年十二月十九日、和歌山県東牟婁郡四村大字渡瀬千十四番地岡本喜蔵兄、父善蔵長男養子縁組届出、同日受付、父岡本善蔵、母登美恵長男山本玄峰、慶応二年正月三十日生、養父太玄死亡に因り、明治三十六年六月二十八日戸主となる。

さて貧乏寺の住職でありながら太玄和尚はひとの世話をよくなさる方でありました。お遍路さんの面倒、ことに癩《らい》患の者を深く憐愍《れんびん》されたもので、寺の裏の竹林に小屋掛けして癩患の世話をなさったとか、癩患のお遍路の死んだのを太玄和向の命令で、洗って葬《ほうむ》ったことなどは、老大師も忘れられないことであったらしいのであります。

太玄和尚は御自分が酒客であるばかりでなく、他人にもよく酒をふるまわれました。「酒を買って来い」と命ぜられるが、もとより代もつがない、そのことを和尚に言うと「銭があってなら誰でも買ってくる、無いからお前にいいつけるのだ」という調子でありました。それは随分つらいことであったに違いありません。そうした時は檀家総代の楠瀬茂太郎さん（今もその長男茂氏が雪蹊寺の総代で父子二代の篤信家です）その他の方々に頼んで、酒を買ってもらわれたのでありました。

ある時、いろいろ苦面して稈《わらぶ》葺きの本堂の屋敷を瓦葺きにしようと企てられ、寄付が相当額に達したので、仕事師に頼んで立派に出来あがりました。ところがその寄付金を寺へ全部もらわぬうちに台風があり、近郷近在相当の被害がありました、そのため帳簿の上では寄付金があっても、まだ寺へ金員が集まっていない。一方、仕事師の方はやかましく請求してくるが、何としても支払いが出来ませぬ。腹を立てた仕事師らは「それではもと通

太玄和尚の余戯

りにする」と言って、屋根瓦をはがし始めたのですが、太玄和尚は端然としてそれを眺めておられました。そのうち近所の人々が壇家総代の楠瀬さんに知らせ、楠瀬さんが駆けつけ瓦代全部を払われ事なきを得たのでありました。屋根瓦をはがされるのを、黙って太玄和尚が見ておられたことを老大師は「わしにはできぬことじゃ」とお言いになっておりました。

太玄和尚は随分よく修行を積まれた傑物で、奥底の知れぬ立派な方だったと、老大師はおっしゃっていました。

遺されている詩・書・画を拝見しても、立派なお方であったことが窺われます。明治三十五年に病気せられ、当時虎溪山《こけいざん》に御修行中の老大師をよび戻されました、老大師は恩師のために看護の手を尽されましたが、その甲斐なく翌三十六（一九〇三）年六月二十八日遷化されました。その臨終に際し、土佐の吸江寺《ぎゅうこうじ》の和尚が「太玄さん言い残すことはないか」と問われましたら「ああ、玄峰が帰って来てくれたから、何も言うことはない」といいながら、老大師に抱かれて遷化されたのでありました。六月も末の蒸暑い候に亡くなられて、三日間というもの泰然自若《たいぜんじじゃく》、姿をくずされなかったと伝わっております。

若き日の老大師によく力添えして下さった楠瀬氏について一言して置きましょう。氏は浄土宗で手接寺《てつぎでら》は他村にあるのですが、雪蹊寺の総代をつとめられるのは、老大師の信徳の致すところでありましょう。茂太郎翁の長男茂氏は今年（昭和三十七年）七十七歳ですが、約五十年前、玄峰老大師と共に四国遍路をなさいました。その時のこと愛媛県久万川に近い四十四番の札所萱生山大宝寺《すごうざんたいほうじ》から、海岸山岩屋寺《かいがんざんいわやじ》へ行くには峠の御堂を越し三里十九町あります、厳寒の候であり晩景が迫って来た折から、山路に迷って何ともならぬ、これも若い日の楠瀬茂氏、ついに腹を立てて「あなたは四国遍路を七回もしたと言いながら、その路に迷うとは何事か」と一本打ち込まれたところ、老大師は平然として曰く「わしは信心のため巡拝を重ねた、路順を知るために歩いたのでない」と。この一言にいよいよ信を深められたとのことであります。

なお、老大師がこの寺へ初めておはいりのころは、廃仏の余風がのこっていて僧侶を見れば子供が石を投げつける、それを懐柔なさったことなどが本集「思い出のかずかず」に、松原泰道師から御寄稿を得ております。

永源寺

雪蹊寺では心経一つ教えられなかった。そこで郷里からお取り寄せになった二十五円で、雲水の装束を一と通り京都でお求めになり、第一に志されたのが永源寺《えいげんじ》でありました。今は東海道線を近江八幡で下車、そこから近江鉄道で終点の八日市駅まで行き、更に東へ三四里行ったところ。紅葉の名所として名高い寺であります。後光厳院《ごこうげんいん》の勅を奉じて、入唐伝法《にっとうでんぽう》の寂室元光《じゃくしつげんこう》禅師の創建にかかる大伽藍、臨済宗一派の大本山として法燈輝いています。筆者は昭和三十六年秋、管長関雄峰猊下にお願いして事務総長が宝蔵の隅々までお調べ下さったのですが、玄峰老大師の掛搭簿《かたぼ》が発見せられませんでした。幸い伊藤笑応師の談話によって、永源掛錫《かしゃく》時代のことを知ることを得ました。

永源寺山門

老大師は、後には恩師太玄和尚の後をついで雪蹊寺の住職になられますが、初めて雪蹊寺にはいられた時、

しばらくして雪蹊を出で、滋賀県の永源寺、兵庫県の祥福寺、岡山県の宝福寺、次いで岐阜県の虎溪山と、当時有名の尊宿高徳に参じて難行苦行をなされ、功を積み徳を重ねられました。その時代のことを、老大師が青年御修行時代から、御晩年までお親しかった沼津市外大岡大光寺の住職八十五翁伊藤笑応師に承ることを得ました。笑応師は前年来病褥に就いておられますが今年（三十七年）一月はじめ本文筆者の訪問に対し、左のように仰臥のままお話し下さいました。老大師が御修行時代から御晩年までのことを親しく拝聴し得たことは、まことにありがたいことでありました。何分半世紀以上前のことを、突然訪問して伺ったのでありますから、年代などの上に幾分の誤差があるかも知れません、これはやむを得ぬことであろうと思います。

修行時代から龍沢寺まで

伊藤笑応師談

明治三十二・三年のころ、伊勢菰野《こもの》の説教所で初めて玄峰老に会った。それは妙心寺派の説教所で、わし（笑

永源寺本堂

応師）は近江の永源寺の雲水、四日市から八風峠《はっぷうとうげ》を経て永源へ帰る途中投宿したのであった。その時取次に出た宜詮《ぎせん》というのが後の玄峰老であった。

一泊して翌朝立ち去ろうとすると宜詮が「二三日坐れ」と言った。そして宜詮は虎溪山から菰野へ来ていることを語った。虎溪山には雲水が常に百人ほどいて、人が多過ぎて何ともならぬので、制間といって毎年二月十五日から五月十五日まで、六十日間ほど、どこへでも行ってこいと僧堂をたたきだされる。それで虎溪から菰野へ来ていたかれに会ったのである。その時わし（笑応師）は二十三四歳、宜詮はわしより十二歳上だと言った。こちらは年も若いし、ろくに修行も出来ておらぬ時代なので、窮窟でかなわぬ。びくびくしながら三晩泊って永源へ帰った。

翌年の夏菰野の説教所へ立ち寄ると、また彼が虎溪から来ていた、再会のこととて今度は打とけていろいろと語った。その時かれは「おれも雲水のはじめは永源へ行ったが、その時は心経一つ知らなかった。雪蹊寺に一年あまりいたがお経一つ教えてくれぬ。そこで国元から二十五円送金をうけ、雪蹊をとび出し、京都で雲水の装束を一通りととのえ永源へ行った。時の管長は無礙室沢村禅機《むげしつさわむらぜんき》老師であった。しかし何一つ知らぬのだから寺男にでもと言ったが、袈裟文庫（袈裟袋）をかけて来たのだから何も知らぬといっても、どうしようと、あれこれ相談の上ともかくも僧堂にいれてもらうことになった、が、心経一つ知らぬので大きに苦しんだ。その時、永源僧堂に加藤麗洲という親切な雲水がいて、皆んなから地蔵さん、地蔵さんと親しまれていた。この人が三年近く導いてくれたので、一と通りのことを知って祥福寺へ移った。雪蹊といい永源といい田舎ばかりなので、少し都会へ出てみようと祥福へ移ったが、どうにも落付かぬので次に井山（宝福寺）へ移ったのであった。

この制間中、菰野へ来て本を教えてくれと言うので『禅林句集』や『四部録』を教えた、初歩のものだが彼はカナをつけて、それはそれは熱心に覚えたものだ、菰野には前後三年来ていた。

わし（笑応師）は熊野と鹿児島で住職したことがあったが、大正二年の正月だったろう、松蔭寺の留守番がないというので来て六年までいた。大正四年だったか、今度龍沢寺へエライ老師が来たというので訪ねて行った。いやその時分の龍沢寺は荒れ放題に荒れていて、ひどいものだった。その日は雨ふりで、畳の上に水だまりが出来ていたには驚いた。「ごめん下さい」とあいさつして顔を見ると、両方でびっくりした。「何だお前か」という次第。「まあ話そうじゃないか」と言う。「食べ物はあるか」と言うと「米が五升位あるがさいは漬物の外ない」と言う。そこで豆腐と油揚を買ってきて、三四日昼夜はなしつづけた。

その時『西谷名目《にしだにみょうもく》』という天台宗の本を読んだが判らぬという。ササ菩薩、ヨヨ円覚などの譜牒を覚えたと言った。「勉強したか」と聞いたら「一生懸命やった」という。『無門関』などはよく勉強していた。

その時話したことだが、永源寺の管長無礙室老師は、二十七歳まで彦根で紙屑買をやっていた人だ。その人が一念発起、海州老師に師事し勉強して永源寺の老師になっておられた。君は四村から新宮へ筏流しをやって学問を少しもしていなかったという。その経歴がよく似てるのでそれで永源へ行ったかと聞いたら、「それは少しも知らなかった、それを知っていたなら、やりようがあったのに残念だ。」と言った。

そういう経歴の無礙室老師だから、わし（笑応師）らが公案に対して古徳の言葉など引用して答えても、「わしは無学で古徳の言葉などは知らぬ、その意味のことを俗謡かなんかでやってこい。」と言われるが、その方面の素養が少しもないので、これには大きに苦しんだものだ。禅意を俗謡や都々逸《どどいつ》などでのべた『世語集』というもののあることは、ずっと後になって知った。

何にしても、わし（笑応師）は宜詮の玄峰に追い越されてしまった。大正六年ころからわしは龍沢寺へよく通って、いろいろ写本などしてあげた。視力がにぶいから大きな文字で書いた『毒語心経』や、いろいろなものが今でも龍沢寺に伝わっている。

そのころは玄峰老自ら托鉢に出られた。大光寺や永明寺などよく手伝ったものだ。今の龍沢寺の世話なら誰でもやってくれるだろうが、あのころあの荒れ寺の龍沢寺に一生懸命補佐したものだった。托鉢に出て点心をいただける家は永明寺の檀家に限っていた。千本松原の田中さんという奈良県知事の未亡人の家で点心をいただいて帰る時、玄峰老が「姪が脚気《かっけ》で東京から来てるが預かってくれないか」と言った。「猫が松魚《まつうお》節《ぶし》を預るようなことは嫌だ」というと、「やりやがったナ」と大笑いした。その姪はお富さんといって、玄峰老をもらった後に生れた実子の娘ということだった。

永源寺で三年間、玄峰老に親切にものを教えた麗洲和尚が、後に三河の豊橋の奥の作手《ツクテ》村田原の総持寺の住職になっていた。そのことを玄峰老に話すと「是非一度逢いたいからつれて来い」と、三十円旅費をわしにあつらえた。そこでその三十円を持って「つくて三十六地獄」と言われるひどい山奥に麗洲和尚を訪ねると、和尚はどうしても思い出せないという。仕方がないから三十円を玄峰老に返すと「ナゼ置いてこない」とこごとを言われた。それから数年後に麗洲和尚の遺稿詩歌集を、玄峰老にさし上げて喜ばれたことがあった云々。

老大師は、世塵を離れた清寂の地永源寺で、麗洲和尚の親切により、不退転の努力をはじめられたのでありました。

祥福寺

永源寺の次に掛錫されたのが祥福寺《しょうふくじ》であります。神戸市兵庫区五宮町にあり、同寺の掛搭名簿明治二十六

祥福寺本堂

（一八九三）年秋の条に

和歌山県平民紀伊国東牟婁郡四村字渡瀬四十一番地岡本善蔵長男。
高知県土佐国吾川郡長浜村妙心寺派雪蹊寺住職山本太玄徒弟
岡　本　玄　峰
慶応二年一月生

とあります。祥福僧堂河野《かわの》太通《たいつう》師のおたよりに「旧随自肯院雲山和尚の話では、二十六年以前より逗留として当場におられたもののようであります。」とあり、退山の日は不明であります。この明治二十六年に植木義雄老師が祥福僧堂に掛錫されていたことを知って、不思議な感がしました。筆者は二十年ほど前仏頂禅師のことを調べるため那須雲巌寺の植木老師へ、玄峰老大師から添書をいただいたことを想起したのであります。

当時祥福寺の師家は蔭涼軒大株《いんりょうけんたいしゅ》老師でありましたが、間もなく妙心寺に出られましたので、吹毛軒喚応《すいもうけんかんおう》老師が祥福僧堂を董督せられました。喚応老師は祥福寺から二里ほど離れた大中寺に住んでおられましたので、老大師は薬石後わらじばきで大中寺に通参し、解定《げじょう》までに帰堂するを常とせられました。大室無文老師が雲山和尚を訪問された時「今時の雲水にそんなのはいまい」とお話に出たことがあるそうです。当時の老大師の意気ごみが窺われます。老大師は

兵庫県の祥福寺におる時分に、あそこはきちんと門を閉めてしまう。町に近いところで石垣がある。

いいかげんな石垣なら上れるが、きちんと積んだ爪も立ちにくいあの上りにくい石垣を、座蒲団を負うて、夜になるとあの上の塔の庭へあがる。そうするとあの海岸、有馬街道を車が夜通し通る、沖では汽船の汽笛が絶えず鳴る、汽車の汽笛が鳴る。そういうところへ行って坐っておって……。

とお言いになっています。解定後の御苦行のお姿が浮んできます。当時は無字三昧だったのであります。そうしてまた、

祥福寺の老師に、とにかく修行も修行じゃけれども、分疎不下《ぶんそふげ》ということはどういうことかと聞かれた、学校へ行ったこともないわしに無理な話じゃ、さあその分疎不下がわからん、それから隠侍《いんじ》（老師の侍者）しておった折にも分疎不下はどうじゃとよくいわれた。が、その意味はなかなかわからなかった。けれどもまあ師家となる人は、機会あるごとに、本でも何でも読むように導いてくださる、それもただ読んでいくのじゃない、読んでその意を承知していくように、学人を育ててゆくのじゃ。

とお言いになっている。この祥福寺掛錫時代に金光明最勝王経《こんこうみょうさいしょうおうきょう》を、千人の坊さんに読んでもらうことを念願する人がありました。そのことを、

千人の坊さんがちょっといないので、二度も三度も行くことになる、わしは道心坊主で、目は悪いし金剛経もろくろく読めなかった、祥福寺の西に天王というのがあって、そこで鉱泉を沸かしておった。そこへ雲水坊主が、ていねいにお膳して二人ずつ、あの近くの和尚さん方もいっしょに行った、お経をあげるためじゃ。わしはとても金光明最勝王経はよう読みませんというたら、それでは金剛経は読めるか、金剛経はまあ後になり先になりして読めます、それでもけっこう、心経でもけっこうじゃ。金光明最勝王経の中に「のうぶあらたんのうとらやーやー、たるやたーくんていくんてい、くしゃれいくしゃれい、いちれいみちれいそわか」という弁天さまの陀羅尼があるが読めるか。そんなもの知らぬ。それ

なら心経でも金剛経でもいい、あんた将来何とかなる人じゃからというて、そうして二度か呼ばれて行って、金光明はただいただいておいた。そんなことで、それからわしも土佐の雪蹊寺へ住職するようになってから、金光明最勝王経を行事のあとで一巻ずつ、十日に十巻読むことにした。長州では維新までは、金光明最勝王経をよう読まん坊さんは、どんな大和尚でも必ず下へ座らされた。小僧でも金光明最勝王経がスラスラ読める者は、上へ座らせた。

とお言いになっている。その金光明最勝王経の千僧供養を祈誓したのは林辰盛という人らしい。老大師は別の場合にこの林辰盛さんが大神宮さまの宮司になり、その息子の源吾さんが生田神社の宮司になったこと、今の太陽暦をこしらえたのが辰盛さんであったこと、などをお書きになり「わしは僧侶になったばかりで金剛経もろくろくよめん」など、祥福寺掛塔当時のことをおはなしになっています。老大師の当時の御修行のほどがうかがわれるのであります。

宝福寺

祥福寺の次に掛塔されましたのは、井山（岡山県総社市井尻野）の宝福寺でありました。その当時、天下で一番きびしい師家は誰だと道友に尋ねられたら、井山宝福寺の九峰和尚とのことで、ゆく気になられたとのことです。この寺は元天台宗でありましたが、貞永元（一二三二）年鈍庵和尚以来禅宗になりました。この和尚、四条天皇の御悩平癒を祈って功あり、近郷三千石の庄園（荘園）を賜わり、爾来寺を勅願寺とされ、特に護国の二字を加えられ宝福護国禅寺と号して、国家の鎮護をいのるように宣下せられた名刹であります。北条時頼が巡国のとき寄進した三重塔、応仁二（一四六八）年、在銘の鐘などいずれも重要文化財に指定せられております。臨済宗東福寺派の中本山、七堂伽藍完備の巨刹で、古は東西十町、南北二十丁、塔頭《たっちゅう》子院五十五宇、末流三百余寺を算したのでありました。

さてこの宝福寺の明治二十三年以降の掛搭名簿の乙未《きのとひつじ》（二十八年）の秋のくだりに

和歌山県東牟婁郡四村大字渡瀬四十一番地
岡本善蔵　長男
高知県吾川郡長浜村妙心寺派雲蹊寺山本太玄徒弟
岡本玄峰
慶応二年正月生

とありますが、退山の日の記録は見当りません。当時の師家は韜光《とうこう》窟九峰《くつきゅうほう》老師でありました。九峰老師は三十九（一九〇六）年に東福寺管長に就任せられ、大正五（一九一六）年現職のまま遷化せられました。この寺は伯備《はくび》線総社《そうじゃ》駅で下車し北へ二キロ、タクシーで五分、徒歩で三十分間ほどのところにあります。

宝福寺三重塔

宝福寺本堂

九峰老師は日本一厳しい師家といわれただけに、参禅の雲水をぶんなぐるため重籐《しげとう》の弓の折れを、前には短いのを、後ろには長いのを備えておられました。老大師は「わしは九峰さまのところあたりでもねばって、三日も動けんほど叩かれたこともある」。また「わしは入口に来て、ていねいに低頭《ていず》して出ようとしたら、こいつはしぶといやつじゃというて、今度は長いやつを持ってきてブンなぐった。そのときわしは三日間どうしても動けなんだ。今でもここが痛いのはそれが起るのかと思うくらいブンなぐられた。思えばありがたい。それくらいにしていただいてこんな片輪者でも、今日こんな大口張って、いろいろいえるようにしてもらったのじゃ」とお言いになっています。老大師は全盲に近い視力の上に文盲に等しかったため、その御修行は文字通り難行苦行をおつづけになったもので、夜も横臥して休養をとることほとんどなく、拡大鏡のもと線香の火の明りで経文や語録を、刻苦精励勉強せられたのでありました。

老大師は宝福寺掛錫中のことについて

わしはこの庭前《ていぜん》の柏樹子《はくじゅし》について、語をつけるにほとんど一年くらいかかった。そのために詩経をひっくり返してみた。三体詩や、錦繡緞《きんしゅうだん》や、唐詩選というものがあっても、わしは学問がない、また師匠も学問をさせようと思っておらん。備中の山におる時分じゃったが、一年くらいかかった。それから孟子をひっくり返してみた。あの時分には孟子輪講があったがわしは孟子は一遍も読んだことはないので、孟子の輪講に素読だけでもせんならんというようなことでやったことがある。

この宝福寺の禅堂の本尊様は、願玉和尚が信州諏訪から背負うて行かれた石地蔵で、おもしろい伝説があります。老大師は、

諏訪の願玉さまという方は子供の折に二子《ふたご》で、親がわからん。ちょうど寒山《かんざん》・拾得《じっとく》みたいじゃったが、寺の和尚さんが拾い上げて養っておった。ところが小便をするのに着物をまくって小便することも知らんのじゃ。いい着物を着せてくれたって、そのままそれへたれかける。食事のときにはそこらにおっても帰ってこない。とうていこの子はしょうがないから、どこなりとお菰《こも》さんで、ここから出て行けといわれた。そのときにはもう十三・四になっておったらしい。それでおん出されて龍門山に行って、庭の

門のところで泣いておった。そうして何を見ておるというたら、雨の水が古い門の石をたたいて、その石が雨滴《あまだれ》のためにつぼになっておる。それをじっと見て、この石でもこういうように掘れるのじゃから、わしのような者でも何ぞ一つ覚えることはできないことはないと思うというて泣いておった。それを見て龍門山の和尚が、これは見込みがあるというて、育ててくれたところがやはりばかでしょうがないけれども、だれが教えたということなしにお地蔵さまを拝み出した。ところが大体がばかじゃから、庭の門の外に立ってござった地蔵さまを諏訪の湖水の中へほうりこんで、「おれを人並みの人間にしてくれたら、掘り出して祀《まつ》るけれども、そうでなければいつまでも、池の中で埋まっておるのじゃぞ」といった。

この願玉さま、備中の井山へ行っておる間に、天性の大ばかものが大法成就して、多くの人の尊敬をうけるようになり、おまもりにするからとて頭の毛を人々がもらいに来る。絶えずオンカアカアカビサンマーエーソワカ……を唱え、地蔵さま三昧である。それがだんだん広がって、備中じゅうがお地蔵さまを念ずるようになった。今でも三月二十四日には西備中を、何百人という人が、辻の地蔵さまのあるところを拝んで回る。この日はどこでもお茶を飲ませ、せんべいなどくれる。大きな袋二つぐらい接待があった。オンカアカアカビサンマーエーソワカと、ずっと列をつくった。そのもとはだれじゃといったら、ばかの願玉さまじゃ。その願玉さまが、わしが法を成就したのは地蔵さまのおかげじゃというので、備中井山の宝福寺の禅堂の本尊さまに地蔵さまをというので、わざわざ信州まできて、昔自分がほうり込んだ石の地蔵さまを拾い上げて、その石の重い地蔵さまを背負うて井山の禅堂へ運んだ。そうして井山の文殊さまをもろうて諏訪の方へ持って帰った。今でも井山の禅堂の本尊さまは石地蔵さまじゃ。人の一心というものはおそろしいものである。

と、老大師がお言いになっています。

宝福寺は願玉さまと共に、画聖雪舟《せっしゅう》でもやかましい寺であります。五百数十年前、ほど近いところに生れた雪舟が、十二歳でこの寺にはいったのでありますが、絵ばかりかいていて少しも仏道の修行をしません、住職がいましめのため本堂の柱にしばりつけたところ、落ちる涙で板敷に鼠をかきました。それがまるで生きておるように見えたので、住職が感心して、それ以来絵をかくことをゆるしたということです。寺内の西端に三重塔があり、その前面左方に高さ四・五四メートル、巾一・四五メートル、厚さ三六センチの雪舟碑があります。世に三絶の碑といわれますもので、碑面を上・中・下三段にわけ、上部の円相内に雪舟自画像、中部に雪舟筆宋の育王山の全景、下部に藤井高尚撰文、頼山陽執筆の雪舟禅師伝の碑文が刻んでありま す。そしてこの寺の年中行事のうち、五月十三日には虚空蔵大祭があり、毎月十三日には虚空蔵月釜の茶会があり、十一月中旬の日曜には雪舟奉讃大茶会が催され、茶人の間に相当ひびいておるものであります。

虎渓山

備中の宝福寺から美濃の虎渓山永保寺《こけいざんえいほじ》へ転錫《てんしゃく》されましたのは、明治三十（一八九七）年でありました。掛錫名簿には、

土佐国長浜雪蹊寺徒弟　岡本容山

明治三十年九月十九日掛搭、明治三十三年七月廿二日暫暇

と見えています。ここでは容山《ようざん》と称されました。当寺は夢窓《むそう》国師開創、仏徳《ぶっとく》禅師（元翁《げんおう》）を開山とし、臨済宗南禅寺派に属する名刹で、その風光が中国廬山《ろざん》の虎渓に似るとてこの名があります。老大師がここで随従されましたのは、のちに妙心寺管長になられた高源室毒湛《こうげんしつどくたん》老師でありました。また蔵暉室海晏《ぞうきしつかいあん》老師が、毒湛

老師の下に、若老師として骨折っておられました。教化大いに行われて、集まる雲水は常に百人をこしたということであります。

岐阜県土岐《とき》郡駄知《だち》町の塚本六兵衛翁は、今年（三十七年）八十七歳、指心居士と号し、永年虎溪に参禅している方で当時の老大師に接した人でありますが、はるかな記憶をたどって左のようなおたよりを下さいました。

虎溪山開山堂

私は明治三十三年六月初めて虎溪山にはいり、全くの新到でしたが、当時虎溪山では山さんと呼んでおり、ちょっと猫背中であったかと存じます、顔は円い方、挙止《きょし》淡雅《たんが》、言語低声にして落着きがあり、虎溪へ寄錫《きしゃく》以前、どこか旧参の様子、大衆からも畏敬《いけい》されていたよう考えます。

と。塚本翁のお葉書に見える老大師のお姿は、晩年に到っても変らなかったようです。老大師自ら「わしは脊椎《せきつい》病で首がもとから歪《ゆが》んでおるから、どうも情けないことだが、子供の折りからのことでしょうがない、それでもなるだけ脊梁骨《せきりょうこつ》をたてるようにしている」とおっしゃっています。

虎溪山の掛錫名簿には「三十三年暫暇《ざんか》」とありますが、その後また掛錫せられたものと思われます。平井玄恭《ひらいげんきょう》師が老大師の侍者中つくられました玄峰老師年譜稿にも、

明治三十五年、虎溪山より帰山。

同　三十六年、太玄和尚遷化、雪蹊寺住職となる。

とあります。三十三年の暫暇は笑応師談の雲水が多過ぎるので、たたき出された時のものかも知れません。が、少々月日にくいちがいがあります。最後の御修行地が虎溪山であり、三十五年に太玄和尚が発病されましたので雪蹊へ御帰山、三十六（一九〇三）年雪蹊寺御住職というのが動かぬところでありましょう。虎溪在山中のことを回想して老大師は、

　京都の金閣寺の住職をした和尚、美濃の虎溪山にいっしょにいた。実さんというたが、伯父さんが金閣寺の住職をしておって、早く呼ばれて行った。わしが接心《せっしん》一週間の間に、首をこう動かしたらそばにおって、拳骨《げんこつ》を一つずついれてくれ、ほんとうにひとつ坐ってみるからというてやってみた。そうだ、細川玄照という名であった、その時分にはいい人がたくさんおった。小栗全了とか、それから伊勢の菰野の瑞龍寺の土方文英。人を知らんと欲すればその友を見よ、というが、博多の崇福寺《そうふくじ》の宗秀なども字をよく書くし、おとなしいりっぱな人じゃった。わしはずっと後から虎溪へ行ったのじゃけれども、皆が友だちになってくれた。わしは目が悪いので、剃髪はおれがしてやる、洗濯はおれがしてやる、というように皆が世話してくれた。わしはその人たちより三年もあとから行ったのに、ポイポイと上へかけ上げさせられ、じきに大衆頭《たいしゅがしら》になった。そのときに

虎渓山無際橋と水月場

九十七人おった。一ぺんに十六ぐらいずつ上へ向って上げられた。それでも憎まれもせずみんな大事にしてくれた。人間というものは、人に憎まれるようなことでは駄目じゃね。何もできやせん、何やっても心得一つにある、そのかわり骨を折る。わしは目が悪い、新聞を見るために、いま二十倍の拡大鏡を持っておる。六倍のも持っておるし、十二倍のも持っておるが、二十倍のでないと新聞が読めない、修行中には今よりももっと見えなんだ、そして学問もない。この間磐田《いわた》のヒゲを生やした和尚（泉蔵寺住職）が来たが、あれとわしと一緒に庭詰《にわづめ》をした、それで知客寮《しかりょう》（虎渓山の）へ行って掛搭をする帳面を書こうとしても、わしは目が見えんから書けない、それであの人に書いてもらった。こんど瑞泉寺でわしの後住に来てくれた大応和尚が、その時知客寮をしておって、掛錫するときには随分いじめられたな。それで掛錫してみると存外間に合う、それで大応和尚、いつまでも恥ずかしい恥ずかしいというておったという。わしらこそほんとうの片輪じゃが、それでもやっていけるのじゃから、五体そろった者がやっていけぬことはない。

また当時のことを、こうもおっしゃっています。

わしは目が見えんので、虫めがねばかりで本を二晩も三晩も読んだことがある。虎渓におる時分に、本堂の裏の周囲に、莫蓙《ござ》を立て回しておいて、虫めがねで本を見るのじゃ。小さな豆ランプを入れて、石油を買ってきて山へ隠しておいて、三晩も四晩もつづけて本を読む。字をちょっとも知らんのじゃから、人は下見、かえり見してするけれども、とても禅堂で本をこうやって見ることはさせん。講堂に行って本をとって見ることもできん。老師が気をつけて本を素読してくれたって、こっちは字を知らんからわからん、さあ、字を覚えるのに三日も四日も、そういうところへ夜になるとはいって覚えた。そのときに茶を買ってきておいて、ちょっとかじる。いいお茶じゃったらほんの三葉か四葉、口へ入れて苦いやつをかじりかじりやると、スーッと目がさめる。

と。一口に修行と言っても、玄峰老大師の御修行は、それはそれは言語に絶したものでありました。文字を多く知っておられません上に、視力が人なみ外れて少ない、お経も覚えねばならず、むずかしい祖録も知らねばならぬ。通り一ぺんの雲水の修行では到底追つくものではない。それで解定後、みんなが寝静まってから、後ろ堂や、須弥壇《しゅみだん》の下に、豆ランプの燈を外にもれぬようにして、一字一字を字引を引いてはお読みになったのであります。もちろん解定後は起きていることも燈をつけることも許されないのですが、普通の修行では到底追つけないからであります。御難儀のほど想像するにあまりあることです。妙心寺派の現管長古川大航《ふるかわたいこう》老師は、

その修行は石橋を鉄の棒でたたいて渡るような確実なものだった。鈍骨といわれながら、上すべりでなく、一つ一つの段階を何度もくり返してかみしめるというやり方だった。深夜、人が寝静まってから も講本・語録を読んで勉強したが、目が悪いため、線香の火を本に近づけて、手さぐりのように読んだという。その修行が後年、道力一等といわれる玄峰師を生んだ。

とお言いになっております。虎渓山には掛搭年月が長かったので、老大師の思い出も多いようであります。

虎渓山へ移って一年くらい経ったときに、この公案（迦葉刹竿《かしょうせっかん》）を授けてもらった。さあわからん。それから冬の山作務《やまさむ》の時分、十一月ころからその年の臘八《ろうはち》の大接心も通ったけれども、入室《にっしつ》にいってもだめで、とうとうだめじゃ。それから周防《すおう》のこっちの室積《むろずみ》の普賢寺という寺がある。あそこは小橋立《こはしだて》といって天の橋立《あまのはしだて》によく似ておる。あの奥に梅津の梅松院《ばいしょういん》という寺があって、そこの大会《だいえ》に行って、大会中は高源室の侍者をしておった。そのときも幾たびか入室もしたけれども、どうしてもだめじゃ。その前に虎溪の大会があったのじゃ。大会中わしは雑務寮を勤めておって、何とかしてと思ったけれど

も、どうしてもだめ。それでいまいう長州へ行って、それから帰ってきて夏の一夏もやっぱりだめ。それからその冬の結制になってもだめ。それから明けの年のまた臘八の大接心中に、わしは小栗という人と典座《てんぞ》をしておった。九十人くらいの人がおったが、それを副司の寮頭さん一人と、それから典座寮の一人でやるのじゃ。二人で料理をやるのじゃ。隠寮（師家寮）は別にある。そうしてやっておるけれども、やはりだめじゃったが、ようやくここへ気がついて蔵暉室のところへ参禅したら、蔵暉室が手を打って喜んでそこじゃといわれた。参禅というのはそんなものである。そうして師家がうれしいのじゃ。それはもうほんとうに大切なことになったら、涙をこぼして——涙が出ても、ああそれはよかろうなどとうっかりいわれない。すっかりきずものにしてしまう。

とおっしゃっています。その御修行のなみなみならぬことを思うべきであります。これは多分雪蹊寺の住職におなりになってからのことかと思われますが「わしは学問がないから碧巌録《へきがんろく》を十回、臨済録を百回読もうと思って、寺を持ってからでも、よその物置の二階を借りておいて、ひまがあると裏から出ていって、そこへいって読んだことがある。目が悪いし、拡大鏡で読むのじゃから、とても進まん、臨済録はよほど読んだろうが、それを一々画引きの字引を引いて読んだ。お前たちは目はいいし、体は丈夫なり、勉強する気じゃったら、いくらでもできる。」とおっしゃっています。老大師は文字の知識は博大でなかったかも知れませんが、不立文字《ふりゅうもんじ》の禅宗のことであります。文字の束縛をぬけた高楠《たかくす》博士などは老大師を深く尊敬しておられました。正受庵《しょうじゅあん》では学校の先生などが提唱をうけに来ました。そして文字の一画一点に拘泥《こうでい》なさらない老大師を、重んじないような風が見えたのは、老大師の偉大なことを知らぬ人々の集りであったのだと、当時正受庵の看守であった玄州和尚（現、武蔵野市大法寺住職）がいっておられます。

これは仏道へおはいりになる前のことですが、こんなこともおっしゃっています。頼山陽《らいさんよう》の天草の詩を「万里船を泊す天草の灘」と吟じて、えらい笑われたことがある。これは「万里船は泊す」というと大きくなる。「船を泊す」というたら、そこへ船を持ってきて泊ることになる。「あなたのような詩の吟じ方をしたら、頼山陽は泣きますよといわれた。一体どこが悪いのじゃとたずねたが、なかなかいうてくれなんだ、物事というものは、何事でも勉強せずにできるものではない。たった尻仮名一つでも全篇の詩が死んだり、活きたりする。むずかしいといえば世の中は実にむずかしい」と。しかしこの謙虚な老大師に、たった一つの御自慢がありました。それは飯炊きでありました。雪峰禅師はどこへ行っても飯炊きをしいしい修行をなされた。千五百人、千八百人という坊さんがいるところで飯炊きをなさったということですが、玄峰老師もそうでありました。

　わしはほかのことは何もできんが、飯炊きだけはどこへ行ってもおれにかなう者はないと大ボラを吹いている。飯炊きの通《つう》じゃ。二斗から二斗一升くらいの飯を炊く。それが一釜だけじゃない、次々と釜を炊く。それもただの飯ではない。さあボタ餅をつくるときは……。こんな話をするとおかしいけれども大会《だいえ》があると、わしらの代になってから坊さんがたくさん集まるときには八百人ぐらい集まった。その前は千人結制というて、東福寺あたりでも東福の百雪隠《せっちん》といっているが、あれをみんな使ってもまだ足らない。千八百人坊さんが集まっておった。各叢林《そうりん》から集まってくる。それも来る日にはきまって一遍に集まって来る。それから安単《あんたん》といって、皆のおる席順をきめる。鎌倉からのどこの僧堂から来たもの。あるいは京都の叢林でも、妙心とか、大徳とか、南禅とかみな元はある。それにボタ餅を食わすのじゃ。安単ボタ餅といって、着いた晩にそのボタ餅を餅米で炊くのじゃ。これくらいねばってきて炊きにくいものはありません。それも三升や五升ずつ炊くのじゃない。一遍に二斗くらいずつ一釜に炊いていく。その餅米の飯を焦《こ》げつかないように、固くないように、柔かくないように炊く。わしの祖師方など千五百人の飯を炊いた。一人でどこへ行っても笊籬木杓《そうりもくしゃく》というて米上げかごまで背負うて歩いたものじゃ。杓子《しゃくし》じゃというたって一遍に一升飯くらいすくえるような大きなものである。わしらの時分でもそうじゃ。それが今はだんだん雲水もへり、ほんとうにそういう僧堂もなくなった。円福寺の松雲室というてわしの一番しまいの師匠がいられた、松雲室の大会のとき、わしが侍衣をしておった。そのとき七百人くらいの坊さんが集まった。二十一日間接心をした。そういうときには何でもした。それはもういろいろの役をさしてもらった。会計とか書記とかはやらなかったよ。それはわしは字を碌々《ろくろく》よう書かんから、そんな役は一遍もさしてもらったことはない。たいてい飯炊きをした。それで飯炊きのことなら何でも知っている。その飯炊きがなかなか容易にできるものじゃない。そんな大飯でなく、一升二升の普通の家の飯でさえうまく炊けるものでない。

わしは雪峰和尚みたいな偉い者にもようならず、体は弱いし、学問はないし、しょうがないけれども、お互いに仕事をせんならん。皆でそれぞれ、料理のできる人は料理もせんならん、字の書ける人は字を書かねばならん、それぞれ特長をいかして仕事をやる。わしら何の特長もない、どこへ行っても飯炊きばかりやった。目は悪いが飯炊きはあの江州の永源寺に、下男代りに置いてやってくれという、京都からの添書をつけてもらっていってやった。それがはじめで、兵庫の祥福寺、備中の宝福寺、それから虎溪山、どこでも飯炊きじゃ。それから師匠が年寄って、土佐へ帰ったが、まだ四十三（明治四十一年）に隠居をして外へ出た。隠居さん隠居さんといわれたけれども、遠くへ出ねばならんときには、わしはほかに間に合わん和尚じゃから、なるべく遠いところへやってくれ、そして労働で済むことは、わしにさしてくれといった。

と自らお言いになっている。まことに身を持すること謹厳。春風人に接し秋霜自ら処すという御修行でありました。

円福寺

雪蹊寺を出で、第一に目ざされたのは八幡《やわた》の円福寺《えんぷくじ》の松雲室宗般《しょううんしつそうはん》老師のもとでありました。明治四十一（一九〇八）年四十二歳の時から、大正四（一九一五）年五十歳までの前後八年間の永きにわたり、宗般老師の炉鞴《ろはい》に入り、昼夜参禅弁道《べんどう》に精励せられ、ついに大法を相続されるに至ったのであります。この間、老大師はあらゆる方面において宗般老師を補佐せられたのでもありました。

宗般老師

老大師は身をもって難行苦行を体験されたのでありました。一例をあげますと、日供米の托鉢には一番遠方へやってもらうように寺へ申し入れられました。日供米とは在家の人々が毎日御飯を炊くとき、一つかみずつ仏に供えるため、貯えてくれた米を集めに歩くことです。米を戴《いただ》いてはふりわけ荷物にして七八十軒まわり、往復十里に余るようなところもあります。老大師は文筆などの方面はあまり得意でないので、労働方面でそのうめ合わせをなさろうとされたのであります。

この間、寺にあっては直日《じきじつ》や侍者寮をなされたのでありました。円福僧堂の雲水どもは「隠《いん》居《きょ》さん、隠居さん」と、尊敬していたのであります。それは雪蹊寺住職の隠居の意味であります。直日としてはなかなか厳しいものでありました。雲水が宗般老師のもとへ参禅して禅堂へもどって来ますと、直日の隠居さんはまた直ぐ再参を命じます。五分間か十分間前に参禅したものに、そう変った見解があろうはずはないので、雲水は禅堂の柱に両手でしがみついて行くまいとします。そうすると、柱を抱えている指のところを警策《きょうさく》でぴしゃりぴしゃりと敲《たた》くのですからたまりません。また、雲水のうしろへ廻って「さあ行け」とばかり、手巾《しきん》（法衣の上にしめているまるぐけの帯）をつかんでうんうん引っぱるのです。雲水もさるもので、手巾をゆるく結んで、引っぱれば解けるようにしておく、それに気づかず力をこめて引っぱって、手巾が解けてすってんころりと禅堂の石畳の上に倒れられるようなこともありました。

　また煙草好きの雲水らが、ここなら大丈夫と、東司《とうす》（便所）の裏ですぱりすぱりやっていると「こらッ」とやられて、ちりちりばらばら山の中へ逃げこみました。その晩禅寺では大御馳走の芹雑炊《せりぞうすい》が出るはずだったので、時刻をはかって帰ってみると、隠居さんが、警策を持って厳然と立っているのに二度びっくり、とうとう芹雑炊をふいにして、夜になってこっそり戻って来たという経験談も承《うけたま》わりました。こうしてきびしい董督をうけた雲水ども、後にはいずれも相当のえらものになっているのであります。

円福寺の達磨

　円福寺は京都駅から奈良電で石清水《いわしみず》に着き、そこから車で三十分間ほどのところ。開創以来一千余年の歴史をもつ古刹で、わが国最初の江湖《ごうこ》道場、境内は十余万坪、諸堂完備し、ことに達磨は名高いものであります。洞ケ峠《ほらがとうげ》は寺門のすぐ前、筆者はこの峠に立って筒井順慶《つついじゅんけい》の昔をしのびました。冬晴の山河渺茫《さんがびょうぼう》たる彼方の山は、葛城山《かつらぎさん》だということでありました。

　老大師が慕って来られました宗般老師は、有栖《ありす》川《がわ》威仁《たけひと》親王の御帰依をうけておられましたので、東京にあった有栖川宮家の本邸を、宮家を継がれた高松宮から下賜《かし》せられ、昭和三（一九二八）年に移築した御殿があります。その御殿の額や掛物はみな宮方のお筆に成るものでありました。この御殿の隣に、銀閣寺の閣《たかどの》に似た臥龍庵《がりゅうあん》があります。有栖川宮薨去《ぼうきょ》の後慰子《やすこ》妃殿下から、収蔵品と共に下賜せられたもので、まさに小型の正倉院というべきもの。収蔵品には後醍醐天皇筆和歌、護良《もりなが》親王筆経切、懐良《かねなが》親王の兜、孝明《こうめい》天皇御所蔵の硯・筆・墨・仏像・香炉・花瓶の類、浄海入道清盛《じょうかいにゅうどうきよもり》筆の金剛経、一休和尚や弁慶などの墨蹟、有栖川家の人々の短冊帳など、すばらしいものばかりでありました。臥龍庵のならびに寂庵《じゃくあん》があります、淀屋辰五郎の茶席で、三十六小間の合天井《ごうてんじょう》は人物、山水、草木の花など、誰の筆か盛り絵具の古彩爛斑《こさいらんはん》として、ところどころ剥落しているのも良かったです。淀屋はこの近所にいましたので、種々の遺品がこの寺に収蔵されていました。別室に重美品に指定されている二畳ほどの椎朱の卓は淀屋の旧蔵品であります。

　現住宗鶴《そうかく》老師の居室はこの茶席に近いところにありました。禅堂までは廊下づたいに二丁ほどありましょう。南天棒《なんてんぼう》和尚もこの寺で修行したもので、禅堂の横に「南天棒誓詞松」があり、傍《かたわ》らに井戸があります、その井戸蓋の上で南天棒和尚は夜々坐禅せられたそうであります。禅堂の奥に達磨堂があり、片岡大和守光次が奉納した聖徳太子作の達磨像を収めています。かつて宮中から見せよとのことでさし出したが、半年ほど経てお返しの時、宮中では支那製の椅子にのせておられたらしく、その椅子を添えて下さったので、寺では今もそれに載せてあります、椅子には螺鈿《らでん》で「遊雲」の二字が描いてあり、この達磨は昭和二年国宝に指

左より有栖川宮御下賜の御殿・臥龍庵・寂庵

定されました。

庭には般若水という井戸があります。玄峰老大師が般若窟と号されたのは、この水に因《ちな》むものとも、また摂津の勝尾寺《かつおうじ》に般若塔があり、老大師が雲水時代に行かれて、それに因むのだとの説もあります。老大師は龍沢寺を隠居してから、わずかの期間この寺の住職をなされたことがあります、それは宗般老師の法嗣《はっす》徹宗師の没後、適当な後住がなかったので、名目だけでありますが住職になられました。それが住職としては最後でありました。老大師が好んでおられた一指亭という室があり、そこには「自光不昧　八十九　般若」の額が上げてありました。直日また侍者寮としては先に記したように雪蹊寺を辞して再行脚なされた明治四十一（一九〇八）年から、龍沢寺住職になられる大正四（一九一五）年まで、八年にわたる長い間おられた侍者寮は禅堂のとなりにありました。

なお、円福寺は八幡十八坊の一つで、神仏分離の際、八幡宮の方から持って来た古いものが多い中に、蕪《ぶ》村《そん》筆の画讃《がさん》二枚が屏風に貼りこんでありましたのは、忘れがたいものの一つであります。

住職時代

雪蹊寺

御住職のはじめは雪蹊寺《せっけいじ》でありました。恩師太玄《たいげん》和尚病気のため、虎渓山《こけいざん》からお帰りなさいましたのが明治三十五年。翌三十六年六月二十八日、太玄和尚遷化《せんげ》の後を襲《つ》いで住職になられたのでありました。お年齢は三十八歳でありました。老大師の高徳は檀信徒の信用を博し、あまり長い歳月も要せずに先師遺嘱《いしょく》の雪蹊寺復興もできました。

ここに御住職中、円福寺《えんぷくじ》の見性宗般《けんしょうそうはん》老師を拝請して護国会という接心会《せっしんえ》が開かれました。老大師はこの時から深く宗般老師をお慕いなされました。そして寺の復興も一段落つき、虎渓山時代の友人柴田禅郁（大岳）和尚を養子にして山本姓にあらため、法嗣《はっす》とすることができましたので、念願の再行脚《あんぎゃ》に出られることになりました、それは明治四十一（一九〇八）年、四十三歳の時でありました。

老大師が雪蹊寺に遺《のこ》された偉業は、住持以来再興に力《つと》め資源として雪蹊寺保存講という頼母子講《たのもしこう》を組織し、まず本堂を増改築し、次いで第二保存講により大師堂を建立せられました。更に重要文化財に指定されている多くの仏像を安全に保存するため、霊宝殿を建造せられました。これは雪蹊寺を棲《す》み捨てて数十年、龍沢寺《りゅうたくじ》に住職されてからのお仕事で、天明八（一七八八）年京都の大火に阿弥陀寺の丈六仏の焼けたのを悲しみ、数十年前この寺の住職を辞していた蝶夢《ちょうむ》和尚が、五年間浄財の喜捨を乞うて、旧通りの丈六仏を寄附した嘉話に匹儔《ひっちゅう》するものであろうと思われます。

龍沢寺

龍沢寺は三島市沢地《さわち》にあります。三島駅からタクシーで三十分かかるぐらいの距離であります。

大正初年ころの龍沢寺の住職は宗密翠巌《しゅうみつすいがん》師でありましたが、このお方、坊っちゃん育ちというか世事にかまわぬお方で、何かの保証人にされて他人の借銭を背負いこんだり、不逞《ふてい》の輩に謀《はか》られてひどい目にあわされるなどのことつづき、経営すこぶる不振に陥って寺は甚だしく荒れました。そこで適当な後住を本山で物色されました結果、当時京都の臨川寺《りんせんじ》におられました間宮英宗《まみやえいしゅう》師に白羽の矢が立ったのですが、英宗師は臨川を引きがたい事情があり、更に英宗師が適任者を物色して、当時円福寺の侍者寮におられました老大師へ英宗師から交渉があり、これを御承諾になったのでありました。が、それには師匠の宗般老師が反対でありました。その時のことを老大師は左のように話されております。

わしがここへ来るときに、何を思うて龍沢へ行くかと、松雲室《しょううんしつ》から二時間も三時間もいわれた。それで行ってお墓の掃除でもといったら、石塔がひっくり返ろうが、木像が腐ろうが、そんなことに滞る白《はく》隠《いん》じゃないというて怒られた。ほんとうの話じゃな。湿《しっ》けて湿《しっ》けてお前みたいなリューマチ持ちが行ってあそこにいたら、半年の後には死んでしまうぞともいわれた。とにかくわたしがお給仕さしてもらいに行きますというてここへ来た。白隠さまは何も自分の寺なんぞのことは屁《へ》とも思っておいでん。それじゃから松蔭寺《しょういんじ》で一代ござっても、庭に墓があればあったでそれきり。今われわれが伽藍にとりついた

龍沢寺本堂と庫裡

り、いろいろのことに苦労してはいかん。修行さしてもらえばそれでいいのじゃ、

と。「寺が荒れようが堂塔がひっくり返ろうが、そんなところにいる白隠ではない」と宗般老師が言われる。これに対して老大師は「寺が荒れようが堂塔がひっくり返ろうが、そんなところにいる白隠でないからこそ行く」とおっしゃった。宗般老師は「それならよかろう」と、ついに賛成せられたのでありました。

そこで老大師は大正三（一九一四）年七月、林山宗観師と二人ではじめて龍沢寺へ視察に来られ、四年の三月下旬には正式に入寺せられたのでありました。さて寺へ来てみると、典座寮《てんぞりょう》の隅に茶碗一ぱいほどの味噌の腐ったのがあるだけで、そこら一ぱい鼠の糞だらけ、屋根は穴だらけで雨天には室内でも傘をささねばならぬ、蒲団などもない。当時のことを老大師は、

わしがここへ来た時分には、着て寝る蒲団も何もありはせん。仏さまに備えるお椀一つも茶碗一つもなかった、金物というたら鍋一つもありはせん。それでも護法善神のおかげで、護法の人のおかげで、

今では蒲団がないとか何とかいうておるけれども、これだけの人が何とかやっていける、わしの来たときは、着て寝る蒲団も何もありはせん、横になって寝ると朝なかなか起きられないから、いつもあのいま新命《しんめい》（宋淵《そうえん》老師）和尚のおるところで、こうやって壁へもたれて座睡《ざすい》した、座睡というのはちょっと頭に重いものをかぶると、寒うてもぐあいが悪いものだから、縞《しま》の紀州ネルの、近ごろまであったあいつを頭へかぶってずっとやっておった。それでもおかげさまで、揃うた座蒲団百枚もこしらえてくれるし、はげたお椀も塗り直してくれる。今でも畳など汚いけれども、汚くても、わしが来たときには瓦を葺《ふ》いた棟一棟もないのじゃから、あっちからもこっちからも雨がどんどん漏《も》る。今の禅堂でも萱《かや》やワラを詰めておった、それが、とにもかくにも坐れるようになった。みなこれ護法神の力じゃ。今ではそれで、かえってまた不冥加《ふみょうが》をする、それは魔法神というやつがついてまわっておる。ぜいたくになると人を粗末に見る。それでわしはうちの人に、食べさしてくれという人が来た折には、気持よくしてあげてくれといっている、

とおっしゃっている。御入山当時のお難義な状態がよくうかがわれます。御入山後第一のお仕事は、不動堂を裏山から現

龍沢寺禅堂

在のところへお移しになったことであります。それは大正四（一九一五）年五月ころでありました。

次のお仕事は禅堂の改修でありました。ひどい荒れ寺へ来て早々にこうした大事業を興《おこ》すのは、容易なことではありません。大正六年でありましたか白隠さま百五十年御遠忌に、円福寺の宗般、西の宮海清寺《かいせいじ》の南天棒《なんてんぼう》、虎渓山の五峰無底《ごほうむてい》の三老師を拝請して、三週間の接心会をやることになりました。その時、古い庫裡《くり》も改修することになり、相当の金員がいりますのでその費用調達のため、相国寺《しょうこくじ》の独山《どくさん》老師に御染筆《せんぴつ》物の寄進をお願いしたところ白隠古道場のことだからと御快諾を得て、伊豆の長岡温泉までお出でをねがい、二十数枚の御揮毫《きごう》を得ました。幸い国民新聞の副社長阿部充家《みついえ》（無仏居士）氏の協力を得、龍沢寺復興のためにと、東京で展覧会を催し一枚二千円ずつで頒布し、四万円ほどの資金を得たのでありました。

この四万円を資金に着手しますと、幸いなことに、長泉村《ながいずみ》藍壺《あいつぼ》の滝におられた安生《あんじょう》慶三郎氏が老大師に協讃して下さって、足らぬところは補填《ほてん》していただくことができて、侍者寮《じしゃりょう》や東司《とうす》など総《すべ》て安生さんの寄進で出来上りました。一方にそのころ発辰会《ほっしんかい》というものが、神山《こうやま》清兵衛・岩崎重矩《しげのり》両氏のお骨折りで出来ました。

龍沢寺鐘楼と弁天堂

これは辰《たつ》の年（大正五年）に始まったのでこの名があります、無尽《むじん》などをやって応急の費用を弁じていただいたのであります。これによって大正六年に接心会を実行することができました。老大師御入山当時の建物は本堂・開山堂・禅堂と隠寮とでありました。隠寮といってもいま宋淵《そうえん》老師の居られるところまでで、その書院や庫裡《くり》は、老大師が造営せられたものであります。

この前後のことを現管長古川大航《ふるかわたいこう》老師は、左のように語っておられます。

恩師太玄和尚の死後、五年間雪蹊寺住職をつとめたが、五十歳のとき静岡県三島市沢地《さわち》の龍沢寺に招かれて住職となった。龍沢寺は白隠禅師の開いた由緒のある寺だったが、当時荒廃していて本山としても困っており、玄峰師の人物を見こんで招いたものだった。それからの師は広く托鉢《たくはつ》をし在家の人たちに禅道をひろめたが、その徳をしたって多くの雲水や信者が集まり、寺も栄えた。僧堂にはいろいろな人が来たが、玄峰師は「まともな人間は余人に任せる。わしは世間から、あばれもの、やくざもののように見られている連中を世話する。」といっていた。

当時妙心寺派《みょうしんじは》には大きな禅堂が七つ、中くらいのが五つあり、これが本山から公認された禅堂だった。龍沢寺はいわば私設学校のようなものだが、玄峰師のもとに集まる雲水が多く、本山でも放っておけなくて、有資格の禅堂にした云々。

白隠さま百五十回忌法要が動機で、大正八、九年ころから庫裡の普請《ふしん》に着手しました。それは満三年ほどかかって完成したのであります。この庫裡を改修するとき、三島から馬力で木材を運んで来ては、表参道の登り口「円通山龍沢禅寺」の碑の下のところに置いて行く、そこから現に庫裡のあるところまで、表参道と裏参道からかつぎ上げねばならん。それも今の表参道は、後に宗舜《そうしゅん》和尚が独力で普請してあういいい道にしたのですが、当時はなかなかけわしい道でした。老大師は僧堂のもの全部を呼んで「どうだ、百円骨折り賃をやるから、みんなでかつぎ上げるか」とのことです。そのころの百円は大金で、雲水《うんすい》などふところへいれたことのない者ばかりであった。古参の雲水宗舜・宗鶴《そうかく》はじめ一同大よろこびで引うけたのです。そして禅堂の者八人総がかりでかつぎ上げるのですが、同じ体格の者ばかりではない、大きな木材をかついで嶮難《けんなん》な山路をのぼるので、一人が倒れたら共倒れになる危険な仕事で非常に疲れる。仕事が終れば疲れをいやすためにまず酒を飲むのでした。そのころの酒は一升一円とはしなかったのでしょうが、百円はたちまち酒代に化けて足を出してしまいました。そこで老大師の前へまかり出てそのことをうったえると、老大師は初めから百円では酒代がたらぬことなどちゃんと御存じだったので、お笑いになりながら補足していただいたと、楽しい思い出であると宗鶴老師のお話でありました。

松蔭寺住職を兼務されましたのは大正八（一九一九）年五月、それから昭和四（一九二九）年の春、犬山の瑞泉寺《ずいせんじ》復興にお行きになるまででありました。大正十（一九二一）年には円福寺の宗般老師が病気せられました。老大師は雪蹊寺住職を捨てて再行脚なされ、永年にわたり鉗鎚《けんつい》をおうけになり、嗣法《しほう》をゆるされた恩師であり、ことに同寺の後住になるはずの神月徹宗《こうづきてっしゅう》師が、支那印度地方の仏蹟調査に出張中でありましたので、老大師はさっそく円福寺におもむかれ、日夜ねんごろに看病されましたが、ついに遷化されましたので、密葬に付し重要物件を倉庫に収め厳封して三島へお帰りになりました。老大師は「恩」ということを深く感ずる方でありましたが、中にも太玄・宗般二師に対しては、深く恩を感じておいでになりました。老大師はまた龍沢御入山当時のことを、

わしがここへきた時分には、隠寮の裏へ誰かきてどんどん木を切ってゆく、黙龍《もくりゅう》がその時分におって、夜六・七人もきて、木を切っておるのを見つけて、かねの棒を持っていってぶったたいた。ちょうちん

などを持ってきておったというが、鋸《のこぎり》などほっぽり出してサッと逃げてしまった。

わしはそのときに隠寮の西の部屋で接心しておった。そうしたらスッと行くものがある。だれじゃというたら、黙龍であった。裏へ上がっていって一人つかまえた。わしはそんなことはちっとも知らん。そういう木を切りにきておるということも知らなんだ。つかまった男が大きな声で、助けてくれといってうめくのじゃ。だれかこの西の方へきて夫婦げんかでもしておるのじゃろうと思って、まあいいわとほっておいた。そうしたら、明け方になって下の佐十さんがやってきて「ゆうべはえらいことになりました、みんな警察へ連れてゆくということですが、どうぞ警察へ行くことだけはやめて下さい。これからは、若い者にこういうことは一切させませんから」といってきた。そのころはタケノコは取ってゆくし、この禅堂などのものも持っていきよって、しょうがなかった。

とお言いになっています。幸いこの黙龍和尚の健在を知って、東京都下北多摩郡西砂川の林泉寺《りんせんじ》にお訪ねしていろいろと当時のことをうかがいました。老大師と共に円福寺から来られた和尚というので、少なくも八十歳以上の老漢を想像してお訪ねしたところ、意外にも今年（三十七年）六十五歳で、龍沢寺裏山で武勇伝を実演されたのは十六・七歳ころとのお話で驚きました。和向は会津藩のやかましい武家に生れたかたでありました。さて黙龍和尚は、十四歳の時、南禅寺《なんぜんじ》の管長河野《かわの》霧《む》海《かい》師から「お前は僧侶になる相がある、禅僧になりなさい」とすすめられて決心し、霧海師の添書をもって円福寺に行ったのが大正元（一九一二）年でありました。

円福寺に着いて宗般老師の隠寮へ案内せられると、当時の侍者であった玄峰和尚が宗般老師としきりに話しこんでおられる。それを部屋のすみに坐って承《うけたまわ》っていると、お二人は「天狗を見た」ことについての経験をお話しになっていました。そのお話が一段落ついた時、この小さな訪問客にお気づかれ、宗般老師が添書の趣を玄峰師に話されると、玄峰師は即座に「この小僧はわしがもらおう」とおっしゃって、その場で玄峰師の弟子にして下さいました。

洞ケ峠《ほらがとうげ》の山の端《は》のようなところにある円福寺の冬は、ひどく底冷えがする。子供のこととて寒夜は夢中で玄峰師の寝床へもぐりこむと「こいつめが」とお言いになりながら、首のところへ手をかけて抱き温めて下さったことが、幾たびあるか知れぬ、思い出しても涙がこぼれる、と黙龍和尚は語られる。

玄峰師はほんとうに刻苦《こっく》精励《せいれい》、身をもって範を示されていました。日供米《にちぐまい》集めにも大托鉢にも、一番遠いところへ行かれるのに、ついて歩いたものでありました。龍沢寺へお移りになるについて、宗般老師は反対で、数時間ぶっ通しに説諭されました。要するに可愛いものをそばに置きたいというお心からではないでしょうか。白隠様のお墓を守るためという、かたい御決心を動かしがたく、ついに龍沢寺へ出られることとなったので、わたし（黙龍師）はついて来たのでありました。

さて来てみるとひどい荒れ寺でありました。前住の宗密翠巌師は人の好い上にものにかかわらぬお方で、いろいろな人に利用せられてついにこの荒れ寺になったということでした。翠巌師は谷中《やなか》の長安寺《ちょうあんじ》へお移りになり、寺には宗舜、宗鶴の二雲水がのこっていたのですが、宗舜は鎌倉の建長寺《けんちょうじ》へ、宗鶴は徴兵で軍隊へはいっていました。着て寝る蒲団もなく、屋根は寝ながら月が仰がれるのです。ある雨のふる日、玄峰老師が開山堂から「早く来い」とおよびになるので行きますと、雨がだらだら漏るので、白隠様のお像に傘をさしかけて涙ぐんでおられます。そして急いで畳を屋根の上へ上げよと言われるのでありました。食べもののことを言えば、米または麦五勺《しゃく》に、裏山の山蕗《やまぶき》を入れた粥《かゆ》です。山蕗というものはいくら煮出しても苦味《にがみ》がぬけず、ひどくにがいものです。それが玄峰師と先住の譲り弟子の宗舜らと三・四人の一食のかてです。にがくてたまらんのですが、誰も何ともいわずにいただいたものでした。

そのうちに三島と沼津を托鉢することになりました。最初の托鉢は三島でありました。托鉢で一日歩いてうけた法施《ほうせ》は金十五銭と米少々でありました。それから日をきめて托鉢するようになりますと、待っていて下さる方もあり、追いかけて来て法施して下さる方など、おいおいに出来てきたのであります。しかしそうした苦しい生活の中にも、今どきの僧堂には見られそうもない面白い思い出もすくなくありません。軍隊から帰った兄弟子の宗鶴と、建長寺から戻って来た宗舜の二人は、腕力も膂力《りょりょく》も強く、それについでわたし（黙龍師）も相当のもので、近郷近在に草相撲のあるときは、解定後《げじょう》三人は寺をぬけ出し、法衣ではおかしいので、一枚の浴衣《ゆかた》を抱えて三里くらいのところは走りつづけて出場したものです。三・四日前に剃ったいがぐり頭を相手の胸にこすりつけるのです。この四十八手以外の奥の手は相手にこたえたものらしいです。

あるとき龍沢寺に大会《たいえ》がありました。それには井深《いぶか》（美濃、正眼寺《しょうげんじ》）、円福《えんぷく》（京都）、その他一派の寺々から大勢の雲水が来るのです。その時、鶴・舜・龍の三人は「命にかけても相撲と酒では、他の寺々のものに負けまい」と気負ったことがあります。いかに若いころとはいえ、おかしいことです。また解定後宗舜と二人で寺をぬけ出し、龍沢の表参道をかけ下り、三島までかけ足でゆき、ある酒屋の表戸をこつこつたたくと、酒屋は心得たもので、窓をあけて一升瓶をさし出してくれます。それを二人で交互にラッパ飲みして「ああいい気持だ」と、寒月に照らされながら寺へ帰るなどのこともありました。まことに思い出しても慚愧《ざんき》のいたりです。老師の『無門関提唱』が出ましたので、さっそく拝見すると、老師は、わたしが盗伐《とうばつ》にきたものを、なぐりつけたことをお書きになっているので、冷汗をかきました。

わたし（黙龍師）はどうにも文字が拙《つたな》いので、毎晩深更まで手習いをやりました。筆の軸の上へ二銭銅貨をのせて、それを落さぬように静かに習字をしていると、隠寮の裏の方でドスン、ドスンと音がする。そっと見ると七・八人の者が提燈《ちょうちん》の明りで木を伐《き》っておる。そこでいきなりなぐりつけて一人をふん縛った。龍沢寺境内は一木一草でも白隠様のものだ、はなはだけしからん――と怒り心頭に発したのです。そして「老師様のところへ来て詫《わ》びたら返してやる。」といって鋸も鉈《なた》も取りあげてしまったのでした。村の若者どもの飲みしろかせぎでしょうが、こちらは十六・七歳の青年一人、先方はくっきょうの者が七・八人もいた。考えてみれば向うみずでした。とにかく玄峰老師入山当時の龍沢寺境内は、樹木でも竹林でも筍《たけのこ》でも、あるいはその他の物件でも、村の人々の共有物のように思われていたようです。老師は「徳を積むなどは一人前の人間のいうことじゃ、まず不陰徳《ふおんとく》をするな、不陰徳をしないように気をつけよ。」と、朝に晩に口ぐせのように訓《おし》えられたものでありました。今にして骨身にしみます。

黙龍和尚はこのようにしみじみと語られ、そして玄峰老師を扶《たす》けて、龍沢をして今日あらしめる基礎をかためたのは、宗舜和尚の力があずかっていること少なからぬものがある、とつけ加えられるのでありました。

大正十二（一九二三）年の関東大震災には、龍沢寺の本堂も大破しました。それまで草葺《くさぶき》であったが草も手にはいりにくくなり、瓦では地盤に狂いを生じるおそれがあります、トタンでは長持ちしないから、このさい銅葺にしようということになり、それに尽瘁《じんすい》されたのが沼津の近藤政吉さんでありました。宗舜・宗鶴の二人が先に立ち、雲水全部が手わけして三島などは一軒のこさず訪問して、本堂銅葺の寄附を仰いだのでありました。隠寮もついでに銅葺にしました、それは今宋淵老師のおられる部屋です。老大師のおられました奥の隠寮は、それよりのち宗舜和尚の発議で増築されたものであります。

本堂を銅葺にしたとき、東嶺《とうれい》禅師百五十年の授戒がありました。そのときは天龍寺《てんりゅうじ》の関精拙《せきせいせつ》、円覚寺《えんかくじ》の古《ふる》川堯道《かわぎょうどう》、建長寺《けんちょうじ》の菅原時保《すがわらじほう》、建仁寺《けんにんじ》の竹田黙雷《たけだもくらい》の諸老師に揮毫物の御寄贈をおねがいして、東京のデパートで展観頒布会をやり、幾枚か売れのこったのを大口の寄附者に贈って敬意を表したことでありました。それらのことについて尽力されたのが松尾清二さんで、今は松蔭寺の境内におられます。

松蔭寺

松蔭寺は鵠林山《こくりんざん》と号し、沼津在の原町《はら》（静岡県駿東郡《すんとう》）にあり、「駿河には過ぎたるものが二つあり富士のお山と原の白隠」とうたわれている白隠禅師の古道場であることは、説明に及ぶまいと思われます。

松蔭寺（山門を距てて本堂を望む）

老大師がここに住職なされたのは、大正八（一九一九）年五月から昭和三（一九二八）年まででありました。昭和三年に、犬山の瑞泉寺が荒廃しているのを復興するよう、古川《ふるかわ》大航《たいこう》・天岫接三《あまくきせっさん》両師から懇嘱せられたので、後住には龍沢寺の古参宗鶴和向を据《す》え、老大師は瑞泉寺を兼務されたのでありました。

初めて老大師が来られましたころの松蔭寺は随分蕪雑《ぶざつ》なものでありましたので、庫裡本堂共に場所を移し模様換えをなさいました。そのころの本堂の屋根は、板やら瓦やらまじったもの、瓦と言っても折々に寄進をうけてつぎ足した、つぎはぎだらけのものでした。それを一定の瓦で葺きかえたり、地境と墓地の整理をも、総て大正十二年の大震前に終られておりました。

老大師が松蔭寺在住中の大きな出来事としては、大正十二（一九二三）年に欧米各国を視察せられ、次いで十四（一九二五）年に印度の仏蹟を巡拝せられたことでありましょう（外遊の項参照）。印度旅行からお帰り後まもなく、印度風を加味した宝蔵を寺境にお建てになり、今も遺っております。井上日召《いのうえにっしょう》氏が老師を訪ねて来て置いてもらわれたのはこのころのことであり、井上氏は当時のことを左のように言っておられます。

そのころ、松蔭寺には居士《こじ》が二人いた。その一人は一杉と言う人で、寺で飯炊きをしながら、高等文官の試験勉強をしていた。もう一人の大塚という予備砲兵中尉は、演習の時に砲弾が破裂して盲目になった人である。

和尚が一人いた太田と言い、副司《ふうす》（会計係）をやっていた。この人は慶応を出て銀行にはいったが、何か失敗があって罷《や》め、観音の行者になって、観音堂にいる間に、玄峰老師の噂話を聞いて弟子入り、得道して玄照《げんしょう》と呼ばれた。

さて私が申し渡された任務は、掃除の一切と風呂焚きとである。仕事は、翌朝から始まった。飯前に庫裡・本堂・白隠堂を掃除し、朝飯の後に庭・参道・墓地に及び、午後三時に風呂を焚き、八時に就寝となるが、私はそれから白隠堂にはいって、十一時ころまで坐禅を組む。時としては、午前一時までやっていたこともあった。

一杉が勉強の都合で龍沢寺に移って、飯炊きも私の仕事になってからは、文字通り寸暇もない状態になった。

ある日、その日は龍沢寺で何か白隠禅師にゆかりの催しがある日だったが、老師が「井上さん、紅葉が綺麗だから、早く用を済ませて龍沢寺へ行ったがよかろう。色々見るものもあるよ」と言ってくれた。白隠禅師に関する寺宝の展覧があったのだ。私は行く気になり、ついでに菜っ葉の漬物一樽を届けよう、と四斗樽を乗せた荷車をひいて出掛けた。

原から沼津、沼津から三島、それから龍沢寺と、四里以上の路を車をひいて行ったから、着いたのは夕方だった。老師はこれから汽車で帰るところ。

「ゆっくりしてお帰り。」

とねぎらってくれた。寺でも漬物の不足していた折柄、大変よろこんだ。私は好きな酒をよばれて快く酔って寝てしまった。

目が覚めてみると、午前一時である。これはしまった、と急いで起き上がり、宗旦《そうたん》和尚に挨拶して、また車をひいて帰途についた。松蔭寺に帰り着いたら、夜が明けた。すぐに飯の支度にかかって、朝の行事を滞りなく済ませた。

いつものように掃除を進めて、白隠様のお墓まで来た時、石塔の前に約一坪足らずの平らな自然石がある、この上でちょいと坐禅がしたくなって、坐っていると、用事に出掛けるべく、老師が通りかかった。足音に立ち上がると、老師は、

「井上さん、あんた良い修行をしたな!」

と言った。大概の人なら「非常にご苦労だった!」とか言って褒《ほ》めるところを、褒めないで、こういう表現を用いた。それを私はひどく感じたものだった。老師は私を非常にかわいがって下さった。

また、龍沢寺で一週間の接心《せっしん》に参加した時、ある日の昼休みに一人の小僧が、

「井上さん、老師が、松蔭寺にはキンプラがいる、と言ってますよ。」

「何のことだ?」

と私は尋ねかえした。すると彼は、

「ハッハ」と笑って「井上さん、貴方知らんのですか。」「知らないよ、一体何だ。」

彼の説明するところによれば、私が松蔭寺にはいった時には、単衣《ひとえ》の着物が一枚きりで褌《ふんどし》すらなかった。拭き掃除する時には、いつも尻からげでやるから、いつも老師がそれを後から見られたのだそうだ。その話をされて老師が大笑いなさった、と。話し終ると、小僧も大笑いした。私も思わず破顔一笑《はがんいっしょう》に及んだ。

寺に帰ると、老師がメリヤスのシャツとズボン下とを買って置いて下さった。単衣の代りに、自身の着ておられた袷《あわせ》の着物も羽織も下さった。その時ではなかったが、頭巾ももらったことがある。

私が老師からものをいただくと、みんなは「良いな良いな」と羨《うらや》しがった。そういう光栄に浴し得ぬ弟子の身分を残念がっていた。そうして、その残念をまぎらせるべく、何かといえば「キンプラ、キンプラ」と私を揶揄《からか》った。(日召自伝)

松蔭寺時代の老大師の一側面であります。

瑞泉寺

尾張犬山《おわりいぬやま》の名刹瑞泉寺《ずいせんじ》がひどく荒廃していたのを、復興されたのも玄峰老大師でありました。瑞泉寺は尾張古本山と号したもので、開祖日峰《にっぽう》大和尚は文安五(一四四八)年示寂《じじゃく》、後土御門《ごつちみかど》天皇から禅源大済《ぜんげんだいさい》禅師と勅諡《ちょくし》せられています。今は塔頭《たっちゅう》として黄梅・臨溪・臥龍・龍泉・龍済・輝東の六院を持つに過ぎませんが、室町末期には七十余坊を数えたといわれております。近世では明治二十(一八八七)年に、妙心寺管長無学《むがく》和尚が隠栖《いんせい》して法燈をかがやかされました。しかし次の蒙堂《もうとう》和尚は諸事異算多く、二十年も住職されましたが寺は荒蕪《こうぶ》の一路をたどり、蒙堂和尚遷化後二年あまりは、住職になりてがなく荒涼たるものでありました。日峰古道場がこの状態ではこまると本山でも言い出し、これを再興するのは玄峰老師のほかにあるまいと、眼をつけたのが当時本山の宗務総長古川大航師と、沼津東方寺の天岫接三師でありました。老大師はその時、龍沢寺の住職で松蔭寺を兼務されていましたが、この交渉をうけて松蔭寺へは、龍沢寺の古参雲水宗鶴和尚を住職に据えて、瑞泉寺の復興に乗り出されましたのが、昭和三（一九二八）年九月でありました。

瑞泉寺本堂

来てみるとその荒廃ぶりは、龍沢寺入山の時の荒れように、兄たりがたく弟たりがたいもので、寺境は農工銀行へ一万円で抵当にはいっており、あの大坊に畳一枚なく、鼠と鳩の糞が大バケツに二十幾杯あったということであります。老大師は着任の日から尻からげで、雑巾がけをなさる、托鉢にもお出になるというありさまで、たちまち信用を博されました。お仕事はまず開山堂のあとへ隠寮を移すなど、伽藍の整備に着手されたのでありました。日峰さんの古道場で、本山からも別格あつかいをうけており、輪番制でありましたのを無学和尚のときから住職制にしてきたのですが、僧堂はなく、日峰古道場というので本山の許可も糸瓜《へちま》もなく、大威張りで参禅の徒を指導していたのですが、老大師はここに僧堂を開単《かいたん》して、正式に専門道場を築かれました。これは禅僧としては大事業であります。

瑞泉寺鐘楼

瑞泉在山は四年間でありましたが、この間に、寺が抵当になっている一万円を年賦で返済しながら、僧堂を開単されたということは、実におどろくべき事蹟と申さねばなりませぬ。昭和四年の一万円は今の千倍としても一千万円になります。

瑞泉寺御在山中、犬山に日本紡績敷地買収のとき、塔頭《たっちゅう》臥龍庵《がりゅうあん》の檀家の某という地主が、祖先伝来の地所だからとて何としても買収交渉に応じませぬ。時の町長原田鉄蔵氏が真野九郎右ヱ門という犬山第一流の素封家と相談の結果、老大師に頼んだら何とかならぬかというので相談に来た。そこで老大師が某を訪《とぶら》い、ひと芝居うたれた結果、老大師の口ききというので某が祖先伝来の土地を割譲した話を、老大師から直接承ったことがありましたが後章「思い出のかずかず」に御寄稿を得ていますので、ここには省略いたします。

これも老大師に参禅した一人でありますが、名古屋に二号さんが出来て何のかのと言っては名古屋通いをする。その妻女が老大師に相談したところ、老大師が曰く「二号さんのところへ出かけると見たら、履きものを揃えて、行ってらっしゃいませ、とていねいにあいさつをして機嫌よく出しておやり、仮《かり》にも嫉妬《しっと》がましい顔などなさるな。」と、おさとしになりました。妻女がこれを実行したところ、果してその夫君に反省の実が見られたということも、犬山での逸話であります。

瑞泉寺の宿龍池の先のところに、芭蕉の高弟内藤丈草の両親はじめ一家の墓地があり、また鐘楼《しょうろう》にならんで「丈草座元禅師」の碑があります。明治三十六年に犬山の乾城吟社の人々が建てたもので。老大師御遷化の年、筆者が龍沢寺で拝顔のとき「丈草の碑をどこやらへ移したが、あれは元の位置がよい、今度犬山へ行ったら、費用はわしが全部出すから、元の位置にもどすように話しなさい。」とのことでありました。三十六年十一月瑞泉寺に玄要《げんよう》老師に拝謁《はいえつ》する前にまず碑をみると、建てられた当時のまま鐘楼のほとりにある、不思議なことがあるものだとこのことを玄要老師に語ると、「実は三十四年の秋老大師を拝請して大授戒会《じゅかいえ》をやりました。そのとき寺の都合で碑を移すことを申しあげたのですが、そのこと沙汰止《さたや》みになって碑は元のまま。」にあるとのことでありました。

四年かかって瑞泉寺を復興し、自坊龍沢寺へ帰られてのちも、おりおり犬山を訪《とぶら》われましたが、三十五年十月の大授戒会が最後でありました。そのときお書きになったものが玄要老師のお居間にかけてありました「茶長寿友　九十五　般若」の横物です。本堂には「瑞泉」の大額、庫裡《くり》には富士の自画讃の大衝立《ついたて》、その他額などいろいろ目につきました。玄要老師は年少から老大師の鉗鎚《けんつい》をうけられたお方で「師匠の像に讃ができたから見てくれ。」とて、拝見させて下さいました。

特住妙心当山僧堂再建
玄峰詮禅師大和尚

此　老　不　在　明　白　裏　　九　十　六　年　対　一　説
水　自　忙　々　雲　自　閑　　只　余　一　喝　悟　塵　去

昭和三十六年八月三日　　現住瑞泉玄要九拝

覚　王　山

老大師は昭和八（一九三三）年に、名古屋の覚王山日暹寺《かくおうざんにっせんじ》（今は日泰寺《にったいじ》という）住職に赴任せられました。こ

覚王山奉安塔

の寺は仏骨を奉迎《ほうげい》して仏教八派が五年ずつ輪番で住職する制度でしたが、当時非常な悶着《もんちゃく》が起きていました。問題が起ったのは、妙心寺派の棲梧《せいご》宝嶽《ほうがく》老師が覚王山住職時代で、玄峰老大師は棲梧老師の補欠に推されたのでありました。一体この覚王山は、初めは京都に建てる予定でしたが、うまく行かぬので名古屋へ持って来た。それらのことについて曹洞宗が非常に骨折った関係上、どの宗派が輪番住職になっても、曹洞宗は副住職というような格で、威張っておりました。お寺の経営を考慮して市に近い山中に公園ふうに構築して、百観音を建立したり、後藤某という婦人が先に立って丑《うし》の刻参《こくまい》りをしたら、これこれの御利益があったなどと宣伝に努める。お寺でも参詣者に菓子を出すなど、なかなか元手をおろしたものでした。

それらの影響もあって、昭和八、九年ころには、毎月五万円ほどの浄財と米三十俵位ずつ上がりがあり、お賽銭《さいせん》の銅貨は到底数え切れないので、毎日目方で計量して銀行へ持って行くという繁昌ぶりでありました。昭和九（一九三四）年十月二十三日弘法様の御縁日に台風が吹いた時など、市中はなかなかの被害でしたが、午後ちょっと風雨がやんだ、その間に米が七・八俵上がったこともあったという。

各宗輪番制でも、曹洞宗が牛耳を握っていたこと前述の通りであり、いわば利益の多い寺なので、そこに四方の策士や游侠《ゆうきょう》の徒が目をつけた。棲梧老師が住職になって一年半ほど過ぎた時、岐阜県から代議士に出ていた後藤某というのが、選挙資金の出場として覚王山に目をつけた一方、東京では作雲某という策士が、泉岳寺から金を出させて、時の泉岳寺住職を次の覚王山住職に売込むという策をめぐらしたのでした。

ところが泉岳寺住職は棲梧老師の任期満了を待たず病死してしまったのです。泉岳寺が出した金員は五万円で、当時としては相当の大金です。泉岳寺は棲梧老師に返金を迫ったところ師はそんな金員は受取っていないと言う、そこで泉岳寺は棲梧老師を詐欺罪で告発しました。これを受理した名古屋地裁の金又検事は鬼検事といわれた敏腕家でしたが、この人が妙心寺内部にも何かありはせぬかと検索の手をのばしたところ、そこにも何か背任行為の事実を発見したのでした。それで覚王山事件と妙心寺事件が相い錯綜《さくそう》して、妙心寺内部のみにくいところまで白日の下にさらけ出し、見方によっては泉岳寺は曹洞宗、妙心寺は臨済宗、この二派で覚王山住職を争うようであり、関係者に自殺する者もあり、ついに覚王山から妙心寺派を締め出す運動にまで展開して来たのでありました。

この複雑交乱せる悶着を鎮《しず》め妙心寺派の汚名を清《そそ》ぐには、玄峰老大師の出廬《しゅつろ》を願う外ないと観た時の宗務総長天岫師の鑑識が的中したのでありま

覚王山本堂

覚王山大法輪

した。泉岳寺から出た金員は後藤・作雲二人の間で消滅し棲梧老師の手に渡っておらなかったにせよ、策士らに翻弄《ほんろう》せられた責任で覚王山住職を辞し、棲梧老師の残りの任期を老大師に出ていただくことにしたのですが、妙心寺派を排却する各宗は素直にこれを受け入れません。いろいろ圧迫をうけ邪魔されながらもついに老大師を押し出したのです。その時老大師は「私は一切何の野心も持っていません、お釈迦様のお守りをして散らばる紙屑を拾わせてもらうだけ。」というような挨拶をせられた。これが「馬鹿の大利口」で、いら立つ関係者の気を鎮めました。名古屋新聞社長で当時政界の利《き》け者であった小山松寿が、「大箒で掃きちらしてやれ。」と書いていましたが、事実その通り鉄箒々、棲梧老師の残りの任期中に「大ぼけ狸」をきめこみながら、いろいろな虫の着いている覚王山を整理し、安泰の位置に据えるという大成功を収めたのでありました。

老大師は当時を回想して「瑞泉寺へ行けばちゃんと瑞泉寺でおさまる。覚王山のあの悶着の中へゆけば、またちゃんとあそこの市長やみんなで何もかも片づくように人がしてくれる。こうしたいという気持をもつことじゃ。」とおっしゃっています。事件の弁護士は今の衆議院議長清瀬一郎氏、老大師の左右に在って補佐したのが三宅宝洲《みやけほうしゅう》師（現、木曾福島長福寺《ちょうふくじ》住職）と、通山宗鶴《つうざんそうかく》師（現、松蔭寺・円福寺住職）、宗鶴師は老大師の印を預っておられたので、覚王山につきまつわる游俠の徒から脅かされたこと、数回あったということであります。

正受庵

正受庵《しょうじゅあん》は長野県飯山《いいやま》市上倉にあります。比較的野尻湖に近いところであります。老大師がここへお行きになりましたのも、龍沢寺住職の兼務でありました。

正受老人は信州松代《まつしろ》城主真田《さなだ》幸村《ゆきむら》の伯父にあたる信幸《のぶゆき》の侍妾の子で、僧名は道鏡恵端《どうきょうえたん》といいますが、一般には正受老人《しょうじゅろうじん》の方が通りがよいようです。白隠さまの師匠であり、白隠さまと正受老人との出あいはなかなかおもしろいですが、ここには省いておきます。

正受庵

正受庵を老大師がお引きうけになるまでは、清水市の鉄舟寺《てっしゅうじ》の住職台巌《たいがん》和尚が、大正中期ころから兼務とはいえ、庵の発展に尽くされて今日の基礎を築かれたということであります。その後、昭和の初めころ鉄舟寺の方も投げすてて置かれず、その方の正住職になられたあとを、老大師が兼務せられたのでありますが、その間のことは沼津東《とう》方寺《ほうじ》の天岫接三師が斡旋《あっせん》せられたのであります。その期間は昭和九（一九三四）年末から十五（一九四〇）年春までの五年余、その間看住として龍沢寺から安部玄州《あべげんしゅう》（現、武蔵野市吉祥寺大法寺《だいほうじ》住職）師を派し置き、老大師は一年に一度か、せいぜい二度位よりお行きになりませんでした。そして常に「わしが来ても正受老人はよろこばれぬだろうよ。老人はわしのような娑婆《しゃば》っ気《け》のあるお方でなかったから。」とお言いになっていました、それは正受老人が隠遁的《いんとんてき》なお方であったからであります。その間に接心会《せっしんえ》をやったこともありましたが、学校の先生などが主なもので、あまり盛大ではありませんでした。中には練成道場でもはじめてはと言ってくれる人もありましたが、老大師は「そういう寺ではない。」といっておられました。それは正受老人が、こういう塵世《じんせ》をはなれた清寂《しょうじゃく》の地で修練なさったということを記念するため、その淋しいむかしの面影を、そのままのこして置きたいというお考えからだったかと思われます。

老大師がここでなされたことは、昭和十（一九三五）年に庫裡の改築をなさったことであります。それには台巌和尚時代に、正受庵維持保存会を結成して蓄財した基金、本山から寄附の一千円なお不足の二百円を老大師が足されて出来たのでありました。その庫裡は現在鐘楼のあるところに建てられたのでありました。老大師が兼務御引退のあとへ、台巌師が再住せられたのでありました。今では禅堂も鐘楼もありますが、それはいずれも台巌師再住以後の建築であります。

新京妙心寺派別院

昭和十一（一九三六）年には、満洲の新京に老大師を開山とする妙心寺別院が開創せられました。老大師は本山の特命でお行きになったのでありますが、このころは満洲開発のやかましい時代で、この間の斡旋は大東学院々長日高丙子郎・満洲国外交部次長大橋忠一氏らのお骨折によるものであります。

日華の国交が険悪になってきた昭和十年六月、日華仏教研究会員十一人が一団となり、親善の一方策として渡華、上海《しゃんはい》を振り出しに蘇州《そしゅう》・杭州《こうしゅう》・南京《なんきん》・九《きゅう》

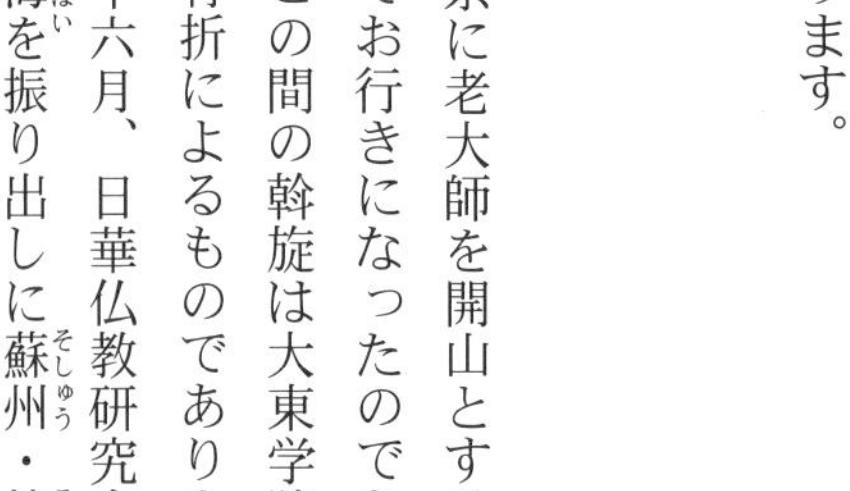
新京別院の門

江《こう》（廬山《ろざん》）・漢口《かんこう》・武昌《ぶしょう》・漢陽《かんよう》・北平《ほくへい》・天津《てんしん》・済南《さいなん》・青島《ちんたお》等における著名寺院や篤信《とくしん》の名士を歴訪の後、一行は青島で解散し、それからは老大師と須原秀文《すはらしゅうぶん》師と二人で大連《だいれん》に渡り巡錫《じゅんしゃく》中、たまたま新京で当時外交部次長として凛々《りんりん》たる勢威を持っていた大橋忠一氏の招待をうけ、七月十三日夜新京公記飯店に山本玄峰・須原秀文両師歓迎会が催された。出席者は関東軍司令部の上野副官、三菱支店の井上徳三・塩崎四郎、民政部の清水総務部長、実業部の高橋総務司長、司法部の古田総務司長、文教部の久米総務司長・神尾学務司長、国務院総務庁の塩原人事処長・松田主計処長、同法制局の飯沢参事官、参議府の筑紫参議、中央銀行の山成副総裁・鷲尾理事・阪谷監事・森調査課長、国道局の直木局長、最高法院の井野庭長（裁判長）、軍政部の鷲崎研太、外交部の森庶務科長・梅谷文書科長・松村宣伝科長、岡野事務官などであり、この席に列した人々の要望により、修養道場妙心寺別院創設の運びとなり、爾後一年間をまたずして竣工を見たのでありました。

さて、大橋氏招宴後、老大師と須原師は吉林《きつりん》で一たん袂《たもと》をわかち、老大師は朝鮮清州《ちょんじゅ》の縁辺を、須原師は平壌《ぴょんやん》の旧友を訪ね、再び京城《きょんそん》で老大師と会同して帰途につかれたのでありますが、老大師は九州に日高丙子郎氏を訪い、須原師は老大師代理として本山妙心寺に挨拶に廻り、それぞれ自坊へ帰られたのであります。

新京別院庫裡玄関

八月三日付一杉藤平氏宛書簡の一節に、

――小衲《しょうのう》は至極壮健にて、京城にも一寸《ちょっと》立より候処、妙心寺和尚は、南禅寺前管長遷化のため不在、之に加へて前京城妙心寺現本山内東海庵老師が巡錫中と、夫是差支勝ち即日出立、福岡にて日高氏にお逢い致し、愛媛県村松に立より、姫路市一泊、二十九日帰山――猶《なお》満洲は非常によろこばれ、汽車も飛行機も無銭の旅行、大橋君何から何迄、皇帝は申迄もなく、主だつ人々には悉皆お逢い致し、非常なる歓迎を受けて恐縮いたし候

とあるに徴し、皇帝はじめ諸大官に、歓迎をおうけになった様子が窺《うかが》われますと同時に大橋氏の外護《げご》の力が、非常に大きかったことが思われます。

仏教徒の日華親善旅行の際、妙心寺別院創立の話が出たことは本山にも通じられた結果、宗務総長の天岫師から木曾上松玉林院の須原秀文師に致された数通の書簡中、九月三日発左の一通の如きは当時の空気を察することが出来るものであります。

粛啓

朝夕は追々冷敷相成候処、愈御清祥奉賀候、陳者拙生事昨二日の自坊例月修養会の為め帰沼、今夜々行列車にて京都に帰るべく候、玄峰老師も例に依り修養会に提唱せられ、昨夜弊院に一泊せられ申候、昨夜深更まで種々満洲別院開設の件に付懇談申候結果、右建設に付、尚又先般の訪満御見聞に付種々御伺申上度候儀有之候間、御多忙中御迷惑と存候も、来六日本山迄御出頭被下間敷哉御願申上候、六日御差

昭和９年４月６日箱根富士屋ホテルにて
前列右より玄峰老師，鄭孝胥，山本玄実師
後列右端日高丙子郎氏，その他

支に候へば七日にても不苦候、此状御覧次第御上洛の日時御一電に預り度願上候、先は右御願まで如此候余は拝眉の上に譲り申候

翌昭和十一（一九三六）年二月十一日、静岡県駿東《すんとう》郡静浦《しずうら》村多比の老大師発、朝鮮上海市狄《てき》思路の一杉氏宛書簡によると、老大師の新京行はすでに決定していることがうかがわれます。

——小衲一月八日より十五日迄大接心後、表記の処に来り加養仕り候、然し東京へは新年となりて三度参り、此地に平素は居住仕り居候、至て健全御安心被下度、二月中は此地、三月一日韮山中学、二日沼津東方寺、三日より東京白山七日迄、八九十内田博士の家に滞在、満洲行きの用もぽつぽつ取かかる心算——。

二に、小衲現住の家は近藤政吉氏一人にて建て下されしものにて、冬は温か、夏は涼しき、此上もなき好適地、是を捨て満洲行は、是も亦前世の宿業かと、浮世の仕事は種々色々、人間の命ある限り勉強仕り居り候云々。

近藤氏により多比に新築された去来庵は、冬暖かで夏涼しく、この上もない好い処なのに、これを捨てて満洲行とは宿業《しゅくごう》の致すところとお言いになっています。すでに二月初旬のころから、満洲行の用意に取りかかられていたのであります。同年四月二十六日、一杉氏宛書簡の一節に「——小衲新京の家は七月七日落成との事、大橋氏より通知着々進行中との事、龍沢寺法会は非常なる盛大、意外千万——」と見えております。新京妙心寺別院は晋山式は挙行しませんでした。

禅堂の開単式は同年十一月二十九日に行われました。その案内状は、

拝啓、予て御援助を蒙り建設中の当地妙心寺禅堂（同治街神泉路角、順天公園南）落成致候に付ては来る廿

九日（日曜）午前十一時より同禅堂に於て、別記の次第に依り開堂式挙行後粗餐差上度候条、御賁臨相成度候
敬具

一、開　堂　式
一、委員長挨拶
一、山本老師挨拶
一、臨済録提唱（老師）
一、昼　　　餐

十一月廿四日

禅堂建設委員長　大橋忠一
韓雲階

外交部の書記官岡野誠治氏が、この招待状の刷見本を送って来た時の添状に「発送は六十八名」とあります。開単式の写真を見ると老大師をまん中にして呂民政部大臣・韓新京市長・李交通部大臣・子軍政部大臣・孫財政部大臣・臧参議府議長・金警視総監・斉蒙政部大臣・王商会長・井野最高法院次長・古田司法部次長・大橋外交部次長など三十四人が列席しています。しかしこの式には写真以外に満洲国政府の大官が多く出席したのですが、公用のため式後写真を撮らずに帰った者、また撮影後に参加した者もありました。外交部の岡野書記官がその列席者の主な人々の名を記したものがあります、前引と重複するものもありますが、ここに採録して当日の盛麗をしのぶよすがと致します。

拝啓　昨日御電話下され候招宴の出席者別紙の通りに有之候条御報告申上候
敬具

岡野誠治

国務総理大臣　張　景　恵
参議府議長　臧　式　毅
民政部大臣　呂　栄　寰
外交部大臣　張　燕　卿
財政部大臣　孫　其　昌
交通部大臣　李　紹　庚
文教部大臣　阮　振　鐸
参　議　増　　　韞
参　議　栄　　　厚
警察総監　金　栄　桂
中央銀行副総裁　蔡　運　升
専売総署長　姜　恩　之
市自治委員会委員長　王　荊　山
日本大使館二等書記官　林出賢次郎
国務総理秘書官　呂　宜　文
同　松本益雄
市公署行政処長　董　　　暘
主人　大橋外交部次長　韓新京市長（雲階）

老大師は内地との間をしばしば往復なされただけでなく、満洲国内もお

新京道場開単式

りおり御巡錫になり、教化に御尽力なさっております。新京妙心寺内老大師発、朝鮮黄海道海州の一杉氏宛書簡の一節に、

東北境を廻り貴地へ参る心算の処、意外に日数かかり、此間種々の用件相生じ急に本日帰新致し候、当地に於ても何かと多用、人間命の有る間は是も大切、四月一日より旅順高等師範学校にて一週間接心、一度帰新五月初め内地に帰り度、とにかく帰途立より、何くれと御世話相かけ申事を楽みと致し、此度は不参致します。

これは十三年の御手簡で、同四月六日旅順師範学校から一杉氏に送られたものに「昨夜着校、十一日迄教職員及び上級生と接心、一度帰新、二十五日出立帰国、七月初旬立よりてはと思い居り候」とあり。また「――次に小衲中々元気、三日出立、満十五日間西北方の国境視察は、何も所得はなきも一度見て置けば是にて得心、浮世は浮世だ、乗越すは梶と機械第一、清き明鏡胸裏にあるを主とす」とあります、清猛な御心境がありありとうかがわれます。また十三年十一月二十一日龍沢寺内老大師発、海州の一杉氏宛のものに、

貴地出立後引つづき紀州を廻り、京都円福の斎会を済し、一夜龍沢に宿し直に東京の接心、夫より信州飯山正受庵、甲州恵林寺参拝、大菩薩に登り一昨夜帰山、昨日曜は観紅会、近年未曾有の来人、隠寮も満員、江口定条氏始め三島町に随分の来観者、小衲疲労閉口、是から長岡に入湯と出かける処云々

というのがあります。南船北馬席温まる暇なき状景が髣髴としてきます。観紅会は紅葉を見るすなわち観楓会のことと思われます。

老大師が着任されるとまもなく在満邦人たちが来て言うには、われわれがこうして何の不安も不自由もなく、異国生活が出来るのは、ひとえに国家鎮護のために犠牲になった一万余の英霊のおかげであるから、ぜひ妙心寺別院境内に慰霊堂を建立して回向されたいという希望でありました。老大師もこれを御応諾になり

ましてチチハル、ハルピン、奉天、承徳など満洲各地の忠霊塔内に収蔵されている殉職者名簿を借り、それを写して慰霊塔に収め、更に別冊百五十部写録して要所に頒布する手筈になったところ、日支事変は日々に拡大してついに大東亜戦争となり、それがためこの聖業は頓挫をきたしたのでありました。

また従来駐満の日本僧や日本人寺院は日本人相手のもので満洲の寺院はもちろん満人とは何等関係のない状態でありました。渡満の冬（十一年十一月）市街を托鉢の帰路、老大師はじめ二、三の雲水が新京一の大寺院、般若寺に立ち寄られたところ、ちょうど斎座になる時でありました。言語は通じないが動作で食堂に案内せられ、数十人の満僧と食事を共にされたことがありました。満洲の僧侶は戒律が厳しく、妻子を持つ日系僧侶及び寺院は、僧侶とも寺院とも認めないのですが、その点妙心寺は真の寺院であるとして般若寺とも親交をつづけ、二、三度般若寺の主席を招いて精進料理をふるまい喜ばれたこともありました。ある年の釈尊降誕会《しゃくそんごうたんえ》には般若寺から講演を頼まれましたが、老大師微恙《びよう》のため須原師が協和会員の通訳で広長舌をふるわれました、聴衆は一万数千人ということで、内地では想像も及ばぬ盛んなものということであります。

新京道場の禅堂と庫裡

なお、この修養道場妙心寺別院では二日、七日、十二日、十七日、二十二日、二十七日と月六回托鉢し、日曜日は午後一時から、参聴随意

新京道場の内部

リックを負われた老大師

で提唱がありました。

全生庵《ぜんしょうあん》の平井玄恭《ひらいげんきょう》師は当時のことを回想して、

——そのころわたくしは、この全生庵から学校に通っていたが、ある朝「お早う、お早う。」と声がするので、玄関にいってみると、国民服にシナ帽をかぶり、大きなリックを背負ったうすきたない老人が立っている。よくみると、なんとそれが玄峰老師で「なんていう恰好《かっこう》を……」と笑ったことがあったが、満洲行きの船のキップを取りに寄られたのだった。戦前戦後にかけての国民服姿なら、少しもめずらしくないが、昭和十一年にこの姿で日本と満洲の間を往復して、正法《しょうぼう》を広められていたのである。人徳のあり道念のすぐれた老師だったればこそ、無一物で大陸に一寺の建立が可能だった。

と語られています。

昭和十二年八月、本山妙心寺から皇軍慰問を命ぜられました。それは老大師を総監として須原秀文師ら総計五人でありました。その時の辞令は、

昭和十二年八月二十一日

京都市右京区花園妙心寺町

臨済宗妙心寺派管長　峰尾宗悦

支那駐屯軍司令官　香月清司閣下

今般左記ノモノ北支皇軍並ニ在留邦人慰問ノ為メ派遣仕候ニ付、宜敷御指導被成下度願上候

左　記

臨済宗妙心寺慰問使総監　山本玄峰

この時、四人の者には従軍服が支給されましたが、総監の老大師にはそれが無いので協和服（丁度日本の国民服）を召されました、どうもそれがお気に入らぬらしく、結局、被布と略衣で押し通されましたが、同年冬日本へお帰りの時などはこれを召され、リックを背負われておりました。

最初日本側の者は「妙心寺新京別院」と称するつもりであったところ、新京側の人々は寺院と称することを嫌い、精神訓練の道場としたい意向なので、和協して「新京妙心禅寺・修養道場」という二枚看板で行くことにし、図のようなスタンプを作りました。まん中の達磨は老大師の筆であります。

新京妙心寺別院は、軍人その他満洲にいる日本人の精神を正しく興揚しなければならないと、大橋忠一氏などの首唱で出来たものなので、老大師は着任後すぐ指導的立場にいる軍人を集めて、一場の講話をせられました。

これを聞いた将校の中に、老大師は反戦思想を宣伝するものだ、叩き斬らねばならぬと息巻き、老師のもとへ斬りこむと言って来た。老師はこれを聞かれて、よし、いつでも斬りこんで来いと言っておられると、大橋さんがその軍人をつれて来られた。老師が「お前は軍人だろう、軍人というものは一刻も早く相手を倒した方が勝ちだ、なぜ斬らないか、さあ斬れ。」と励声叱咤されたが、その軍人は毒気をぬかれて老師を斬るどころか、棒立ちになったままグーの音も出し得なかった。

新京妙心禅寺・修養道場スタンプ

という説が伝わっております。新京道場まっ最初から老大師と共に新京に行かれ、一日も老大師のそばを離れず、老大師が辞任せられた後まで残っておられた須原秀文師のお話によると、芝居がかったこのお話は事実と大分くいちがいがあるようです。

大尉の人で田中隆吉とかいった人（極東裁判の法廷にも立った人）や、潜行三千里の著者で今は行方不明になってる辻正信氏などが大橋氏と共に新京別院に来たことはあった。しかし、いきり立って斬るの殺すのなどいう殺伐な言動はもとより無く、二、三談話の末は和気藹々《わきあいあい》と酒を酌《く》んで別れたのだそうです。そこで大橋忠一氏をお訪ねしますと、

老師を新京にお迎えしてお寺ようのものを作ったのは、若い将校や満洲国官吏《かんり》に精神修養の機会を与えるためで、建築費は五万円ほどかかったと思います。その金員は新京にあった日本人の会社から集めました。まず関東軍に行って満洲事変勃発に直接関係のあった花谷正という青年将校から五百円の喜捨をうけ、それを奉賀帳の筆頭にして各会社を回ったので、満鉄はじめ各会社がどんどん金を出してくれて、わけなく五万円あまり集りました。老師の居室とか坐禅堂などは、後に関東軍の力によってできたものでした。

堂宇ができてから間もなく、私が当時奉天から新京に移って来た軍の荒武者数人をつれて、老師を訪問したことがありました。青年将校らは理屈をならべ、議論をふっかけましたが、老師は別だん興奮なさることもなく、淡々として応対しておられました。もちろん「サア斬れ」とおっしゃったようなことは、全然覚えませせん、あとは酒でした。

私の老師観ですか、それは非常に記憶力の強い、義理堅く人情に厚い平凡な爺さんでした、その平凡なところがえらいのだと思います。桃李もの言わず花下自ら蹊をなす底の人物で、その御存命中いかに

多くの人が老師に親しみ接近したかは、そのお葬儀玄峰斎の光景によって明らかでしょう。老師の人柄は修養によるところもとよりありましょうが、それよりも生れながらの天性からきていると思います。行って会って話しても何の変哲もありませんが、会って話すと愉快であるというんです。こういう禅僧はもうこれからは出ないではないかと思います。

とお話し下さいました。老大師は十四年夏から健康勝れず、中耳炎を併発されついに妙心別院引退を御決意になり、左の通知を発せられました。

欽啓時下厳寒の候、貴下益々御清祥奉大賀候、降て小衲儀、昨夏以来四大不調、加ふるに臘月より中耳炎を併発、岩淵医師の手元に入院致し手術治療の効に依り漸く全治退院致し候。
右の次第に有之、遂に年始の礼を失礼仕居候。
尚ほ向後は自坊に引籠り雲水の友となり、接心修養専一、古徳の遺言を遵守し以て信施恩を奉謝仕度、猶将来一層の御愛顧相蒙らん事伏て懇願申上候。
次に新京別院内法務は、須原秀文師万事御引受被下候に付き、何等支障無之も、永久の後任者は追て教務本所の御考慮に依り、御選定被下事と相成り居候故、是又在任中御法愛偏に奉感謝候。

昭和十五年一月　日

静岡県三島町　龍沢寺山本玄峰

かくて老大師の新京妙心寺別院引退は、昭和十五（一九四〇）年一月でありました。

三月十日老大師発、秀文師宛書簡の一節

「今朝神崎氏新京より来り、日高丙子郎先生殺されたる事確実とあり、賀来一郎はボルネオより帰る」云々

妙心寺派管長

昭和二十二（一九四七）年十月、推戴《すいたい》せられて本山妙心寺派の管長に御就任になりました。この時も「選挙の結果なら止むを得ぬから、一年だけ勤めよう。」というようなことでありましたが、結局、二十四年二月まで管長職に就かれたのでありました。が、名利に恬淡《てんたん》な老大師には管長などということはなはだうるさかったようであります。管長決定の時、愛媛県宮内村の武内武平氏に送られた書簡の一節に、

兼て御話しありし本山行が確定とて、未知人から迄電報など来り、世間の人は這《こん》なことが人間且《か》つ宗教家としての光栄とする人間達の心中を、大いに察すべきと存じます、いかに末法とは云へ、八十二の老耄《ろうもう》が、宗教界の表面に立ち何が出来得る事がありますか、しみじみ御察し下され度、宗教界いよいよ悲感の極、さりとて一派よりなれど選ばれた上は責任上——身命を賭して、活宗教・活人道のため根限り働く確信を以て出馬を決心致し云々（二十二年九月二日付）

妙心寺法堂

とあるに徴して当時の御覚悟のほどが察せられます。就任披露のあいさつなど、きまりきったことをくどく

ど述べるのが普通のようですが老大師は「私は昔から目が見えず、そのうえ耳が不自由だからよろしく」と、三十秒ばかり挨拶をなさっただけで、なみいる人々を先ずおどろかしたものでありました。

また十一月十二日には一山の住職及び雲水並びに学徒に左のような垂示がありました。

　妙心寺派新管長山本玄峰老師は、十一月十日全山法悦の中に入寺式を挙行、午前七時先ず寝堂に於いて視篆式《してんしき》を行って妙心第六百卅二世の系譜に署名した後、仏殿及び開山塔に入寺焼香を終えられたが、越えて十二日午前十時から管長自らの発意で、大方丈に一山の住職と雲衲《うんのう》及び臨済学院両学の全学徒を集め、親しく詢々《じゅんじゅん》と滋味溢《あふ》るる垂示《すいじ》を行った。その中で特に、本山法式《ほっしき》の形式と共にその内容となる精神が大切であること、更に法を中心として一山の和合が大切であることの二点を強調されたが、是は本山のみならず広く一派の僧俗に対する普説として味うべきであらう。（記者）

昨日から、何にも知らぬ山猿が出て来て、きれいな衣を着せて貰って大龍さんの御指南で無事大法会を勤めさせてもらうた。まるで猿使いにしこまれる猿と言った塩梅《あんばい》じゃ。

法式梵唄《ほっしきぼんばい》は元より本山の生命じゃが、形にとらえられて、正法山妙心寺と云う寺号のよって来たる精神を忘れてはならぬ。関山《かいざん》国師は、大燈《だいとう》国師会下に風顚漢《ふうてんかん》と呼ばれた人で、伊深《いぶか》の里に長年牛を飼い、妙心寺を開創しても経は大悲呪しか読まなかったと云う人である。しかも妙心寺が足利幕府のために寺号を取上げられ伽藍をさしおさえられると云う悲境のどん底に落ちても、この妙心の精神は脈々不断であった。ここが大切な所じゃ。

黄檗《おうばく》の隠元《いんげん》和尚が妙心寺に上った時、語録も無い開山に拝は出来ぬと言った所、愚堂《ぐどう》和尚が、吾が開山に語録は残らぬが、唯、「恵玄が這裡《しゃり》に生死無し、柏樹子の話に賊機有り」の一語が伝わって居ると語られたら流石《さすが》は隠元、此の一語、千語万語の語録に勝《まさ》ると言って、座具をのべて拝をせられたと云うことじゃ。此の一語の中にこもる心が大切。

釈尊は四十九年の説法の後、一字不説と言われた。達磨《だるま》は教外別伝以心伝心《きょうげべつでんいしんでんしん》と言われた。開山は此の心を伝えて妙心寺に残された。「此の心一たび了して嘗《かつ》て失せず、人天《にんでん》を利益《りやく》す尽未来《じんみらい》」（授翁《じゅおう》禅師）じゃ。

人間は誰しもこの一心を持たぬものは無い。「一切衆生悉有仏性《いっさいしゅじょうしつうぶっしょう》」と云う真理は、たとえカントが出ようが、アリストートルが来ようが、将又《はたまた》イエス・キリストが何と言おうが、如何なる聖人君子が現れても点滴の増減もない、これが法と云うものじゃ。これなくては何事も物真似、これを伝統と云うのじゃ。これは人間だけではない。畜生も皆持って居る。動物は皆仏性を持って居るから人間のやうに智恵を使わんですむ。人間は不自由に生れて居るから智恵を使わにゃ生きて行けぬ。

世の中の貪瞋愚痴《とんじんぐち》の三毒が
三途《さんず》の川の流れとぞなる

と言う所じゃ。

自分の心が安心《あんじん》出来たら、その次は和合僧と云う事が大切じゃ。仏が八万四千の法門を説いても、落ちつく所は和合の二字じゃ。自分の心を堪忍《かんにん》せず忍辱《にんにく》せず、何の苦もなく、それで人の害にもならず、法律も犯さず、どこにも敵がなく、着々と物事が出来て行くようにありたいもの。誰にでも安心してもたれ、誰からでも安心してもたれられるようになりたいものじゃ。

山内はとり分け和合で行ってもらいたい、妙心寺程、七堂伽藍の完備して居る本山はないが、伽藍は舞台じゃ。伽藍にとらわれてほんとうの事を犠牲にせぬようにして貰いたい。山内は昔から隣単隣単《りんたん》と呼んで、白隠下の斯経《しきょう》和尚が山内に僧堂を開単《かいたん》されようとした時も、山内全体が隣単で僧堂だから、別に僧堂は要《い》らぬと云うので、八幡《やはた》の円福寺に僧堂を開かれた位じゃ。妙心寺は聖地じゃ。只《ただ》の土地ではない。ここをようく考えて、妙心寺の門と門の中に住む人は、婦人でも子供でも、道であっても成程妙心寺の人じゃと言われるようにあってほしい。これから妙心寺は尖端を切って、妙心寺の人を見よ、妙心寺派の人を見よ、妙心寺の信者を見よと言われる程になりたいものです。

わしは若い時から鈍根で、人が一日でやる事に十日かかった。学問もなく貧乏を財産にして今日になった。円福の日多窟《にったくつ》は住職してから二十五年修行されたが、私も三十八で寺を持ったが、五十六まで師匠を離れなかった。皆さんも寺を持たれても是ですんだと言う事はない。

やがて臘八会《ろうはつえ》も近づくが、臘八は禅家の年中行事の中でも最も大切なもの、古来どんな田舎の小寺でも臘八だけは厳粛につとめたものじゃ。静岡県の庵原《いはら》と云う所は、白隠さんの感化が残っていて、今でも臘八には村人が皆一乗寺と云う寺に集って公案こそ工夫せぬが、一年中の反省をすると云う事じゃ。本山でも夜坐《やざ》位は厳《おごそ》かにつとめてほしいものである。（文責在記者）（臨済時報、第九百九十一号）

そのとき、老大師は三島から上洛されて、信徒の経営する料亭に泊まっておられました、その女将《おかみ》がう巻きを出しました、目のお悪い老大師は「なかなかうまい。」とお言いになりながら食べておられました。そこへ主人が出てきて「老師様は魚類をおあがりになるのですか」とたずねた。そのとき老大師は「食えんようなものをなぜ出した。」と、どなりつけ、そのままむしゃむしゃと食べてしまわれました。

これも御就任式当日のことでありますが、この日も平常と変らぬかっこうで来られたので、下足を揃えた雲水はあたらしい一番よい下駄を新管長のものと思ってまん中へ揃え、古い下駄をすみっこの方にならべて置きました。小方丈から出てこられた新管長は、はしの方にあるチビた下駄をはかれました。そして新しくきれいなのは財務部長のはきものでした。老大師すかさず「あんた財務さんかなるほど立派な下駄だね。」と冗談をお言いになったと伝わっております。

管長御在任中の二十二年の晩秋のころ、妙心寺管長として、和歌山市へ法要におゆきになったことがあります。和歌山駅へお着きになったところ、迎えの者が一人も出ていないのです。後で聞いてみると出迎えの人々は、近所でお茶をのんでいたそうです。そのときの随行長が現、松蔭寺兼円福寺の宗鶴老師でありました。老大師は「そこらに宿屋があろう。」とお言いになるので、駅近くに宿屋をさがし、そこにお泊りになるようにしました。それは安宿であり、戦後まだ食べ物に不自由なころでした。宿屋の軒下でおでんを売っていましたので、豆腐や雁もどきを求めて食べられたのです。

そうこうするうちに出迎えの人々は、老大師がこの安宿にはいっておられることを知ってやって来ました。宗鶴師に向って言うには、「和歌山ホテルにお宿がとってあるので、どうぞそちらへお移りを願いたい。」と。これに対し宗鶴師は「どうか御本人に伺って下さい。」といって、老大師が何とお答えになるかを心まちにしておられると、老大師はおもむろに口を切って「因縁あってこの宿屋に足を入れたことだから、ホテルの方を取消して下さい。」とお言いになって、動こうとなさらない。宿屋では妙心寺管長と知って、非常によろこんだ。そして記念に何か一筆、御揮毫を願いたいなど言いだしたので、散らばっておる合客《あいきゃく》の荷物をかたづけて、その間《へや》で御染筆になったのでありました。安宿といっても、戦災でおちぶれたのでしょう。木賃宿のようではあるが、それでも絹夜具でしたが、戦災なごりの焼け焦げが幾つも目についたということです。

ここまでは無事でしたが、新聞記者がどうして感づいたか、翌日の新聞に「妙心寺管長木賃宿に泊まる。」というようなことを、書きたてたのは大弱りでした。寺へ帰ると果して宗務総長は、随行長の宗鶴師を呼んで「妙心寺は資格のある寺だから、安宿に泊まられてはこまる。」など言い渡しました。宗鶴師は「はいはい。」とだけで、事情などは一言もせられなかった。老大師は平常なんとかするごとに「不陰徳《ふおんとく》をするな不陰徳をするなと、やかましくおっしゃるが、ここで安宿を出てホテルへお移りになったら、老師のお言葉もいささか怪しいものだ。」などと、頭に浮んだのであったが、さすがは老師です「因縁あってこの宿に足を入れたのだから、ここに泊る。」とお言いになった時には、思わず頭が下がりましたよ……と宗鶴老師のお話でありました。

老大師が管長御在任中の功績は、何といっても花園大学改革のお骨折りであったと言われております。それについては、当時の宗務総長で、老大師とは虎溪山時代からの親友後藤棲道《ごとうせいどう》老師のお話を御参照下さい。選挙せられてやむをえず出られたものの老大師には管長職など、面倒臭くて堪えられなかったことでしょう。

虎溪山から妙心寺まで

後藤棲道師談

東京浅草海禅寺《かいぜんじ》の後藤棲道師は、玄峰老大師と共に虎溪で、毒湛《どくたん》・海晏《かいあん》両老師の鉗鎚《けんつい》をうけ、老大師が管長の時代は宗務総長として、共に宗門のために鞅掌《おうしょう》せられたお方、先日（三十八年二月）お訪ねして高話を拝聴しました。

私が虎溪に投錫《とうしゃく》したのは二十三歳でした、今年八十七歳だから六十四年前の明治三十三（一九〇〇）年でした。その時玄峰老は既に中単《ちゅうたん》にいて容山《ようざん》と称していました。

虎溪では、断わっても断わっても雲水が多く、常に百人から百三四十人の間を往来していました、点心場《てんしんば》は三郡にわたってますが、日供米《にちぐまい》の上りは毎月二十五俵位で足りないから、制間《せいけん》といって三ヵ月の間、各自の好む所へ修行に出されます。容山の玄峰老とは親しい方で托鉢《たくはつ》にも一しょに出たものです。御承知の通り雲水は睡眠時間が少ないので、半醒半睡《はんせいはんが》の状態で歩いてることが往々あります。遠方へ行く時は一里位行って夜が明けるようにします。ある日容山と共に例の半睡状態で歩いていると、道ばたの松の木に首つりがあり、それに突き当った時には驚いたです。長い雲水生活にもこんなことは一度しかありませんでした。

妙心寺小方丈にて，左・玄峰老師，右・棲道師

玄峰老は、その時はまだ老ではなかったが実によく努められたもので、ほとんど類が無いでしょう、視力がきわめて乏しい上に学力も無いのを、努力によって補ったのです。把針灸治《はしんきゅうじ》の日には碁など打つ者もある。そうすると「八釜《やかま》しい。」と小声で言いながら勉強していましたね。夜、須弥壇《しゅみだん》の下から明りがさして来るので、調べてみると彼が隠れて勉強していた。東司《とうす》の豆ランプの下に立って読書していたのを見たこともあります。遠州の平田寺《へいでんじ》の竹中照道というのが、五年かかって無字の悟りが開けない。そこで、どうしたら入証《にっしょう》出来ようかと玄峰老に相談した。その時玄峰老の教えで、一週間法華《ほっけ》懺《ざん》をやることになり、尾張の継鹿尾山《つがおさん》の観音堂に断食して修行した。そして前後五十日ほどそこに居たが、無字の悟りはできなかった。それから間もなく病気して死んだ。あとで「あんなこと教えるじゃなかった。」と言っていました。

老を臨済宗の管長に引出したのは天岫《あまくき》さんはじめ数人の力でした。初めから嫌だったのでしょう。この額をごらん下さい。左が玄峰老で右がわたしです。管長の所へ宗務総長が茶礼に行ったのです、管長の辞表をわたしが握りつぶしているので、老は「お前辞職せよ」と言う。わたしが辞職したら握りつぶす者が無いからという、からかいですね。そんな話をしてるところへふらりとはいって来たのが画家の渡辺少華氏で「こりゃいい、ちょっと其のままそのまま」と言いながらスケッチしたのがこの画です。老は「主伴交々宿世之縁、八十三翁玄峰」と賛をした。「お前とおれは腐《くさ》れ縁《えん》だな――」と言うのです。その後わたしが鳥渡《ちょっと》旅行してる不在中に、身の回りの荷物をまとめてさっさと引き上げてしまったのにはほんとうに選挙の結果でやむを得なかったものの、嫌だったんでしょう。一日でもしがみつく人さえあるのにね——。

管長としての玄峰老の事績は、学林改革のことを挙げるべきでしょう。妙心寺派には高等普通学林があって、専門学校令にも大学令にも依らずに、臨済宗大学とか花園大学とか言っていました。他宗では駒沢大学とか立正大学とかそれぞれ大学令によって設けていました。そこへ京都府知事からでしたろう、大学としての条件を具備しなければ、大学と称してはならんという達しが来た。それには六教室足らぬ、それを設けるには当時の金員で二百五十万円要る。そこでまず食堂をこわして四教室つくり、天岫さんが造った講堂で二教室つくり、昇格の資格を具備したが、これから先大学としての維持費が要る。それには花園会というものを設けて、それに当てることにした。逃げる管長を追っかけ追っかけやらせたのです。老は実によく骨折ったのでした。玄峰老が遷化の時

　　瞎仰玄峰老古仏　化光九十六余年

　　無文無語法如是　受用一生般若禅

の一偈《げ》を手向《たむ》けました。「無文無語法如是」はどうです。偽りの無いところです。偈と云えば妙心寺仏殿に大型の半鐘があります。玄峰老の寄附ですが費用はたしか津田清市という人から出ているはずです。その鐘の銘について玄峰老と話したことがありました、それは又のことにしましょう。

外遊

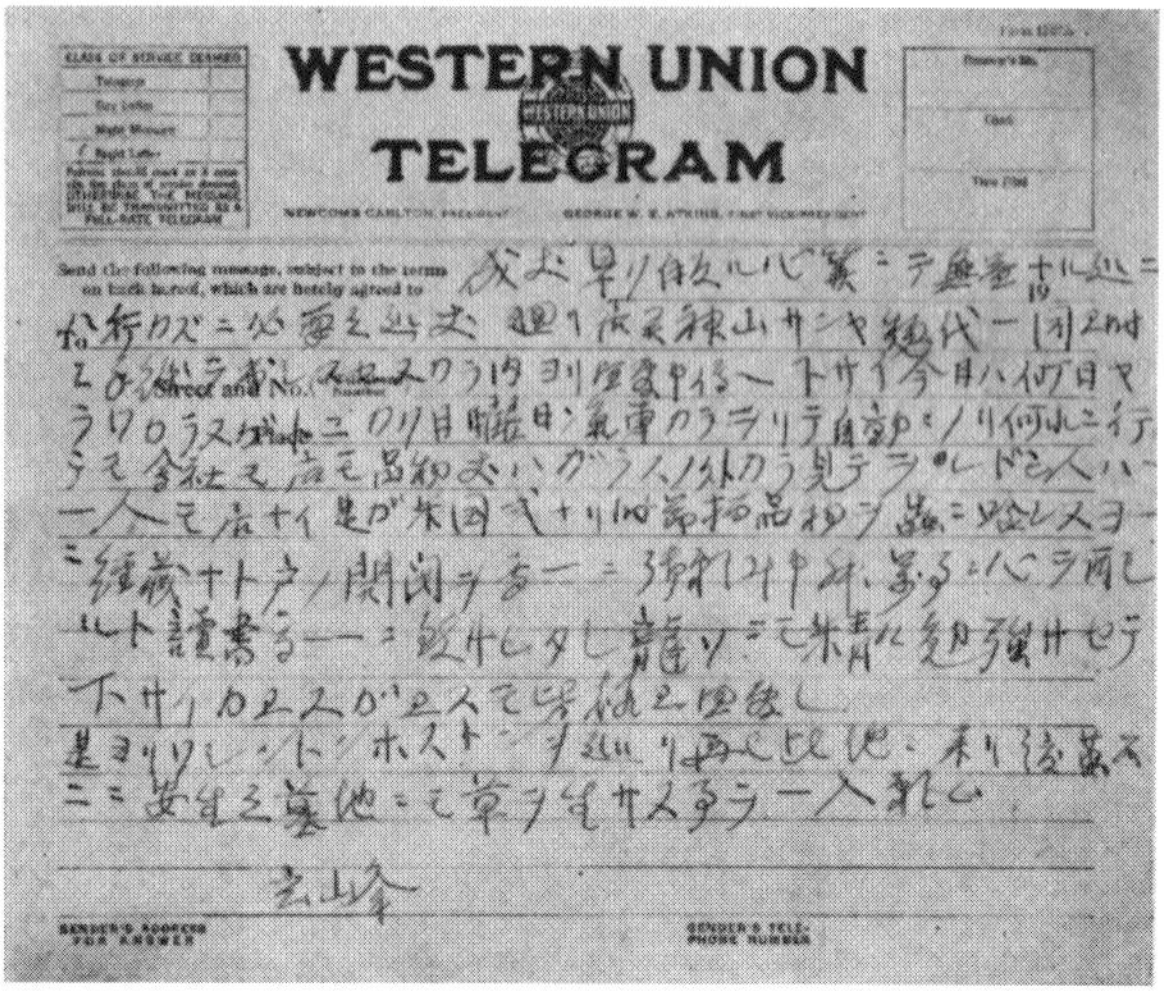
WESTERN UNION
TELEGRAM

欧米

老大師が米国から

宗舜和尚に寄せられた書簡

成丈早ク帰ル心算ニテ、無益ナル処ニハ行カズニ必要之処丈廻り居候、神山サンや惣代一同ニ時々手紙ヲ出シマセヌカラ、内ヨリ宜敷申伝ヘ下サイ、今日ハ何日ヤラワカラヌガ、トニカク日曜日、汽車カラヲリテ自動車ニノリ何レニ行テモ、会社モ、店モ、品物丈ハガラスノ外カラ見テヲレドモ、人ハ一人モ居ナイ、是ガ米国式ナリ、時節柄品物ヲ虫ニ喰レヌヨーニ、経蔵ナド戸ノ開閉ヲ第一ニ御頼ミ申升、万事ニ心ヲ配ルト読書第一ニ致サレタシ、龍ニモ精々勉強サセテ下サイ、カヱスガヱスモ皆様ヱ宜敷ク、是ヨリワシントン、ボストンヲ巡リ、再ビ此地ニ来リ渡英ス、次ニ安生ノ墓地ニモ草ヲ生サヌ事ヲ一入頼ム

玄　峰（黙龍和尚蔵）

大正十二（一九二三）年の二月二十三日、大洋丸で外遊の途におつきになりました。老大師は五十八歳でありました。安生慶三郎さんが海外視察に出られるつもりでしたが、心眼の明らかな者なら、誰でもいいというようなことから、そっくりその費用を安生さんが出されて老大師がお行きになることになったのであります。その費用は全部でたしか三千円だったと承《うけたまわ》ります。今から考えると夢のようであります。

老大師は苦を積み労をかさね、むずかしい祖録やお経には通暁《つうぎょう》されたのですが、英語にまでは手が及びませんでした。それが通訳もなしに一人旅でありました。英語はできなくても、サインだけはできないと旅行者小切手の金がうけとれないというので、出発を前にG. Yamamotoのローマ字をお習いになりました。

この旅行中には珍談が多いのです。先ずアメリカへお渡りになり、次いでヨーロッパをお廻りになったのであります。

身なりをお構いにならぬ方でしたので、ホノルルでは乞食坊主にまちがえられたのでした。領事館では老大師が、いつまで待ってもお帰りにならぬのでさがしたところ、留置場に入れられていらっしゃることがわかったのです。いろいろ紹介状をもらってお出かけになったのですが、一通の紹介状で幾人にも会わなければならぬので、相手に紹介状を渡してしまうわけに行かぬ。そこで、紹介状をゴム紐で法衣の袖につけ、相手が読み終るとサッと手元へもどるという工風《くふう》をなさいました。知人のある地方はその人々の案内をおうけになりましたが、その多くは一人旅でありました。

当時アメリカの大統領はハーヂングでありましたが、老大師は訪問してエンブレースなどなさった。この旅行の時も、次の印度旅行の時も、カルカッタ領事だった市河彦太郎氏の斡旋《あっせん》によることが多いのでありました。またアメリカの秘密結社として有名なK・K・Kの規約書などを、言語の通じない老師がどうして手に入れてこられたか、不思議と言われております。アメリカ大陸横断のときなど、言葉が通じないため、汽車の中で三日間絶食で通されたということでありました。

その時英国に、世界各国の名士が集まり、平和研究をする夏季大学がありました、老大師はそれに列席して「世界平和と仏教」の題下に広長舌《こうちょうぜつ》を揮《はら》われたのでありました。そしてキリスト教徒の祈りの姿勢がよくない「祈りの時は、背梁骨《はいりょうこつ》をきちっと起し、まっすぐに棒を立てたようにせにゃいかん。」と説かれました。これを聞いたキリスト教徒が「みんなまねてやったよ。」とお笑いになっていました。ケンブリッジ大学なども見学なさっています。

『無門関提唱』の中に、

自分で見えなければ、ないものと思ってしまう。顕微鏡なら見えるものでさえも、ただの肉眼で見えなければ、ないものじゃと思っておる。ケンブリッジ大学へ行った折りにわたしは、それはもう猿の精虫、犬の精虫、馬の精虫というようなものまで見せてもろうた。ただでは見えはせんけれども、顕微鏡へかけてみると、そんなものでも見える。

とお言いになっております。更にドイツへお渡りになった老大師は、宗教関係のことなら何でもごらんになったらしく、「わしはドイツでキリストの一代記の芝居を見たが、ブラッとブラ下って、たいへんなものじゃ、血がタラタラと出てブラ下って、腹がペコンとしておるやつを両方から脇の下へ、槍を突っこむのじゃ」とおっしゃっています。そして当時留学中だった安生慶三郎さんの子息とお話し中、日本に大震災のあった報が伝わりました。そこで安生さんにはなし、急に帰国されることになりました。

神戸へお着きになった老大師は、京都へお立ち寄りになり、網代笠《あじろがさ》を五、六蓋おもとめになり、それをぶら下げて帰っていらしたのです。「托鉢でもせなきゃ。」とのことでありました。網代笠は今でもやはり京都で求めます。三島あたりにあるものではありません。（村上健吉氏寄稿「老大師の外遊通信」参照）

印度

老大師は大正十四（一九二五）年、六十歳の時印度の仏蹟を御巡拝になりました。その時のパスポートは、

大正十四年九月五日下付、第五七三九四号で、
高知県吾川郡長浜村長浜八百五十九番地
平民戸主　山　本　玄　峰
慶応二年一月三十日生
右ハ宗教視察ノ為メ英領印度国へ赴クニ付通路故障ナク旅行セシメ且必要ノ保護扶助ヲ与ヘラレン事ヲ
其筋ノ諸官ニ希望ス

とあり、外務大臣は幣原喜重郎《しではらきじゅうろう》時代でありました。

この旅行をおすすめした者は遠藤某で、旅行費用は全部負担するからお供さしていただきたいとおすすめしたのであります。ところがこの遠藤某が精神分裂症にかかっていることには、老大師もお気づきになっていなかったのです。出発してのち彼が一種の精神病者であることがおわかりになりました。これがため老大師は二人の旅費を背負わされた上、渡印中遠藤に病気されて、さすがの老大師もほとほ

インド旅行のパスポート

とお困りになり、「一人なら自由に歩けたものを、変な随行者のために、旅費のほかにかれの肉体までも背負って歩いたのは、慾のまちがいだった。」とお笑いになって、印度旅行については多くをお語りにならなかったのです。

この御旅行中、老大師から「病気三千円直ぐ送れ」と電報が来ました。大正十四年の三千円は、今日はその千倍に当りましょう。容易ならぬ金額です。この電報をうけとった宗舜・宗鶴の二和尚はまず長泉村に、安生慶三郎さんを訪ねたのですが拒絶せられ、次に訪ねた沼津の市川彦三郎氏にもことわられました。困った二和尚は更に我入道《がにゅうどう》の網元で当時県会副議長だった真野喜久平さんに頼みこみました。そのとき真野さんは「そりゃ出せない人でないのに出してくれぬのは、香典になってしまうかも知れぬからだ、三人か五人に分けて頼んだら出してくれるだろう」と、智慧をつけてくれました。結局安生さん、真野さん、市川さんから千円ずつ出してもらって送ったのでありました。

印度からお帰りになったのは翌年の初めでありました。沼津の近藤政吉さんと宗鶴和尚が神戸まで迎えに行かれましたが、このときの老大師は文字通り、しょんぼりと遠藤と二人で船から下りて来られたそうです。しかし仏蹟巡拝の目的は十分達せられたのであり、印度風を加味した宝蔵を松蔭寺に建てられたのは、それから間もない後のことでありました。

中華民国・朝鮮

外地漫遊としては中華民国が最後でありました。昭和十（一九三五）年の夏でありました。日華仏教親善使節としてお行きになったのです。日華事変のはじまる前年であり、両国間の風雲急を告げている時でしたから、仏教を通じてそれを緩和しようという目的で、日数は三週間、日本からは仏教各派から十一人出かけたのでありました。

一行はまず上海《しゃんはい》に上陸し、王一亭《おういってい》という著名な仏教家の招宴があり、南京を経て揚子江《ようすこう》を遡《さかのぼ》り九江《きゅうこう》から廬《ろ》山《ざん》に赴《おもむ》き西林寺《せいりんじ》に詣でました。九江から漢口《かんこう》へゆく船中、老大師は歯ぐきに魚類の骨を立てられて大きに困られました。「一杉、辱《はず》かしい話だがこの骨を……」とおっしゃって、南京から随行した朝鮮総督府の事務官一杉氏が、その骨をとって江へほうりなげたというようなこともありました。

漢口では日本旅館にお泊りになりましたが、宿の女将《おかみ》が「主婦の友」で老大師の逸話を読んだとて、下へも置かぬ歓待ぶりに老大師は恐縮しておられました。漢口で講演会があり常にはお口のうまい方ではない老大師のこの時の講話が、非常な人気を博しました。

済南《さいなん》では当時の山東《さんとう》省主席漢複渠が、その居城に招きました。間口四間、奥行五間の広間で、四隅に捧銃を擬した守衛を配置しての招宴で、一同が驚いたということであります。それから一行は青島《ちんたお》に渡り、グランドホテルで解散したのでありました。

このときの老大師の御回想に、

戴天仇《たいてん》が南京におるとき、わしが行ったら、戴天仇の細君は日本人じゃが「今接心《せっしん》中で、一切人に会わない、無言で接心をしておる申しわけないけれども、いつからいつまでの間は面会はしない。」という。居士でもそうじゃ、あの上海の功徳林《くどくりん》にも、大きな禅堂がある、一番下が礼拝場、中が書見をするところ、一番上が坐禅するところになっておる。漢口にもある。これは制中《せいちゅう》でなくても時折やるが、婦人たちがみな元気な声で調子をそろえてあの長い金剛経を立って読んでおった。武昌《ぶしょう》大学からつい一マイルぐらいのところに世界仏教会館があるが、ここでもまったく無言でやっておる。

と、あります。また、

済南の市から、ここ（龍沢寺）から原（松蔭寺のあるところ）へ行くくらいのところに、曲阜《きょくふ》というところがある。そこには孔子《こうし》さまから七十二代目の徳成《とくせい》公がいた。私ども済南へ行ったときは、まだ十七歳じゃった。十七歳でも体格は五尺四、五寸もあるような、りっぱな体格であった。その孔子さまのお邸《やしき》へ行っても、便所というものはなかった。どうもああいう大きな家へ行けば行くほど、それは壺に取って外へ捨てるようになっている。普通の者はどこへでも垂れ流しであった云々。

とお話になっています。

この外に朝鮮へもお出かけになっております。最初は円福寺から宗般老師が鮮満各地を巡錫《じゅんしゃく》されるので、その先駆として京城《けいじょう》、平壌《へいじょう》・安東《あんどん》まで行かれたのでありますが、それは龍沢寺入山の直前でありました。

その後、昭和十三年夏、新京から内地へお帰りの途中、黄海道海州府で警察部長一杉藤平氏の懇請で、全警察官のため一週間接心会が催されましたが、宋淵《そうえん》和尚はそのころ直日《じきじつ》を勤めておられました。

晩年

米寿祝賀会・その他

昭和二十八（一九五三）年老大師は米寿に達せられ、その祝賀会が四月十二日午前十一時――午後四時、龍沢寺で催されました。当日出席者二百五十人の予定のところ、約四百人に達し、企画者は大きにめんくらったのでありました。順序は、

祝　　詞　加藤幸助
御祝品贈呈　植松重雄
祝　　辞　三島市長
挨　　拶　老師
司　　会　一杉藤平
場　　所　本堂
会　　費　一千円
　　模擬店　すし・しるこ・おでん・そば・かん酒・野立茶

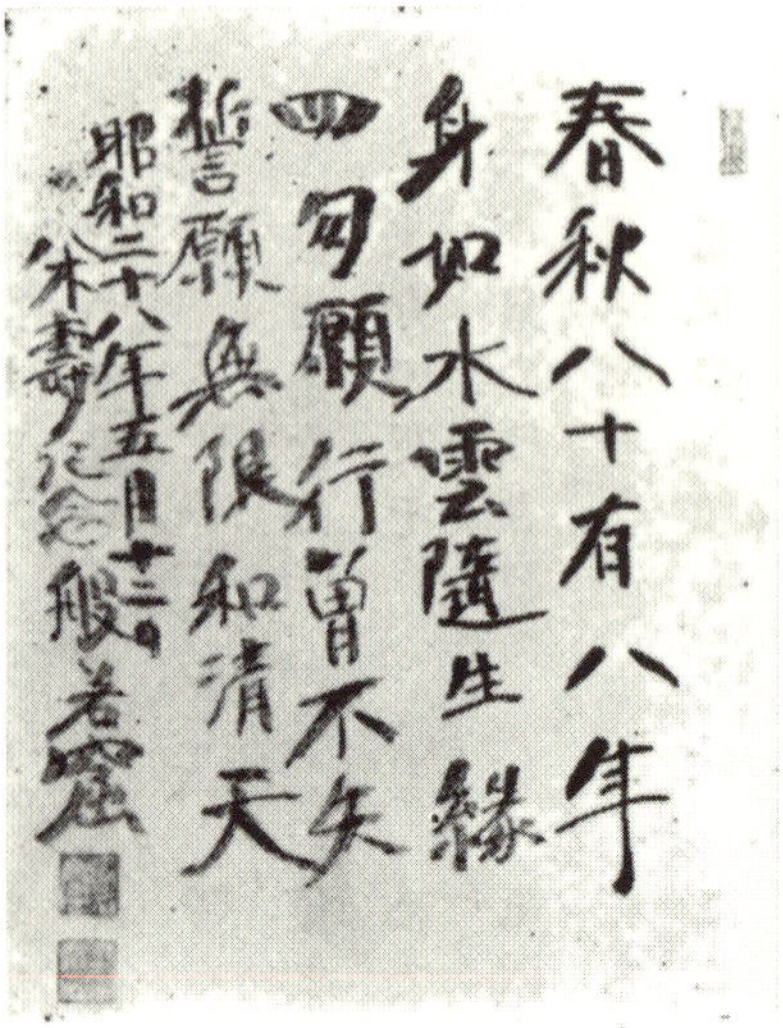

祝賀当日の御肖像と口号

この時、沢地（龍沢寺所在地）各戸へ左の案内状が回覧されました。

拝　啓

般若窟老大師には米寿を迎え益々御元気に渉らせられ、御同慶の至りです。就いては来る十二日午前十一時より、龍沢寺にて祝賀式を行い、引続き祝賀園遊会を開きますので、各戸御一人づつ御出席下され度御案内申し上げます。

尚、祝儀その他は御断り致します。又、余興見物等は全家族御揃いで、御自由に御覧下さい。

般若窟米寿祝賀会

当日余興として、祝の舞・しし舞・手踊りなどがありました。

玄峰老師米寿の祝（今様）　樋口氏作

一、玄峰老師の　おん徳は
七つの御寺《みでら》を　再興し
朝な夕なに　鐘は鳴る
米寿の祝ぞ　めでたけれ

二、七つの鐘や　　よろづよに
国、安かれと　　響くなり
善男善女の　　集まりて
米寿の祝ぞ　　めでたけれ

三、今日の佳き日の　　龍沢寺
鳥も囀《さえず》り　　花も咲く
老師のお顔も　　にこやかに
米寿の祝ぞ　　めでたけれ

（以上）

祝米寿今様演奏

鼓　　　蛭海静子
尺八　　樋口普石
振付　　蛭海静子
仕舞　　野村美津井社中
第一琴　野村美都井
第二琴　富永恵美子
唄　　　永井多美子
指揮　　今様会々長　渡辺寛陽

加藤さんが左の祝辞をお読みになりました。

祝　詞

謹んで
般若窟玄峰老大師に申し上げます。

本日此処に集りました者は、全く一つ心で御座いまして、誰の心も唯喜びに溢れて居ります。米寿の御高齢を迎えて愈々矍鑠《いよいよかくしゃく》として居られます事は、老大師御自身に取りまして此上もなく御芽出度い事で御座いますが、我々の喜びも亦《また》老大師のお喜びに勝るとも劣らぬ様存ぜられます。

毎年元旦に臨み思いを新たに致しますのと同様、八十八の御祝に際しまして、我々は今更の如く老大師の御健在を感じ、無限の力強さを覚えずには居られません。恐らくは本日此処に参り合わせぬ人々も、全国各地に於て皆同じ思いに浸《ひた》って居る事と存じます。

抑々《そもそも》何が故に老大師は、凡《およ》そ接する程の人々に、斯くも篤い尊敬と感謝と強い信頼の念を抱かせられるのでありましょうか、尚又単に小さな個人の上のみならず、大にしては日本の国家の動きにも、隠然たる影響を及ぼして居られるのでありまして、近くは終戦前後の経緯に照しても明らかであると信じます。然《しか》し老大師御自身は決して故《ことさ》らに作為して、斯様な広大な利益《りやく》をお与えになって居る訳ではなく、縁に触れては無心の中に迸《ほとばし》る、全く自らなる御徳の現われと拝察致します。我々は茲《ここ》に所謂《いわゆる》無為にして化する真の慈悲の相を拝しまして、洵《まこと》に随喜の至りに堪《た》えません。

老大師は平素講座の折、法《のり》の風呂に入って居ると心得よとお示しになりますが、本日は一つ我々の祝賀の風呂にお入り下さいまして、我々の言葉に尽きぬ感謝と喜びと、とりわけ只管《ひたすら》御長寿を祈る私共の心からなる念願とが老大師の御身体に滲《し》み透《とお》り、今後も益々《ますます》御健《おすこや》かに百年千年の御齢を重ねられます様、切に祈念して已《や》まぬ次第で御座います。

昭和二十八年四月十二日

祝賀会発起人一同に代りて

加藤幸助

老大師が「寿」の一字を御揮毫、順次退出、一般の人々は模擬店へ、茶は裏山で野点《のだて》。会員は記念品をうけとってから、酒は飲み放題、演芸は一応プログラムにあれど、飛び入り大歓迎で大いに賑わいました。二時から四時半まで間断なくバスを出して、三島及び大仁《おおひと》へ帰る人々を送ったのでありました。

米寿のお祝いの後、三十二年一月二十八日には老大師九十二歳のお祝いの催しがありました。沼津の近藤政吉氏は、邸内に老師のために芳林荘を建築中でありましたが、近藤氏病臥と建築も未完了でしたから気のおけない人々のみを近藤氏邸に招いて、お祝いをしたのでありました。

三十三年三月十八日（旧一月二十八日）に、老大師九十三歳誕生祝賀パーティーが、近藤氏邸内の芳林荘で催されました。主催者は一杉藤平・大井上俊夫・近藤政吉の三氏。こうした会は年々催されたのでありました。

老大師の御誕生日は一月二十八日が正確であります。

尚、昭和十一年七月、新京妙心寺別院からお帰り後、八月三日付で朝鮮海上の一杉氏に寄せられた書翰中「五日は古奈の白石館にて古稀の祝いと帰国の祝盃、六十人余との事、沼津は昨二日、沢地は三十日夜、呑ことだけは続き申候――」

と見えています。老大師の古稀と、新京からお帰りになった祝賀会が、各地で催されていたことを徴することができます。

御病中——御遷化

昭和三十四（一九五九）年十一月二十一日、三島から電車で東京着、全生庵《ぜんしょうあん》に御留錫。翌二十二日は全生庵正修会提唱。二十八日まで御休息、その間食欲不振及び両脚に浮腫などの異和あり、二十八日午後北品川八ッ山病院へ御入院になりました。

ところが十二月下旬流感にかかられ、食餌は進まず呼吸困難に陥《おちい》り、医薬の施しようなく困じ果てた末、老大師には内々で医師が輸血をしました。その結果元日（三十五年）ごろから容態著しく好転し、十日ごろには徹夜「南無《なむ》遍照金剛《へんじょうこんごう》」の真言をお唱えになったこともありました。これによって今度の病気は押し切ることが出来る、必ず全快するという確信を得られましたもののようで、全快したらお礼のため四国八十八ヵ所の霊場を巡拝するとお言い出しになりました。

二月二十日北品川病院を退院し、伊豆の伊東病院にお移りになり、院長前島巌政氏の自邸で養生せられ、三月十九日には更に熱海の松濤館。同二十五日には龍沢寺へ御帰山になりました。御健康ようやく御恢復《かいふく》らしく、三月二十八日には龍沢山内不動尊の大祭に導師をおつとめになりました。また四月二十八日には龍沢寺の地元沢地の公民館に、五月三日には長岡温泉に、有志の人々により老大師全快祝賀会が催されました。

六月十五日にはかねての御念願により、四国霊場巡拝の旅にお上りになりました。同日ツバメ号にて出発、同夜は新大阪ホテルに投宿、翌十四日天宝山沖より乗船小松島着、十五日から霊場御巡拝が始まりました。巡拝は自動車で二週間で終りました。山坂を登拝せねばならぬ所は、老大師は車中で拝をなされ、宗忠禅士と近藤政吉氏が代参登拝されるのでありました。かくて七月二日沼津の近藤氏邸に帰着、三日龍沢寺へ御帰山になりました。

十月二十三日から五日間、犬山市の瑞泉寺《ずいせんじ》に大授戒会《だいじゅかいえ》があり導師をおつとめになりました。その時、老大師は真剣そのものの如き御態度で、御唱名のお声があまりにも大きく人々を驚かせました。御老体に障《さわ》ってはと近侍の者が注意申し上げますと「末期《まつご》の授戒じゃ、ここで倒れてもよいさ。」とお言いになりました。開山報恩のために一命を賭《と》す、という御熱意がこもっておりました。

その御終了に当り、一人一人に延命十句観音経《えんめいじっくかんのんぎょう》を口誦《くしょう》して戒脈を会衆《えしゅ》にお渡しになりましたので、それに二時間半かかりました。御疲労は相当ひどく、犬山から御帰山の後竹倉の伯日荘に転地し、石井医師の診療をうけて静養せられましたが、御疲労は恢復せぬのみならず、御身体の異和が併発するので十一月十八日午後四時九分東京着で御上京、全生庵に雲臥《うんが》せられることになりました。その二十二日から食物が通らなくなり、二十七日まで絶食が続き、十二月二十一日には狭心症の発作があり、二十三日には両脚の浮腫《ふしゅ》が増加し、その夜は遺言を口授せられるほど容態著しく悪化したのでしたが、年末の三十日、三十一日ごろには小康状態に復し、三十六年の元旦、二日、三日は床上で読経せられるほどになりました。看護日単を見ますと、

十二月二十七日（三十五年）晴。粥野菜若干（朝飯）、斎（午飯）なし、薬石（夕飯）なし。絶食的傾向。来客六人。

同二十八日、晴。容態不変、断食気分、粥なし。斎なし。薬石なし。来客五人。

同二十九日、晴。断食。来客五人。

同三十日、晴。断食。気分的に食慾を望み始む、正午よりおも湯、人参のみ始む。来客四人。

同三十一日、食慾進み始む、脈四〇を割り老漢元気。迎春準備、着物替え、剃髪。気分非常に良好。

一月一日（三十六年）。新旦祝聖、大悲呪。来客八人。

柩山門に向う

同二日、晴。大悲呪、朝課如常、容態良好。来客三人。

同三日、晴。大悲呪、朝課如常、容態良好。来客二人。

同四日、雨。絶食後の経過おおむね良好。来客六人。

同五日、晴。容態良好、主治医を沖中先生に一任の件可決。

同六日、晴。容態良好、食事進む、然し脚部のむくみ、殊に左脚むくみ多し。来客四人。

同七日、晴。容態良好、食事進む。同八日、晴。午前中剃髪、気分愈々よし。来客六人。

同九日、容態良好。食事進む、全身清拭、気分よし。突然竹倉行準備を望まれ支度。来客六人。


毎日来診の医師の名、来客の氏名及び音物、食事の献立なども明細に記してあるが、それらは一切省く。かくて、

一月十六日、晴。沖中先生来診。八時半頃より出発準備、自動車二台にて竹倉伯日荘着四時半。

九時半全生庵を出て一路平安、龍沢寺近くの竹倉の伯日荘へお帰りになったのであります。一月二十五日には病状異変、電話連絡して近親者の集合をもとめたこともありましたが、依然もちこたえられ、一進一退の状態でありました。

四月十二日には「もう長くないから頼まれものを書く、揮毫の準備を

表参道を降りた柩

せよ。」とのことに、即時墨を磨り用意したのでしたが、筆ならしにとて色紙十枚ほど御染筆になり「どうも迫力が無くていかん。」と仰っしゃって御擱筆《かくひつ》。

五月十四日心臓部に激痛を覚えられました。間もなく御恢復でしたがそのお苦しみは曾て経験しなかったところです。十五日朝には「玄峰塔、九十六歳自筆」の大揮毫をなされたのであります。この時のことは「玄峰塔と岡本家」の条に、宋淵老師の御文がありますから御参照下さい。いつも御揮毫物がお気に召さぬ時はお書き直しになりますので、この日も三枚料紙を用意してあり、そして「筆」の字が一画足りなかったことにお気付きになったのですが「もうよいだろう。」とお言いになり、侍者の按摩をおうけになったのでありました。二十七日から六月三日まで食物一切摂《と》られず、しかもこの間、六月一日午後、三十分間ほど「気遠くなり朦朧《もうろう》」となられました以外、意識すこぶる明晰でありました。かくて六月三日午前一時二十五分、医師の注射、人工呼吸その他あらゆる手を尽したのですが、ついに御遷化《せんげ》になり、老大師のいわゆる浮世狂言に幕をお引きになったのであります。御病中「不思善《ふしぜん》・不思悪《ふしあく》。」と常にお口にされました。また古参の雲水がお見舞に上れば必ず禅問答をされるのでありました。御遺骸は即時龍沢寺に運ばれました。そして六月五日茶毘に附し、二十五日般若斎《はんにゃさい》が営まれました。

般若斎

「さる三日九十六歳で死去した元臨済宗妙心寺派管長山本玄峰老大師の般若斎は、二十五日午前十一時から三島市沢地龍沢寺で行なわれた。葬儀に代えて行なわれたもので、池田首相代理、妙心寺派管長代理宮内宗務総長をはじめ、全国から集まった同老師を慕う信者らおよそ三千人が参列した。」(朝日新聞)

老大師の意を体し御葬儀はしないことにきめ、それにかわる記念の会が催されました。当日配られた申報を左に記します。

般若斎御挨拶

本日は遠路御来山忝《かたじけな》く御礼申上げます。般若窟老漢の御遺書（六月十一日発見、十五日夜立合開封）によれば、葬儀を固く禁じられ、只只　正法の久住《くじゅう》をのみ念と致しをられます。我等も亦、この一筋への勇往邁進《ゆうおうまいしん》（ギャテーギャテーハラギャテー）を誓うものであります。従って、本日は所謂のお葬《とむら》いに非ず。もろともに般若《はんにゃ》（マコトノ智慧）波羅蜜《はらみつ》（到彼岸）を行ずるの日となりました。換言すれば、大悲の日であると共に、最も尊い有難い心（アヌクタラサンミャクサンボダイ）の日であります。

出家在家を問わず打って一丸となり、ただこの一心三昧《ざんまい》。般若の一時間に懸命となりませう。

式次第

十時半　大鐘十八声。
十一時　殿鐘五声支度。法鼓法竹出頭。
小師焼香三拝
四弘誓願（会衆一同）
列拝（遺弟のみ）
円満《ナム》無礙神咒《カラタンノー》　一同斉誦回向。
献詞　大本山妙心寺
同　首相

誓　　詞　　檀信徒代表

般若心経斉誦　（御遠慮なく力いっぱいに繰返しおとなへ下さい）

　この間会衆一同献香

開山白隠禅師坐禅和讃

止《し》静《じょう》

般若窟老大師のお声を拝聴。

四　弘　誓　願。

総　鑑　挨　拶　　了　而　斉　筵。

○お酒の「般若水」の三字（集字）。並に菓子の富士山は老師の御墨痕。

○われらが「父《チチ》」に因んで「乳」の御接待もあります。裏庭や裏山にて適宜御法楽下さい。

只、会場狭隘となりましたる為、不行届の点、失礼の事、多く有之りし事と申し訳なく、深くお詫び申上げます。

　昭和卅六年六月二十五日

法類一同

遺弟一同　羅　拝

般若斎委員一同

般若水ラベル

当日の役配は聴松窟宗鶴《ちょうしょうくつそうかく》老師を総鑑として、それはそれは大がかりなものでありました、左に記録しておきます。

般若斎

三十六年六月廿五日
般若窟老漢津送役配
龍沢寺知客寮

役配

総鑑　聴松窟老師
知客　慈音和尚　以下十五人
副司　大聖和尚　以下四人
典座　長興和尚　以下十人
貼寮　医源和尚　以下九人
書記　大法和尚　以下三人
殿司　東光和尚　以下四人
三応　宗忠禅士　以下三人
尊侍　龍泉和尚　以下八人
賓単　海蔵和尚　以下七人
椀頭　開田和尚　以下二人
茶頭　鷲桂和尚　以下六人
看門　関田居士　以下三人
受付　庄司辰雄　以下十人

般若窟津送檀信徒役配名簿

般若斎

一、委　員　長　近　藤　政　吉
一、副委員長　加藤幸助、井上俊夫、一杉藤平
　　委員十九人、追加二人
一、進行係主任　一杉藤平　以下三人
一、放送係主任　杉山吉五郎　他一人
一、宿泊係主任　望月金八　他二人
一、受付主任　榊春寿、副四人、他二十二人
　　沢地区役員　四　人
　　北上農協　男子五人
一、接待係　主任　師岡わか
　　同副　三人、係　二十人、追加　一人
　　北上農協女子　二十人
　　沢地女子青年団　十五人
一、式場係　主任　瀬川篤、副　榊盛泰、他八人
　　沢地　三組、四組　二十人
一、交通係　主任　田中旭、副　二人、他五人
　　沢地　二組　十五人
　　三島警察署交通係、消　防　団
一、台所係　主任　下里精太郎、副　二人

沢地　一組全員　二十人
一、会計係　主任　井上俊夫、副　二人、他一人
一、医療係　田沢先生、大谷先生、原先生、
　　原田先生
一、会場係　瀬川真、芹沢岩一、陵禅会　十人。

花輪のこと

昭和三十六年六月の『週刊文春』に「浮世狂言に幕をひいて」と題した一文がある。

〝吉田　茂〟〝池田勇人〟

政界大立物の名前を筆太に黒々と書いた札をつけた大きな花輪が、次々と龍沢寺の本堂にはこびこまれていた。

普通なら、こんな花輪は、故人の旅立ちを飾るものとして、遺族の大歓迎を受けるはずのものだが、ここだけはちょっと勝手がちがった。

「この名札をつけたままにするなら、村の老婆が備えてくれた一本の菊にも、老婆の名を書かなければなりません、それが老師の御心です」

総理の名を記した札は、はがされて、かたわらのクズ籠へほうりこまれてしまったのだ、通夜に集った人々は、ほっとしたように顔をみあわせると、また、静かに故人の枕もとに侍った。

六月五日、静岡県三島の龍沢寺で行われた。元臨済宗妙心寺派管長、山本玄峰老大師の仮葬儀に参じ

た人々は、誰一人として不思議には思わなかったのである。

この文はまだまだ長い、面白う人に読ませようとするものでしょうが、この記事のために龍沢寺の葬儀委員の人々は、少なからぬ迷惑を感じ、世間に対し面目ない思いをしました。

まず花環などは一つも来なかった。老師の意を体して、いただくものを厳しく制限したのでありました。御遷化のすぐあとへ、なるほど池田首相と吉田元首相から花をいただいたが、それをつき返してはあまりに非礼と考えて受納した、がそれは生花で、一対ずつではなく一基ずつであり、心から敬意を表されるためのものでありました。誤解をさけるため露骨に書いて置きましょう、一基せいぜい三百円ほどのものでありました。名札はとったが、それを「かたわらのクズ籠へほうりこむ」ほど、非礼をはたらくものは龍沢寺の葬儀委員には一人もありませんでした。いわば極めて内輪の葬式であり、老師の意を体して花は無く、僧侶が三百人ほど集って読経したのでありました。

雑載

老大師報恩法会

全生庵・東京臨済会・正修会・日曜座禅会主催で、昭和三十六（一九六一）年七月一日全生庵で「山本玄峰老大師報恩法会」が催されましたが、この種の催しは老大師縁故の各地で行われたことであります。

納骨・分骨

龍沢寺に塋域《えいいき》があり、松蔭寺、雪蹊寺、瑞泉寺、円福寺及び養家岡本家の墓地に分骨したのでありました。

玄峰塔と岡本家

昭和三十七（一九六二）年九月二十八日、老大師御生誕地和歌山県湯《ゆ》の峰《みね》に「玄峰塔」の除幕式が挙行せられました。この碑は老大師の最後の墨蹟を鐫《ほ》ったものであります。

老大師の御生誕地を庭内に持つ玉置弁吉博士が「玄峰和尚生誕地」の碑を建てようと思いつき、これを相談したのが父子二代にわたり老大師篤信者である新宮の尾崎氏でありました。そこで尾崎氏から老大師に懇請したところ、一言のもとに叱り飛ばされました。尾崎氏屈せず、七・八ヵ月経て再び切望したところ「それでは其のうちに書こう」と、お約束になりました。それからかなりの月日が流れて、これを御執筆になった時のことは宋淵老師が、左の如くお書きになっています。

玄峰塔

五月十五日。御遷化廿一日前の朝。竹倉の湯に師翁を訪ひたるに、病床より這《は》う如くにして起《た》ち出で給ひ、「今、書く」と申さる。我等驚きあわてて、些《いささ》かにても御身体《からだ》に御障りなからん為、広机を重ね、その上に紙を拡げ用意したるに。「それでは力入らず。」とて取除けさせ給ひ、畳に正坐、常の如く渾身一気。大毫を揮《ふる》ひ給ひぬ。紀州、熊野湯の峯に建てて、「誕生地」と書くべき碑面に自《みずか》らの「塔《ステューパ》」に自《みずか》らものし、全生全死、曠然として自《みずか》ら適《ゆ》き給ひぬ。高齢九十六。この絶筆を前にすれば、三ケ年に亘《わた》り、御病態は呈し賜ひしも御病気のけぶらひもなく、日面佛《にちめんぶつ》　月面佛《がちめんぶつ》　却つて我等の病気をのみ慈念し給ひし師翁の俤《おもかげ》髣髴《ほうふつ》として只、涙《なんだ》を呑む。（蜜多窟）

その大きさは畳一枚あまり、龍跳虎臥《りゅうちょうこが》とも申すべき

老大師御生誕地――湯の峰・あづまや旅館（右方中央）

雄渾《ゆうこん》極まりない御絶筆を原寸のまま巨石に彫りつけ、碑陰の文は宋淵老師で、

高僧　般若窟　山本玄峰大禅師　慶応二（一八六六）年一月二十八日　当村当所に於て御誕生遊ばさる。頌徳以て後世に伝うるものなり

昭和卅七年六月三日

尾崎作次郎
発起人　栗山繁三
玉置弁吉

摩訶般若涼しき風の吹き通し　遺弟蜜多窟宋淵謹書

とあり、建立場所は「玄峰産湯之霊泉」の碑から、五十メートルとは距たぬ所であります。

式の前日二十七日には、京都花園大学々長山田《やまだ》無文《むもん》・三島龍沢寺の中川宋淵《なかがわそうえん》・犬山瑞泉寺の尾関玄要《おぜきげんよう》・松蔭寺兼円福寺の通山宗鶴《つうざんそうかく》の各老師など、いずれも侍者をつれて続々着かれました。居士《こじ》や信者では東京の加藤幸助氏、静岡の井上俊夫氏をはじめ甚だ多く、二十七日夜は東屋の大広間で無文老師の座談会あり、滋味溢《あふ》るるお話を拝聴することができました。

二十八日は朝から有線放送で、除幕式の次第、式終って粗餐を献呈するから、部落洩れなく列席ありたいなどと、一碧《いっぺき》の旻天《びんてん》に響き渡り、午後二時から型の如く荘厳《しょうごん》に執行されること約二時間、紫衣《しえ》・緋衣《ひえ》の方々が菊花一枝ずつを碑に供えられて式を終り餅撒《もちま》きなどもあって、晩の懇親会には百数十人の列席がありました。碑の建設だけに百余万円要したとのことを仄聞《そくぶん》しました。

湯の峰という処は、湯の峰谷という谷川を挟んで両側に三十戸ほど民家があり、そのうち七戸が温泉宿、中に巍然《ぎぜん》として一廓をなすのが玉置氏の東屋であります。その東屋前の谷川を距てて薬師堂があり、その本堂前に玄峰塔が建てられました。処々に熱湯が噴出して湯靄《ゆもや》が濛々《もうもう》としています。谷川の中に湯壺があり、婦人たちが野菜や鶏卵をゆでています、鶏卵は十三分間でゆであがるということでした。「吉野熊野国立公園」の標榜があり、四方山に囲まれてまさに山の底という感じ。老大師はここにお生れになったのでありました。

老大師は、いま東屋の大浴場の地点にあった西村家にお生れになり、渡瀬部落の岡本家に養われました。筆者は除幕式

岡本家（上）　岡本家遠望（下）

の日の午前岡本家を訪ねました。東屋から二キロ強という、途中まれに人家もあり、雑木林と萩芒、山間の道を上り下りして、まず岡本家の奥津城に詣でました。

青年時代筏乗りに使われた櫂

岡本家よりも高い山の中腹を拓《ひら》いたもので、二十基ほどの石碑があり、墓域には石楠《しゃくなげ》が群落し、老大師の墓は左側の奥まったところ、台石だけ出来上り「特住妙心前住龍沢僧堂再建玄峰詮禅師大和尚」とした塔婆が建てられ、女郎花《おみなえし》などが供えてありました。

奥津城を下って岡本家へ行きました。熊野川の支流四村川《よむらかわ》を見おろす高台で、家の周囲の田は刈られて稲《は》架襖《ざぶすま》ができており、畦道《あぜみち》には野菊などが咲き喞々《しょくしょく》と虫が鳴いていました。家は昔のままのささやかなもの、板葺《いたぶき》屋根の石に鶺鴒《せきれい》が飛んでいました。昨冬亡くなられた当主の未亡人にお目にかかり、老大師が青年時代

渡瀬部落（岡本家から川をへだてての遠望
このあたりの山々殆ど岡本家所有）

筏流《いかだなが》しにお使用の櫂《かい》を見せていただくと、その一面に「渡瀬村岡本芳吉」と墨書してあります、芳吉は老大師の俗称で養父善蔵老の筆。他の一面に、

慶応四年一月二十八日長子に生る、明治大正を経て昭和二十五年九月十一日、家嗣喜蔵妻岩枝八十四歳にして他界、往年を思起して是を書、時年八十五、特住妙心般若窟玄峰

とあります。四年は二年の誤記でしょう。「裸で柚の木に登るよりも」と謳《うた》われた善蔵老は、この辺で最後まで丁髷《ちょんまげ》を結《ゆ》っていた、小柄な人だったそうです。この厳格な養父のしつけの下に成長なさって、積苦《せっく》累徳《るいとく》、妙心寺派の管長に推された八十五歳の老大師が、十七・八歳のころお使いになった櫂をごらんになっての感慨が、そぞろに思いやられました。岡本家は今でも新宮あたりまで響いている素封家で四方の山々は大方岡本家のものという。庭には芙蓉・朝顔・紫苑・秋海棠・鶏頭・金魚草などが咲き乱れ、柿も実っておりました。

遺言状

老大師は御遷化の約三十年前から、遺言書をお書きになっていました。その中には将来の僧侶の心得となるものが、少なからずあろうと思われますし、僧侶でなくてもこの精神で行けと、参考になりそうな点が多いようです。龍沢寺後住は初め宗春（舜）とせられましたが、宗春和向が応じないため宋淵和尚と書き改められています。

大きな封筒の表に「遺言書在中、昭和二十九年六月十五日外封改る」。裏に「此中惣て旧記は改めず、唯外封を改る、宋淵和尚、宗鶴和尚、寺惣代信徒総代近藤政吉、井上敏夫、立会開封実行する事」とある。右のような封筒のみ三枚あり、時々改められたのであろう。その中に封書あり、

（封筒表）　昭和八年七月廿七日認

玄峰遷化之（時カ）に来り合たる人二三人あれば、立合を求め徒弟之者にて開封する事。

（封筒裏）　必ず一両人にて勝手に開封ゆるさず。

在中の文

野衲玄峰遷化せば直に記名各位之御立会を煩し、密葬前遺書開封致す事必定者也、御立会御願致す各位。

一、法類寺院　住職御一同

一、壇家惣代　一　　同

一、畑中慈音寺　御　住　職

尤も昭和八年当時之現住限る

安生家御主人

栗　原　卯　平殿

河　辺　　泰殿

瀬　川　直殿

小　河　豊　蔵殿

村　上　健　吉殿

右各位の御来山を乞而、別紙遺書開封後知友各寺院等通知仕るべし。

昭和八年六月二十八日

般　若　窟　玄　峰

先師太玄黙和尚忌日是を記す。

また左の一通同封しあり。

(次に)

遺 書 之 事

龍沢寺住職は宗春と定む。

松蔭寺、龍沢寺住職たる者は開山国師、東嶺禅師、遂翁禅師之侍者と心得、世間老和尚の風彩に見習事なく、令法久住を目的と成す事。且又、私財を貯へる事必ず堅く禁ず。

吾遷化後葬儀之式、是堅く禁ず、但し徒弟相集り焼香列拝丈は致す事。大方及び諸老宿御随喜被下も、只焼香だけにて拝を致さぬ事に申出る事。

遺品は松蔭寺・雪蹊寺之外、法服は出さぬ事、然し玄実に一品を送る事。衣・袈裟裏に記入あり、惣てに密葬は西の墓穴に入れ前より土を盛り、石塔等決して立べからず。又、本堂内に位牌、画像等を作成致す事を禁ず。

灶香徒弟列拝式は、時候の好き時期見計い修行する事。

御随喜各老宿一般信者方に対して、成だけ心を尽し、不親切なる行い致さざる事、堅く徒弟一同に頼み置もの也。

只、吾等の目的とする所は令法久住。正法世に行ずる時は国家益々安泰、皇風永々栄あるもの也。

昭和八年七月二十八日

般 若 窟 玄 峰(花押)

実 行 確 信。

（封筒表）　昭和十六年三月二十六日改め見る。
一定不変遺書。
法類信徒各位。
（封筒裏）　惣代各位御立会之上御開封され度。

般若窟（花押）

（封筒表）　遺書中一通は立会人両三人にて開封、一通法類及惣代にて。

遺　言　書

昭和十七年四月一日

龍沢寺後任住職中川宋淵と決定す。

遷化後葬式は必ず致さぬ事。
是事は別書にあり、能改めるべし。
変更確く禁ず。

般若窟玄峰（花押）

（封筒表）　遺言は龍沢寺後任決定書
（封筒裏）　十七年四月一日

般若窟玄峰（花押）

遺　言

龍沢寺後任住職中川宋淵是を決定す。

昭和十七年四月一日

般　若　窟　玄　峰（花押）

（封筒表）細目書袈裟文庫にあり。

遺言書別一通入。

宗春にあづけ置。

（封筒裏）昭和十七年四月一日認

般　若　窟　玄　峰（花押）

遷化後一衆立会開封。

左の一通は、老大師の口授を玄恭師が筆受せられた遷化通知書を兼ねた遺言状ですが、危篤の時の口授で欠字あり章をなさぬところもあるようです。

遺　言　書

昭和三十五年十二月二十三日

於東京全生庵　平井玄恭聞書

謹　啓　上

多年御懇愛を蒙りました般若窟玄峰詮宣和尚、昨冬以来病魔におかされ乍らも東行西走結勝縁の為致し居り、遂に〇年〇月身体の自由を失し、北品川病院内科部長笠木先生の診療を受け、東京は申す迄もなく、地方の親友の人々相つどい、東京台東区谷中初音町全生庵（山岡鉄舟開創の寺）介抱鈴木宗忠師が主となり、遠近の信者相より、力をつくしましたが、薬石効なく
遂に〇月〇日遷化
生前の御厚情に対し
右御通知中上げます
就きましては側近者相つどい、密葬、荼毘、遺□を三島市専門道場龍沢寺に奉安、遺言に依り津葬新忌斎を行ふ事に致しました。

徒弟総代
円福寺専門道場通　山　宗　鶴
龍沢寺専門道場中　川　宋　淵
瑞泉寺専門道場長　尾　玄　要
事務総主任　平　井　玄　恭
龍沢寺専門道場知客
兼副司　藤　森　弘　禅

事務取扱い
一、真亭、香亭は作らざる事。
一、本堂中央に祭り、徒弟にて葬儀をする事。
一、大悲呪一巻のみ。

一、引続き新忌斎の事。
一、近藤氏五十万円、龍沢寺に五十万円あり。
一、宗忠師には衣と袈裟を謝儀として作つて上げる事。
　右
昭和三十五年十二月二十三日八時右遺言す。

再興・開創の寺々

雪　蹊　寺（高知）
龍　沢　寺（三島）
瑞　泉　寺（犬山）
松　蔭　寺（原）
正　受　庵（飯山）
妙心寺別院開創（新京）

授戒会・大会

授戒会・大会《だいえ》は処々で開かれましたが、その一二を記録しておきます。
雪　蹊　寺（高知）

玉井寺（三島）
松蔭寺（原）
龍沢寺（三島）
瑞泉寺（犬山）
臥龍寺（犬山）
清閑院（新宮）
興禅寺（犬山羽黒）
洞興寺（岐阜県伏見）
梅蔭寺（清水市）
慈眼寺（静岡県上神増）

語録

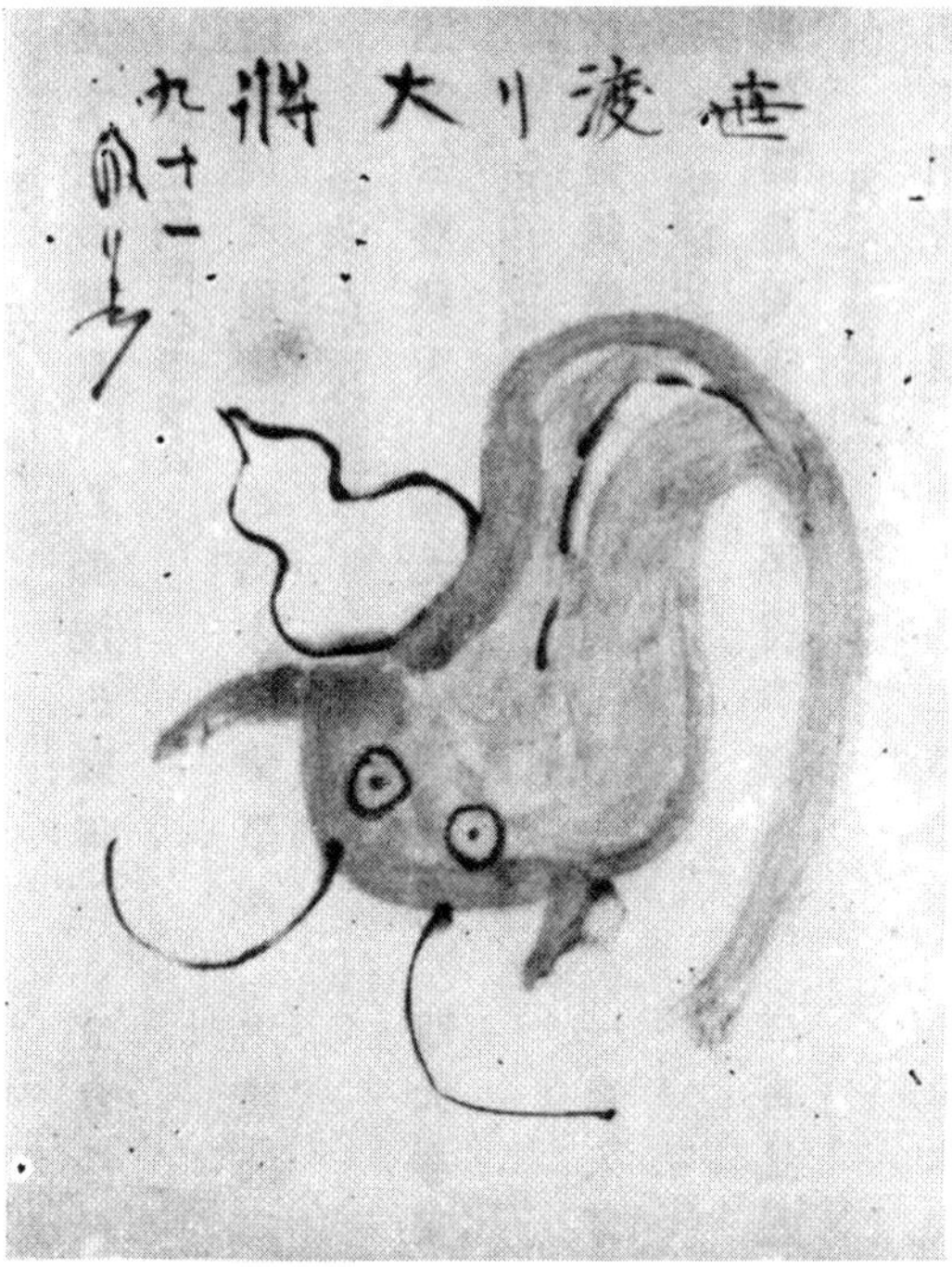

偈頌

「偈頌《げじゅ》は昭和二十二・三年ころ、平井玄恭《ひらいげんきょう》師が老師の隠侍時代に記録し初められたもので、それ以後のものも記録にある限り、辞句の相似たものも収めましたが、遺漏もあろうかと思われます」

新宮市清閑院授戒会晋山香語

無住八十有八年　身似水雲宿蒼蘿　五日留錫亀有地　法燈和月結勝縁

惣　供　養

方来交肩汲神泉　心痴洗去薩埵前　五日浄行障礙滅　明々朗々護太平

天満円心寺戒会

心随万境実能幽　水満方円常悠々　六塵洗時連諸仏　千秋万古正友求

和深上品寺慰霊祭

任運移去春秋天　霊光不昧勇士拳　四大本来不消滅　和花宿月護太平

田辺海蔵寺鐘供養香語

全身成音報暁天　無中有道通大千　一声入耳滅障礙　寿山福海護心田

桃源和尚二百五十年忌

錦風体露落葉天　桃源待春海蔵筵　二百星霜五十年　法恩深謝香一行

青龍寺梵鐘供養香語

松老雲閑青龍筵　金声満空結勝縁　腹中本来無一物　好音覚夢万々年

八幡円福寺入山並開講香語

流転八十有九年　法恩不忘雄徳筵　月下松風無限事　千秋一貫護勝縁

犬山市羽黒興禅寺戒会晋山偈

東行西遊中京辺　妙国山禅五日筵　阯錫講話心王記　方来交肩護正縁

斉　　会

法光高輝祖翁禅　伝燈四百五十年
如修呉山七周忌　鴻恩難報香一行

追悼会

忠孝合担勇士肩　戦機力尽功不全
三生不朽国興礎　和月化花護太平

惣供養

心鏡磨瓏薩埵前　和気青風清浄筵
六塵払去三毒滅　天神地人結勝縁

江間東漸寺延命観世音開眼供養

正法妙如来　応化安東漸
慈眼視衆生　福寿海無量

総供養

錦風体露小春天　正信聚頭東漸筵
供養十方三世仏　霊光不昧結勝縁

晋山偈

山頭錦織洞興園　鳥藤暫留宿世縁
屋後幽鳥賀法悦　老幼携手連法筵

斉会偈

河北山裡幾年々　法燈世道両輪円
七周春還好時節　道友力合補戒筵

総供養香語

転還地岫節中天　供養十方奉国筵
四来相逢払障礙　洞光増輝牛歩年

雪蹊寺授戒晋山

身似水雲西亦東　心王不動家虚空
五日留錫酬恩地　旧友結眉話清風

総供養

高福山裡祖塔前　方来交肩汲清泉
五垢六塵洗滌去　法喜禅悦結正縁

追悼法会

戦火僣影十三年　霊光不昧勇士瞑　日月輝処功不滅　靖国宮裡護泰平

盤田市泉蔵寺津送送言

偶然相逢三聖前　廻頭指屈六十年　日夕不忘当時事　千生為友結勝縁
東行西航随清風　再来留錫円明中　四来為友磨正眼　千古万歳家運豊

正眼寺和尚画像賛

打龍宝関坐妙法家　東奔西走駕白牛車

昭和廿三年元旦、龍沢寺

芙嶺照雪輝初曈　円通新旦四林豊　一身捧衆無他事　皇運吹興般若風

霊雲院円満本光国師、四百年遠忌法語

大悲誓願満山川　本光々明照無辺　四百年来向却後　霊雲桃花色転鮮

臨済録講了

東西南北都信神　大悲正眼活閑人　一見照用観自在　天然巡還興国春

又

慈眼照弘天　悲願大地円　百億化身仏　全生結正縁

霊鑑慈光国師五百年香語

護法報国一担禅　霊鑑不昧慈光円　日月星辰無限事　生々不滅結勝縁

岐阜県瑞泉山泰心寺梵鐘銘

通身是口声満天　迷夢撃破安養円　腹中元来無一物　千秋懸楼結勝縁

愛知県金毛山龍泉寺晋山開講

東行西泊中途縁　烏藤暫休汲清泉　四来相逢洗三毒　添得滹沱新鮮禅

友峰和尚四百五十年

体露金風小春天　友峰山月照龍泉　五九四百五十忌　逡巡相結般若縁

戦死者追悼会

清風払葉晩秋天　忠孝一貫勇士肩　一等丹心永劫因　千古不滅報国念

総　供　養

道心集頭金毛園　霊光増輝戒定筵　五欲六塵無一物　元来富貴是龍泉

犬山了義山徳授寺、準中興寛宗和尚十七年忌

千峰時競紅葉天　徳行不変了義円　昔日寛容曾不失　春秋移去十七年

梵鐘慶賛香語

通身是口呼太平　衆生触声結勝縁　一聴永劫十悪滅　了義山頭万々年

景徳山永泉寺

高楼再懸明声伝　音響通処発正念　十方徳行加勇機　永劫住虚護福田

法皇忌昭和戊子年

南北浮雲紅葉天　花園風月転新鮮　一串貫徹大誓願　念々不朽結正縁

僧堂先師和韻

正是花園秋老天　千年松柏色還鮮　深沈殿裏秀煙罩　欽徳後昆俗法縁

昭和廿四年龍沢寺新旦

浮雲払去東洋天　善宝恵入通山園　二輪円転無痴福　正法増輝牧丑年

犬山臥龍庵開山広通国師、四百五十年香語

大心悠々普光禅　伝得正法般若拳　四来相会謝恩忌　興宗四百五十年

総　供　養

幽鳥含花早春天　道友交肩汲清泉　五濁寒塵悉洗却　収得如来正法禅

犬山臨溪院開山大道真源大禅師四百五十年

無孔鉄笛響大千　正受鵠林唱和鮮　月下春風際無限　伝得円通無碍拳

別　々

念々四百五十年　伝燈永劫唯一念

戦病死者追弔会

東西南北侯不諄　自然風波又妨真　一念磨瓏勇士剣　化花写月護邦磌

犬山龍済寺地蔵開眼

霊妙地蔵尊　護五福長寿　元来無生死　永劫度衆生

盤田郡広瀬村慈眼寺晋山

円通錫止伝戒筵　松花雲閑般若縁　四来老幼真帰一　幽鳥法悦屋後園

慈眼寺中興耕巌和尚、五十年

義龐和尚三十三年忌

春秋移来牛歩年　怨心平年法施円　四衆交肩払五賊　慈眼放光輝満天

再中興耕巌和尚五十年忌

義麗和尚卅三年忌

開山放禅宗巴和尚二百五十年忌

慈光元来満山川　道友力合耕福田　二百五十五三三　心鏡相照結勝縁

梅陰寺戒会

昨　汲　円　通　泉　更　入　幽　香　園　四　来　道　友　客　洗　塵　五　日　筵

降　誕　会

世尊降誕三千年　光明遍照輝大千　日月星辰無限事　永劫不滅大悲念

半　鐘　銘

全身是口呼衆善　諸悪消滅福寿円　本来腹中無一物　暁天暮昏結正縁

瑞泉寺晋山

函蓋乾坤打破拳　随波逐浪結正縁　裁断衆流迷途絶　撤去収来七日筵

恩　忌

大円鏡破朝峰嶺　正法山裡風規伝　三千増輝妙不滅　霊光不昧如来禅

総　供　養

老幼聚頭汲青泉　心痴洗去清浄筵　七日苦行滅障礙　明々日月護和平

全生庵鉄舟居士七十年忌香語

神光永輝薩埵前　全生本来鍛錬拳　寸鉄不持断五逆　千秋護国高歩禅

三重県鈴鹿郡深井沢村金剛山江西寺晋山

開山円観禅師二百五十年忌

十一世白巌和尚五十年忌
黙叟和尚三十三年忌

登攀金剛宝剣山　烏藤暫留不縦閑　四来呼友磨正眼　心戒伝経五日間

三祖合忌

燈々伝来開祖禅　明々三百五十年　三老合修法恩忌　江西永劫増輝筵

吸江寺毎歳忌香語

金風払葉晩秋天　江東浮月祖塔前　四衆交肩法恩忌　海晏河清法正縁
春秋八十有八年　身如水雲随生縁　四句誓願曾不屈　千古万歳願魚辺

雪巌欽定上座画賛

蘇山老大師

無住非無住　不間容一毫　須依欸結案　済北孤風高

青竹軒十八年忌、土佐円明寺

春秋移去十八年　両鏡相照兄弟縁　痛心弥増今日事　和泥拈弄香一片

円明寺晋山香語

流転八十有九年　再来四万円明筵　五日留錫報恩地　提唱滹沱一喝禅

総　供　養

方来交肩薩埵前　清泉汲来嗔痴洗　十地円明三世仏　和光清風結勝縁

例年十二月十二日開山忌香語

千秋不滅賊機禅　浮憂奪却護太平　昔時蔵輝神誓地　元来日月在蒼天

開山忌

慈恩難酬常念々　慚愧懺悔望此筵　屋後幽鳥伝法悦　回頭祖翁笑厳然

総供養

花年々皈旧枝　人歳々行不止　仏慈光照匝地　聖霊悉不迷岐

日峰霊鑑国師大和尚五百年香語

護法興国一味禅　霊光不昧五百年　難酬慈恩深慚愧　念々不滅奉人天

福昌寺晋山兼開講

朝乗春風発京師　夕奏尾州鶴棲嶺　遙望曾水滹沱趣　這裡堪繙済北編

契庵師五十年、東谷禅師三十三年合斉

三十三与五十年　怨親聚首城東辺　匝地春風吹不断　百花啼鳥界三千

万国戦歿英霊戦災横死者追弔会

万邦一様報国真　鉄石心肝泣鬼神　春風吹散修羅恨　満天風和弔怨親

総供養

鶴棲高聳宝楼閣　福昌打開甘露門　怨親平等無遮念　一滴度尽万霊魂

徳林開山仏徳広通国師

仏通清鑑禅師四百五十年

仏徳昭々照大千　円通無碍随因縁　児孫聚首報恩底　芳躅四百五十年

徳林寺鐘之銘

信心不壊道根堅　新鋳梵鐘結勝縁　吼破無明長夜夢　千秋万古度無辺

妙心寺降誕会

天運地軸去亦還　転変自在衆生爺　刻々降誕花園巷　無辺刹境調御家

長楽寺忠魂碑除幕式香語

雲雨枝潤中春天　忠孝並担勇士肩　一貫丹心遂石化　千古不滅護国念

日峰宗春五百五十年遠忌授戒会並開講

法輝貫髄円通天　烏藤扶来祖塔前　五日留錫金剛座　法喜禅悦方来筵

総供養偈

清浄境地青龍埏　道友交肩汲清泉　三毒洗滌六塵滅　結得金剛般若縁

犬山瑞泉寺、五百五十年遠忌香語

乾坤呑却祖翁禅　日月相照青龍巓　五百五十年遠忌　紅葉合供小春天

伊勢湾台風施餓鬼香語

空風火水一団城　這裡人間万物英　四大不離無一物　化神成仏蔵光明

昭和廿五年一月廿五日戒道会

龍吟虎嘯円通天　道友争至七日筵　三光増輝好時節　梅香満空早春天

連福寺妙円伝法式偈

師勢陽出

弟阿州産

師弟元来水魚縁　学文修禅幾年々　止錫即今安住地　渓音為友結正縁

自祝

朝拝富蓉東光嶺　夕陽浮月汲清泉　仏恩祖恩奉両事　連福分衆法楽筵

無門関開講

東西南北無門関　清風徐来三光園　四来交肩払六塵　道友拝天護太平

豊州大和尚一百五十年

祖行円記宿種縁　陰陽難謀豊翁禅　一百五十法恩忌　異体同心伝燈念

総供養

天運地祐五日筵　方来交肩薩埵前　五慾六塵化成玉　光明遍照奉国念

龍沢開講二之内

円通元来無門関　清風徐来三光前　五蘊払時魔障絶　天龍地神護太平

至道尼斉会

至道無難如来禅　唯嫌揀択正法詮　月下春風無異日　洞念明白結勝縁

開講

大道無門　万法淵源　人々疑着　有関有闇

講了

天然循環　花香燦爛　長楽山裡　円通縦閑

三師献鉢

長楽山頭薩埵前　衆等堅持三師宣　一串通身曾不失　千秋伴誓宗興念

追弔会

劫火洞然大千空　殉国真士欠気雄　月落日昇好時節　桜李春過待春風

開山心浦大和尚拈香

正因伝輝三昧禅　燈々四百五十年　貌様改見山門事　法恩難酬香一片

戦病死者追弔

任運巡回長陽天　花咲旧枝人不還　不滅霊魂無増減　千秋万古護太平

総　供　養

貪瞋洗滌清浄筵　心香和花満山川　一串千秋絶障患　寿山福海結正縁

晋　山

春風競花法華園　鳥藤暫留薩埵前　四来交肩賀禅悦　和光同仁五日筵

晋山開講

往還上下二十年　鳥藤重宿五日筵　四衆心一払六賊　興国春風百花鮮

宗栄寺晋山

芙蓉嶺南別聡童　鳥藤今朝靠城東　四来相逢払迷夢　宗栄屋裡楽清風
本来不滅不生天　浮雲覆岳月隠園　五蘊皆空無罣礙　担水堆井般若縁
順時汝秘活埋　不幸　愁　人　逆境吾汝荼毘　百　歳　恨　地
雖然爰送行之有句

法皇忌半斉香語

太虚茫々不変天　霊光満地護太平　日月永劫無休歇　王法仏法結正縁

別　々

玉鳳禅窟夜明輝　春夏秋冬六百年

本山妙心寺祝聖

古往今来不滅宗　来復一陽祖塔松　月下雪光花園巷　東方近聴暁天鐘

臨済忌香語

金剛宝剣磨瓏光　魔鬼槌却外道傷　即今酬恩好時節　正法山裏百華香

雪蹊寺太玄・大岳和尚斉会香語

両鏡相照親子縁　不幸天命欠一平　七星難止逆行涙　拈出心香誓三千

総供養

春運巡還節中天　供養十方奉国筵　五濁分散無障礙　東光増輝護太平

万能和尚遠年忌

万能不休護正念　寂定三十有三年　且喜幽香今日事　緇素交肩結勝縁

歳旦

慈雨潤国東洋天　龍吟虎嘯護太平　四来道友賀禅悦　法喜八十有五年

全生庵開眼式香語

金剛無畏念　応化百億年　即今全生現　方来結勝縁

法語

「法語は総て老大師の著『無門関提唱』から抄録したものであります。」

縁《えん》というものは、一番大切な夫婦の縁でも、これは別れてしまえば他人になる。いくら可愛い子供でも、死んでいけばそれっきりである。成ったり壊れたりしてしばらくも止まらない。金剛経の一番しまいに「一切有為《うい》の法、夢幻《ゆめまぼろし》のごとく、影のごとく泡のごとく」とある。この世界のことは、みな長くもたない。刻々に変る。

仏は、汝等善男子善女人というている。みな仏といえば仏、神といえば神と変らんところの善男善女じゃ。それで臨済は誰を呼ぶのでも「大徳」というたそうじゃ。それにああのこうの、ああすべきだこうすべきだと、四の五のいろいろの方便をたててかれこれいうのは、ちょうど無傷の体《からだ》に向ってキズをつけるようなものじゃ。間違うとそうなる。今の新興宗教なども、みな好肉に瘡《そう》ありじゃ。そういうことを喜ぶわれわれもまた好肉に瘡ありじゃ。

むかし甲斐（山梨県）の祖暁《そぎょう》は、曹洞宗の坊主じゃが、一という字と七という字より知らなかった。

生れきて祖暁の二字は知らねども梅の小枝にうぐいすは鳴く

と詠《うた》った。祖暁という自分の字を知らん。そのころ、黄檗《おうばく》の隠元《いんげん》が日本へやって来て宇治の興聖寺《こうしょうじ》を乗っ取った。興聖寺はあの道元《どうげん》禅師の大徳のあとじゃ。そこで、曹洞も滅却したといわれた。山門に「曹洞滅却」という看板をかけて大威張りをしていた。祖暁十六の年に加賀の大乗寺に雲水《うんすい》をしていたが興聖寺へ出かけて行って問答をして隠元の鼻柱を折って、その看板を引きおろして踏み割った。それで「曹洞また人あり」ということになった。だからわれわれの宗旨は学問だけじゃない。しかし学問があるのも結構じゃ、鬼に金棒、いくらあっても邪魔にならぬ。昔の蘇東坡《そとうば》でも無尽居士《むじんこじ》でも大へんな学者じゃ。それから達磨の次の二祖慧《え》可《か》大師でも、あの法蔵論を書かれた方でも、みな当時の大学者のうちの大学者じゃ、だから学問もあれば結構じゃが、なくても結構やっていける。わしみたような者は、学問でもちっとしておったらよかったけれども、子供の折から横着《おうちゃく》ばかりして学問がない。学問どころじゃない。学校というようなものには三日も行きゃせん。行っていたら、こんなことしておりはせんかもしれん。もう少し社会に出て働けるんじゃが……。学者をほんとうに引導するには学問がなければできん。しかし、禅宗は真剣勝負じゃから、ほんとうの力を合わせ、さあ勝負というときじゃったら、学問があろうがあるまいが、そんなことはかまいはしない。

今年らでも北アルプスに行って、十日間も一緒にいて、食べる物も何もないところで辛棒《しんぼう》している。ああしているうちに自分の胆《たん》が練れ、耐久練磨して、どんな困苦《こんく》欠乏《けつぼう》にも耐えていく人間になれる。われわれ坐禅するにも寒いからといって、座蒲団を敷いて坐っている。そうして三遍三遍温い物をもろうて食っている。そんなことで、えらいなどと、そんなこと恥ずかしうていえたものではない。厚い蒲団敷いて、それで三食のほかに夜食までもろうて食って、つらいの苦しいのといえたものではなかろう。恥ずかしいことも知らにゃいかん。雪崩《なだれ》に遭《お》うて、死ぬような危亡を思うてみい。坐禅は苦しいうちに入りはせん。

世に威風堂々《いふうどうどう》ということばがあるが、われわれ坊主は、威光《いこう》というような偉そうなつらをしたり、気張った顔をするもんじゃない。観音さまの顔を拝むと、だれでも頭が下《さが》る。観音さまの顔を見て、頭の下らん者はない。

真理の大道は無門だから「千差路有り《せんしゃみち》」と。どこから入ろうが自由自在。「此の関《かん》を透得《とうとく》せば乾坤《けんこん》に独歩す」。この関《かん》とはどこの関じゃな。向うに関門はない、自分の関門じゃ。自分に大きな関をこしらえておるのじゃ。どういう関かといえば、「おれが」という関である。おれは学者じゃ、おれは偉い。そういう関をこしらえているから、ほんとうに乾坤、天地に独歩することができん。ゆえにこの関を透《とお》れば、わが身は乾坤一杯にひろがって独歩しておる。この消息を会せないで右往左往していては、憐れなるかなで一生涯は消えてしまう。何かがあったって、自己に返って返照《へんしょう》して自分の自性を知らんような者は、みな幽霊と同じことじゃ。自分の性根玉《しょうねだま》もわからんような者は幽霊と一緒じゃ。幽霊というものはあるものじゃないけれども、自性を知らぬものはみな幽霊じゃ。

身体を斉整《せいせい》せしめ、数息観《すそくかん》をやる。そうして一則《そく》の公案《こうあん》、直《じき》に断命根《だんみょうこん》じゃ。肉体の中にある貪瞋癡《とんじんち》、八万四千の妄想、この命根をすっきり断《た》たにゃいかん。そうなると本来の面目がガラッと開ける。八万四千の妄想も煩悩もふっとぶ。ちょうど大般若《だいはんにゃ》の十六善神がみな悪人だった、それがみな護法善神《ごほうぜんじん》になってくる。自分らもそうじゃ。何もやりかえるわけでも、入れかえるわけでもない。自分で持っておるのじゃ。渋柿が甘柿になる。渋柿でなければ甘柿にならない。渋いも渋い。それが途端に甘柿になる。人間もそうじゃ。悪にも強いやつが善にも強い。ヘナヘナしておるやつは何も役に立たん。甘いやら渋いやら、解《と》けたのやら砕《くだ》けたのやらわからんような人間はだめである。悪にも強ければ善にも強い。そうして一則の公案、断命根、命のほしいようなやつは禅宗坊主にはなれんぜ。誓っていうておく、なれんぜ。命がほしかったり、金がほしかったり、名誉がほしかったりするような者は禅宗坊主じゃないのじゃ。仏さまの弟子にはなれん。

ある老師など禅学という一つの学問じゃから、といっておる。謬《あやま》りじゃ。こんなもの一つの学問にされたら変てこなものになってしまう。肉を割《さ》いて母にかえし骨を砕《くだ》いて父にかえし、しこうして後大神力《だいじんりき》をめぐらして法のために説法すと、那吒《なた》大師もいうておる。そうでなければ用をなさん。ただ世間並みのありさまでは用をなさん。あたりまえの話じゃ。それを今の学問というものは、鉛みたような、刀の型こしらえたやつに焼付けたようなものじゃから、さあというとき、快刀乱麻《かいとうらんま》を断つがごとく切ることができん。つけ焼刃《やきば》ではいかん。われわれのはほんとうに鍛え鍛え鍛え上げて、かめ割りの宝剣のごとく、どんなところに向って、どんな難行苦行に向ってもじゃ、実に快刀乱麻を断つ。それも抜き身を振りまわすのではない。禅刀《ぜんとう》は人を笑殺《しょうさつ》す、といって笑っておるうちにも勝ちを制しなければいかん。喧嘩してから勝つようでは修行といわぬ。

わしは毎朝いまでも、寒うても暑うても一遍裸になる。相撲取りは裸じゃが相撲取りでのうても、めいめいやってごらん。みだりにそこらで衣帯《えたい》を解き去ってはならんということは堂内規則にもあるから、人の中で人の迷惑になることは決してすることはならん。しかしだ、なぁに夜分に人の見んところへ行って、寒かったらほんとうに丸裸になる。そうしてシコでも踏んで綿入れを着てみい。汗かいてくるぜ。そういうようにして、ひとつ骨折って、釈迦何ぴとぞ、われ何ぴとぞ、達磨何ぴとぞ、まあひとつ大元気を出してやるんじゃ。やれん者は三十六計逃げるに手なしじゃ、サッサと山を下る。これが一番の方法じゃ。

禅宗の修行は天地とわれと同根《どうこん》、万物われと同一体となるための修行じゃ。そうして人間はこういうものじゃから、人間の本能を尽《つく》すにはこうなければならんという、ほんとうの道理に明らかになるための修行じゃ。何もほかのことではない。一切の理に明らかになるのじゃ。ゆえに六祖大師も「理に明らかにならざれば、身を苦しめて何の益かあらん」というておる。ないことを考えたり、できないことを思うたり、ロクでもないことに迷信を起したりすることがないようになるのじゃ。

心こそ心迷わす心なり、心に心心許すな――と時頼《ときより》もいうておるが、心というやつはあちらへ走りこちらへ走り、寒いと思うたり暑いと思うたり、いやと思うたり好きと思うたりする。その心の走る路をひとつ絶《ぜっ》するのじゃ。「無ーッ」と一遍大死《だいし》一番するんじゃ。心路を絶せんから八万四千の妄想が猛然湧いてくる。一遍それをすっかりやっつければ、全部味方になってくる。妄想じゃの煩悩じゃの愚痴じゃの我慢じゃのというものはなくなる。みんな家来になって、めいめいの体を守ってくれるようになる。そうでないと、妄想煩悩で、幽霊やら何じゃやらわけわからずに一生ボーッとして暮してしまうのじゃ。

いくら悟りが開けたって、行いがついてまわらなんだら、何のくそにもなりはせん。その行いが、ほんとうに楽しんでやれなければいかん――月給をもらうから仕方がないから働かんならん、坊さんの規則で仕方がないから朝も早う起きてお経を読む。不自由で衣の袖《そで》がじゃまになっても、我慢しておらんならん。そんなことはない。何をしてもその分に従って楽しくうれしく、不平なんか起こる余地がない。それで当処《とうしょ》すなわち蓮花国《れんげこく》と、白隠《はくいん》和尚の坐禅和讃に「この身すなわち仏なり」と。こういう関を一つ通らにゃいかん。

戦前の教育勅語《きょういくちょくご》に「智能《ちのう》を啓発《けいはつ》し徳器《とくき》を成就《じょうじゅ》し」とある。智能を啓発するというのは自分の能力の本《もと》、動力の本を啓くのじゃ。自分を動かすだけでなく、他の人の智能も啓くところにほんとうの修行がある。悟ったからというて、それで済《す》むのじゃない。ここを間違いのないように、物の道理一切に明らかに、ほんとうに自分の智能を啓発すれば、人に憎まれたり嫌われたりするようなことはなくなる。人間が人に嫌われるようなことで何もできるものじゃない。戦々兢々《せんせんきょうきょう》として人間に臨み、薄氷を踏むが如くとある。それが別に苦にならん。それどころじゃない、人の下につくときは楽しんで人の下につく。むだごとのように見えても楽しんでいくのじゃ。そこで「生死岸頭《しょうじがんとう》に於て大自在を得《う》」と、いよいよ死ぬときでも自由自在じゃ。

われわれは六道《ろくどう》といって天上《てんじょう》・人間《にんげん》・地獄《じごく》・餓鬼《がき》・修羅《しゅら》・畜生《ちくしょう》、これをぐるぐるまわっておるのじゃ。こうやって人間の面をかぶって人間の風《ふう》をしておっても、犬にも劣るような者、猫にも劣るようなことをやっておる人間はいくらでもあるぜ。四生《ししょう》というたら胎生《たいしょう》・卵生《らんしょう》・湿生《しっしょう》・化生《けしょう》じゃ。胎生というて、人間とか牛とか犬とかいうように胎《はら》で形をして生れてくる者、湿生というて、自然の湿気の中でゴカイとかミミズのようになって生れるもの、化生というて、松虫が蟬《せみ》になったり、瀬虫からトンボになったり、あれは化生というのじゃ。六道、四生どっちになっても遊戯三昧《ゆげざんまい》。何の中へ入っても、愉快《ゆかい》にすべてのその分に応じていく——だから餓鬼の中へ入れば餓鬼とともに、畜生の中に入れば畜生とともに遊戯三昧じゃ。

わしはカメラを持っておるが、あの写真のレンズはいつも清くなっておる。それだから何でもうつりそこなうということはない。白隠和尚は「物を疑っちゃいかん」という。どんなことでも、馬が屁《へ》をひって通ってもああ馬の屁かというようではいかん、無我《むが》になっておりさえすれば、何もかもがわかってくる。私根性《わたくしこんじょう》をいつも持っておると何もかもわからんようになる。明鏡体《めいきょうたい》でおるからパッと即座に人を見ても分るのじや。蛇は一寸出ずればその大小を知る。人一言出ずるもその善悪を知るで腹の中がじきにわかるのじゃ。

戦争当時にここの寺でわれわれが、草木の葉のお粥を食っておった。その時分に菊池盛登知事がここへ来て
「老師何が一番不自由か」

というた。

「何も不自由はない、何でも食いますけれども、塩がないのが一番不自由じゃ」

と答えたら、ハハァというて紙に塩を包んで持って来たことがある。

「また江州《ごうしゅう》から米を二升もらったから秩父宮《ちちぶのみや》さまに少しおわけして、そうしてここへ三つに割って持ってきた」

というて持って来てくれたことがある。その時分のことを思うと、今ではああ済まんと思うことがある。護法神の助けはこんなにあるのじゃ。

わしは此処《ここ》へ来た時、鼠に「お前達は先祖代々ここにおるのじゃから、われわれはあとから来た新参であと入りじゃが、どうか万事よろしく頼むぞえ」というて、鼠に頭を下げた。ただ頭下げるだけじゃない。今でも毎晩少しずつでも米なんかやって仲よう暮しておる。それじゃからそこらを囓《かじ》りもしないし、穴をあけたりもしやしない。みな護法善神じゃ。猫でも鼠でも犬でも猿でも雀でも鳥でも、みなわれわれを救うてくれる、こっちの心得方ひとつじゃ。

「下《さが》るほど人は見上げる藤の花」ということがあるが、無理に頭ばかり下げたって、心の底が上向いて

いては何のクソにもなりはせん。人のたくさん集まるところへ泥棒もくる、チボ（掏摸《すり》）も集まるというが、なぁにそうじゃない。物がたくさん集まって富貴《ふうき》になると、魔障神《ましょうじん》が出てくるのじゃ。だから「仏祖の大道、願力無うして能《よ》く徹底する者有る事なし」すべて願力誓願力じゃ。阿弥陀如来は四十八願《しじゅうはちがん》を一つ一つ成就されたのじゃ。あの仏像のうしろに四十八の後光《ごこう》がある。一つ一つの願《がん》を積み、四十八の大願を成就したことを現わしている。観音は三十三の大願を成就された。われわれも一願なりとも、成就しなくちゃいかん。仏祖といえども願無うして成就したのではない。みな大誓願をもっておいでになる。坐禅も願力じゃ。ちょうど弓をもって的を射る人のようなもので、何とかして中《あて》ようと思っても、初のうちはなかなか中らない。けれどもずっとつづけて稽古しておるうちに中るようになる。坐禅も一朝一夕に悟ることはできない。なかなか悟ることはできなくても、弓を引くように鉄砲を撃つように徹底するのじゃ。

護法の菩薩がなければ、それこそ一杯の飯も食えない。わしは人の世話にならんという人がある。ところが一杯の飯、一枚の畳にしても護法の菩薩のおかげでできたのじゃ。金さえあればというて、一にも金、二にも金、三にも金、金さえあれば何でもやっていける、どうか金をお与え下さいと、一生懸命拝んでおったら、さあ、何もかも金になってしもうて、水を飲もうと思えば水が金になっている。飯を食おうと思えば飯も金になってしもうておる。履物をはこうと思うたら履物も金、着物を着ようと思うたら着物も金、何もかも金になってしもうて、そうして懺悔《さんげ》したということがある。

黄金万能でいくら金があったって、米を作る人がなければいかず、味噌《みそ》を作ってくれる人も、醬油《しょうゆ》を作ってくれる人も、大根を作ってくれる人も、菜っ葉を作ってくれる人もなければならん。水があるからというたって、ポンプをこしらえてくれる人も、井戸を掘ってくれる人もなかったら水が使えない。ほんとうに多くの人がはたらいていている。これがみな護法の菩薩じゃ。坊主が何やらわけのわからんホーというて町の中を歩いていく。待ってくれというて金を持ってきてくれたり、米を持ってきてくれたりする。わしらも托鉢に行ってよく怒られた。沼津でも三島でもよく怒られた。お前たちは何しに来るのじゃ。人が上げようと思って忙しゅうバタバタしよるのに、スッと通って行ってしまうが、もらいに来るならもっとゆっくり歩け。そうでなければそんな袋なんぞかけずに、ホーというてただ歩けというて、ウンとお婆さんに怒られたことがある。それくらいに、人は親切にしてわれわれを養うてくれる。それで、われわれはこうして修行ができるのじゃ。これが法を護ってくれる、ほんとうの護法の菩薩じゃ。

いくら財産があっても、人間の性根玉《しょうねだま》が狂ったらクソにもなりはせん。どんなけっこうな宝ものがあってもがもてん。家財道具が十分に整うておっても、バカ野郎ができれば、どんな富豪でもつぶれていく。第一自分の体も、いままにする者は天下を失うのじゃ。坐禅は一切の諸道に通ずるというのは、何も坐禅が通じるのじゃないんじゃぜ。天下の理をほしいままにする者は天下を失うのじゃ。天下の理に従う者は天下を保つのじゃ。自然の道理にキチンキチンと何事によらず、はまり込んでいくようにするために坐禅するのじゃ。馬のクソをつくねたような枯木が突っ立っておるような坐禅が、何にもなるのじゃない。だから六祖大師は、理に明らかならざれば何の益かあらん、というておる。

青酸カリみたいなものでも用い方によっては、なければならん薬になる。人間の智慧が本になって、毒薬変じて薬ともなるし、薬変じて毒にもなる。酒は百薬の長、量なけれども害有《がいゆう》及ばずと孔子さまもいうておる。酒は米で作ったもので人間の五臓を養うてゆく。こんな薬はないのじゃから百薬の長というのじゃ。酒は少し酸《す》っぱいところで脾臓《ひぞう》を養う。肝臓《かんぞう》も養う。少し苦味《にがみ》のあるところで心臓《しんぞう》も養う。百薬の長に違いないが、量なけれども害有及ばずで酒には量というものはない。たくさん飲んでもいい人もあれば、一杯飲んでも泣いたり笑うたりする人もある。寒うなる人もあれば、眠とうなる人もある。そういうもので使い方による。その使い方の本は何だといえば心じゃ。心をおさめた上にもおさめて、根本智を明らかにすれば、それが大将になるのじゃ。自分の性根玉、その性根玉が一切の諸道に通ずる。智慧がなかったら、こんな人間ほどしょうのないものはない。何にでもこの智慧は自由自在に働いていく。だから一切の道に通じる。

いろいろな宿業《しゅくごう》によって薄福《はくふく》な人もある。その宿業の悪業《あくごう》を滅して楽しんで、日々ちょうど汚れた着物の洗濯をするように、着物なら石鹸で洗えば落ちるが、茶碗などでも三遍五遍使った茶碗はどことなしに垢《あか》が薫習《くんじゅう》しておる。それをサラッと洗い落すのである。何で洗い落すかというたら、公案という機械で落すのじゃ。山岡鉄舟《やまおかてっしゅう》に

「一体坐禅というものはどんなものじゃ」

とある人が聞いたら

「あれはちょうど石鹸みたいなものじゃ」

と答えた。おかしいじゃないか。垢で垢を落すのじゃ。公案とか何とかいうが、みな垢の一つのようなものじゃけれども、その垢をもっていかんと、ほかの垢が落ちん。石鹸かソーダがないとほんとうに垢じんだものが白くならないのと同じことじゃ。からだの垢は自然にいつついたやらわからん。心の垢もそうじゃ。

倶胝《ぐてい》和尚が修行中、独りで坐禅しておるところへ、尼僧さんが笠をかぶって錫杖《しゃくじょう》をついたなりでやって来て、そのままグルグルと三遍和尚のぐるりを回って、何とも言わん。そうして「言い得ば笠を取らん」ちょっと日本の畳の上ではおかしいけれども、シナではみな敷瓦にまるい坐蒲《ざふ》をしている。坐禅してもお経を読んでも畳の上、床の上ということはない。堂はみなただ敷瓦。そこへ尼僧さんがずっと入って来て、グルッと三遍回って笠も取らん。倶胝和尚これを見て、「もう日が暮れるから泊っていったらどうじゃ」こう言うた。そこで尼僧さん「言い得ば留まらん」と。ところが和尚何とも答えができないものじゃから尼僧さんはすうっとそこから出て行ってしまった。倶胝和尚恥かしい話じゃ。あんな尼僧にまでバカにされてはつまらない。出家として申訳けがない。早速修行に出ようと支度をしたその晩に、その寺の護法神たる鎮守《ちんじゅ》さまが現われて「よそへ行くな、今に生仏《いきぼとけ》さまが来てお前を導いてくれるからここにおれ」といわれた。間もなく天龍《てんりゅう》和尚がやってきた。倶胝和尚は「実はこういうわけで尼僧さんにまでバカにされるしまつで、まことに恥かしい、どうかして出家の本旨を遂げたいと思うが、どうしたら悟りが開けますか、どうしたならば自性《じしょう》を識得できましょうか」とたずねた。そのとき天龍和尚、ずっとただ指一本を立てた。倶胝和尚これを見てガラッと悟った。

わしはよくいう、徳は天地の光陰にまさる。それじゃから徳を積まないでは何もできない。徳がなくては行《おこな》いができない。後々あまり徳が盛んになり過ぎて、お釈迦さまの余徳ばかりをもらって、お釈迦さまの真の慈悲の結晶を失ってきた。それでインドでも大きな伽藍《がらん》なんか残っても、ほんとうの仏の教えは残らん。日本でもそんなものじゃ。大きな伽藍だけは今でもあっちこっち残っているが……。

わしは毎日いうておる。普通の人ならば自分が安心立命《あんじんりゅうみょう》すればよい。何も坐禅に限ることはない。あの真宗の上品上生《じょうぼんじょうしょう》・上品中生《ちゅうしょう》・上品下生《げしょう》・中品《ちゅうぼん》上生・中品中生・中品下生・下品《げぼん》上生・下品中生・下品下生の九品《くほん》の弥陀《みだ》、親鸞聖人《しんらんしょうにん》の説かれた下品下生の弥陀の本願に、ほんとうに安心して、それで心に迷いがなくなって日常の行事を行うていくならばそれでよい。キリスト教の天国と地獄とだけでもよい。どこまでも天界に生ずるよう地獄へは落ちないようにと、悪いことをせず、心に煩《わずら》いもない、ほんとうに安心ができればそれでもよい。そのかわり因果を味《くら》ますことはできん、悪いことをすれば悪い酬《むく》いが来る、それればかりではない、ちょっとでも心で作る罪、陰で作る罪がまた重い。それじゃから貪瞋癡これを三毒という。この心の中の罪もないようにきれいになって、観音さまのように誰にでも親しまれるようにならなければ、どんないいことをいうても、どんないいことを話しても、あの坊主といって、だれも喜んで聞いてくれはせん。

懈怠《けだい》の者は明日を期《ご》すということがある。まあいいわ、明日があるわ、今年いかなんだら来年という。それを懈怠の衆生という。何でも先へ送っていく。仕事を取残していくのじゃ。夏のうちに洗濯して冬に備える。それを冬の物を洗濯したり、夏になってきて夏の物を洗濯したりしていては、何もかも垢がついて腐ってしまう。取越し苦労じゃない。取越して行《ぎょう》がなっていくのじゃ。苦労せんようにサッサと――明日のことは今日、一年の計りごとは元旦というように、すべてをやっていけばいい。

わしらは飯食《めしく》うまでせっかちで困る。これは悪いことと知っておるけれども、時間が惜しくて――。人が「老師さん、おひまじゃろう、退屈じゃろう」という。バカ野郎、退屈するようなひまなんて人間あるものじゃない。退屈どころか、時間がなくてなくて、ご飯でもサッサと食べんと……わしのようなずるけ者でもそれくらいに思っている。一炷《いっちゅう》の時間でも措しい。一寸《いっすん》の光陰軽《こういんかろ》んずべからずというが　何が大切じゃというても人間はこの体、この時間、この性根玉が大切、いくら力があっても、智慧があっても学問があっても、なまけてかんじんの性根玉が一つ狂うたらみんなそれが毒になってしまう。

最明寺時頼《さいみょうじときより》がいうておる。「心こそ心迷わす心なれ心に心心許すな」。この心を、自由自在に使っていくのが修行じゃ。よく人は心配するなというが、心配せにゃいかん。心の配《くば》りかたの下手《へた》なやつが、世の落伍者となってしまう。心を配らぬから人との仲が悪くなったり、きらわれたりして、そうして一生慈眼《じげん》大師の描いた幽霊みたいになって暮していくことになる。身はどんな金殿玉楼《きんでんぎょくろう》に住んでおっても、心が定まらないと、どうにもならぬのである。

妙心の関山国師《かんざんこくし》でも、家が腐って屋根が漏るから、屋根の漏るのだけでも止めてやろうといって、信州の高梨《たかなし》の自分の親戚の人が来たら叩き出しておる。白隠さまだって一生あれだけの大徳で、食べ物といったら、小僧が味噌汁を持って行ったらお椀の中に蛆虫《うじむし》が泳いでおる。何も中へ入れる物もないから、沸《わ》かさなくても水でといてくれればいい。それで虫が泳いでおる。虫はちょっと水をまぜてやっておくと這《は》い出していくから、それから食べりゃいい。それくらいの生活しておった。今日のわしはまったくもったいない。人がいろいろ食べる物など下さるので、ありがた過ぎる。昔の人は水一滴使うても子孫のためというて、水一杓使うても半杓はあとへ戻したというくらいに、みな徳をあとに残した。

石川いしえさん、地蔵さまの願によって、五十万書くという。一万書くだけでも大変なものじゃが、五十万とは驚く。もう二十余年かかって四十九万体できて、来年は満願じゃという。わしの師匠の師匠、後大徳の管長になられた日多窟伽山《にったくつがざん》老師、四つのときに自分の前生《ぜんしょう》をすっかり感得して、そうして壱岐《いき》の国へ行って自分の前生の墓詣りにも行った。そうして人間は生れ変るということを確認して、理趣分《りしゅぶん》三千、金剛経三万六千巻、まず百年生きるとして三万六千日、これだけは願として早く読み終って、それからお札《ふだ》を書かれた。わしも一枚もらっておったがだれかにくれたか、なくなりました。大徳の管長で生き仏みたいに崇められた。宮崎という友だちが淀におって骨董屋をしていた。そのおじいさまは変った人で、太陽のおかげで人間が生きていくのじゃから、笠をかぶったりするのはもったいないというて、禿頭でどんなカンカン照る日でも歩いていた。死んだら円福寺の山へ埋めてくれ、石塔も建てるな、木の生枝を持ってきて挿したりしてはいかん、何かしるしがいるなら、枯枝でも拾うて挿《さ》しておけ、というかわり者であった。日多窟が「わしもいよいよ命尽きたから、今日はあなたにお別れに来た」というて円福寺へ来て、帰りに淀へ寄って、「わしもここのじいさんの世話になったが、いよいよわしもこれで衆縁尽きたから、これでお別れじゃ」というて、大徳寺へ帰って遷化《せんげ》された。人間は釈迦のあの前生経にもある通り、誓願をおこさねばならぬ。必ず生れかわってきて、仏教を興隆するという願を起すのが仏徒じゃ。今日石川さんも五十万書くというて、四十七万か八万書いて、持って来たという、いい願です。

わしは臘八《ろうはち》も三十回もやっておるが、お前らのように利口でなし、目は悪いし、体は悪い、頭は悪いしするから、人が十日ですることが百日も二百日もかかる。語《ご》を一つつけるというても意地の悪いものでいうてくれはせんから論語《ろんご》をひろげて見たり、中庸《ちゅうよう》をひろげて見たり、詩経《しきょう》をひろげて見たり、ある場合には虚堂《きどう》録《ろく》をひろげて見たり、一つ語をつけるのに半年くらいかかったことがたくさんある。そういうわけでほんとうに人の百倍の苦労をした。けれども体を苦しめることは決していとわなんだ。だから日供《にっく》にでもわしは一番遠いところへやってもらった。それでどうやら今日こうして、寝てばかりおって、こんな偉そうなことをいうたりして、どうもこれで接心《せっしん》もおしまいである。みんな今晩はゆったりと風呂にでも入って、そうして明日はほんとうの成道会《じょうどうえ》をしていただく。どうぞシンから嘘のないように、真実のうちに真実をもって、りくつでも何でもなく、ほんとうに気持がよかったというようにして、帰っていただくように、特に頼んでおきます。

新興宗教などで、金ができるとか、病気がなおるとか、こんなことが、ついてまわってくる。そんな不道理があるものじゃない。どんな人でも病気するようにすれば病気するし、貧乏するようにすれば貧乏になる。財政に豊かになるにはそれだけ努力する。長生きする人は長生きするように、すべて節度をまもっているから、人より倍も長生きする。まあ長生きしたければ長生きするような方法に、金持になりたければ金持になるような方法に、人に喜こばれたければ人に喜こばれるような方法に、人間として社会に立っていくようにせねばならない。——一朝一夕に、豆を植えて稲生ぜずじゃ。ちゃんと常に心がけて種をまいて、それを手入れしていかなければならぬ。油断すると害虫がつく。種切れにならぬように毎日種をまいて、毎日それをずっと手入れをしていく。今日一日。今日一日。どこまでいってもずっと今日一日じゃ。今日一日じゃ。

釈迦如来も決してうそはいわれない。歴代の祖師方もうそをいう方ではない。雲居《うんご》さまあたりでも、心賊《ぞく》防ぎがたしというておいでになる。自分を欺《あざむ》いたというのじゃ。それはどろぼうに金を渡すはなしじゃが、本地《ほんじ》本三郎《もとさぶろう》というどろぼうを三方《みかた》が原で押えた。そのときに、ふんどしに金を、昔の小判で二枚か三枚しりばさんでおったが知らん顔で、どろぼうも笑い、自分も笑って別れたが「自分で自分を欺いて申しわけない」といって、どろぼうをよんで「実はこういうわけで、申しわけない、おれはこうやって、金をこれだけここに隠して持っておった、これをお前取っておいてくれ」といって、その金をどろぼうにやった、それくらいのものじゃ。そうしたらどろぼうは非常に感心して、とうとう上州までついていって、「私は人相書がまわっておって、普通では歩けん人間です。あなたの供をさしてくれ」といって、供をして上州の日向山《ひなたやま》へ行って「私は坐禅なんて、とてもできません、業《ごう》が深うて悟れませんが、せめてここで念仏をさしてもらいます」といって念仏行者になった。その跡には本地本三郎の塔が建っておるということじゃ。わしも一ぺんぜひ行ってきたいと思っている。祖師方はそんなものじゃ。決して自分のために生きておるのでもなければ、食べておるのでもない。どうかして人多き人の人あるその中で、人人となれ人人となれじゃ。本当に一箇半箇でも勝縁を結ばしていただきたい。

どんな事があったって善因善果、悪因悪果、逃れることはできぬ。死んだらそれで済んだと思うが、それは灰になったものは土になるし、骨の残りはいけておけば土になるじゃろう、地《ち》風《ふう》火《か》水《すい》の本《もと》にそれは帰っていくけれども今の今までウソをついたり、勝手なことを考えたり、人に迷惑をかけたりした、その業は土にも灰にも入っていかぬ。消えてもいかぬ。それは三明六通《さんみょうろくつう》という眼がないものじゃから、暗かったら向うが見えん。障子一つ隔《へだ》ったら向うの見えない眼をもっていて、それでありながら何もかも見えておるように思っているに過ぎん。

徳を積むということは中々できない。徳は天地の光陰にまさるというくらいのもので、徳がなかったらあかん。シナの三国史を読んでみてもわかる。張飛《ちょうひ》とか曹操《そうそう》とかいう武将は戦争するというたら、百万の兵でも自由に使う、太宗《たいそう》皇帝は三万の兵隊も活かしてよう使わんけれども、四百年の間世を豊かに治めるだけの徳を備えておった。いつになっても人間の徳というものがなければ、どんないいことを覚《おぼ》えても、なんぼ学問をして物知りになっても、智慧があっても、ちょうど痩せた畑に種をまいたようなもので、花もろくな花が咲かず、実もろくな実のりがつかない。

あの人は大臣長官じゃといえば、ああなるほどあの人は偉い人じゃとすぐに思うものであるが、ほんとうにはそう偉くないものじゃ。ほんとうに偉かったら、日本でも、今日のような苦労はないはずである。あっちからも、こっちからも、賠償金をとられ、国を削られ、海までとられている。こんなことは偉い人がいなかったからじゃ。ほんとうに偉い人ならば戦争なんてしやせん。けんかなんぞするというのは人物が小さい。仏教ではけんかをしたり、人とたたき合うたりするやつを修羅道《しゅらどう》という。人間の仲間でも、何ぞといったらじき戦いを好むものがいる。これは修羅道の人間である。鶏などは、大きなしゃもと小さいちゃぼとを一緒の場所に入れておくと、どんな弱い小ちゃなちゃぼでも初めから逃げはせんわ。ぱっとやられたらすぐ死ぬような小さいちゃぼの分際でも、一ぺんは首すじの毛を立ててけんかにかかっていく。必ずけんかせねば承知しない。ああいう動物を修羅道のものという。人間でもそうじゃ、じきにけんか腰になるものがいる。外交でもけんかしたら負けじゃ。ほんとうにわれわれの頼りにしている人同士が出会うと、いつでもけんか腰で摑みあいになって、そしてたまに出会えば、新聞にも珍しそうに書いたりする。そういう人たちが、自分を少し引き下げて、相手の長所長所を認めあって、お互いが助け合って世の中をやってくれれば円滑にいくのじゃが……生きた宗教なんてそこなんじゃ。

どうしたって、ほんとうの道理を踏みはずして、人間が生きていくことはできん。この宇宙と針の先ほどでも離れたら、吸いぬかれてしまう。カマイタチというやつがある。田舎へいくと秋に多く起るが、あれは龍巻《たつまき》の小さいようなものじゃ。飛行機で飛んでおっても、エアーポケットというとぱっと穴へ当ったと思うたら、空気の抜けた空底へ、飛行機はどっと一ぺんに何百メートルも下へ落ちる。われわれ、きちんと毛の先ほども離れずにその中に落ちる。地球の上だけではない。宇宙間一点滴もゆるがせにならん。ラジオでも、電信でも、電力がいくらあっても、これがちょっと故障があれば用をなさん。雷が鳴ると、蚊帳《かや》をかぶったり、布団をかぶったりする。暗中の疑心神視電《ぎしんしんしでん》のごとく、暗中の欺心神聴雷《ぎしんしんちょうらい》のごとく、と。暗《くら》やみに布団をかぶって、自分と自分の心を欺いてみても、神視電《しんしでん》のごとく自然に通じるから、ごまかしようがない。

わたしどもの宗旨でも、言相《ごんそう》ということをいう。法相宗《ほっそうしゅう》などは言葉で一切を明白にしておる。勝鬘経《しょうまんぎょう》というお経を根底として、言葉で一切を明白にしておる。奈良の法隆寺《ほうりゅうじ》の宗旨が法相宗で、亡くなった佐伯定胤《さえきじょういん》さんなどはその道の学者じゃ。言相といって大そう詳しいものがある。雀が鳴いておっても、あれはどう鳴いておる、あれは物が欲しいと鳴いておるか、腹が減って鳴いておるか、子供をたずねて鳴いておるとか、雀が鳴く声をきいても、そのことばがちゃんとわかる。そういうまたひとつの学問もある。言相は、勝鬘経が基《もと》で、仏教の音声学でもある。

人間世界をどうしたらお互いに仲よく暮せるか。戦争をしたり、喧嘩をしたり、いがみ合ったり、裁判所へ行ったり、監獄へ入れたり、そんなことのないようにしたい。どうかして半箇でもほんとうの柔順な人間を作っていかねばならん。ここに出家の本旨がある。ほんとうの出家って何じゃというたら、今いう三毒五欲の世界を飛び出して社会をいいところにしていくことにある。衆人みな濁《にご》れりわれ独り澄《す》めり、衆人みな酔《よ》えりわれ独り覚《さ》めたり、というような者になっていく、それが羅漢《らかん》の境である。

諏訪では妙喜《みょうき》和尚、この方もえらい。何事でも三年でやった。琴をやっても、尺八を吹いても、鼓を打っても、何をやっても三年で覚《おぼ》えんものはなかった。そのうちで一番らくなのはばくちで、五十日で覚えた。そんなわけでどんなことでも自由自在。それくらいの人じゃけれども、信仰心はありはせんだ。それじゃから東海道の雲助《くもすけ》になって、ふんどしまで質に置いて裸でばくちぐらしをしておった。東京へ出てきてもばくちを打って「きんざらばくち」というて、金を並べておいて取引する大ばくちのもとへ行って、そこのばくちの金をみなとってしまった。それから吉原へ行く、しまいには女郎の文書《ふみがき》をして、どうぞ千円の月給で吉原の文書をしてくれとたのまれた。それが願人《がんにん》坊主になった。そうしたら人相観《み》が顔を見て「大将、お前さんはこんなところにいる人じゃない。卓州《たくしゅう》さまという大徳な人がある、そこへ行って坐禅をしなされ」といった。願人踊りといって、からかさを持って踊ったりした、そんなことまでした。それから卓州さまのところへ行って、そうして今の願王さまについて、ああいう立派な人になった。後に諏訪の龍門山《りゅうもんざん》にあって龍門の夜話《よばなし》というものを書いておる。あれを読んでみるがよい。それぐらいの人で、何でも三年で覚えたけれども、坐禅だけは二十年かかった。

わしが隠侍《いんじ》をさしてもらった吹毛軒《すいもうけん》という人など、息をはくと三間くらい向うに置いてある鐘がコーンと鳴りよった。伊予の龍潭寺《りょうたんじ》という寺で非常に長生きしてござった。「真言宗の坊さんは火を伏《ふ》せることを知っておるが、禅宗坊主くらい大飯は食らうけれども、芸のないものはない」といわれて、「そうでございますか」というておられた。庭の草を取りよって、釣鐘の下へ来てズーッと息をやると釣鐘がゴーン……。声も何も出しゃせん。人間の威力というものはそんなものじゃ。わしが土佐におるときに、月夜の晩に、長曾我部元《ちょうそかべもと》親《ちか》の墓所があるのじゃが、縁《ふち》に坐禅しておって、表からはいって来たやつを一喝《いっかつ》したら、さあピタッと腰が抜けた。グニャグニャしてどうしても立つことも言うこともようできん。こんなことが二度ある。松蔭寺《しょういんじ》でも一度ある。それは理くつじゃない。みな禅定力《ぜんじょうりき》から出る力じゃ。

道理に明らかでない仏法は、三文の値打もない。道理に明らかで、自分に徳があったら、もう、かたきになってくる者がない、害を加えてくる者がない。どんな悪人でも、強盗する者でも、雲居《うんご》さまの履歴を読んでもあの通り本地本三郎みたいな、あんな強盗でも悪を払いおとす。弘法《こうぼう》さまでもあの通り、サルが食事を持ってきて供養した。雲居さまでも、熊が毎日食事を持って来た。弘法さまのところへ来たサルが来ないので、サルの通った道を追うて行ってみたら、山芋を掘って持ってこようと思って掘りよって、そのつぼに頭を突っ込んで、出ることができんようになって死んでおった。いまでも御室《おむろ》では、そのサルの供養をやっておる。正受老人《しょうじゅろうじん》でも、狼が出て頭の上をパッと越えたり、鼻先で突ついたりしよる。しまいにはしっぽで蚊《か》を払ってくれた。人間だけじゃない。動物でもわかる。人の精神、心の持ち方というものは、大切なものである。

わしはずいぶん大会《だいえ》などに行って、大勢の坊さんが、五百人も、七百人もの中に交って坐ったが、それには徳がない。いくら願心があったって、カニに爪がないようなもので、体は弱いし、願心があったって、カニに爪がなければコロコロしておると同じことじゃ。けれども何か一つ見出すところがある。そのかわり偉そうな顔なんかしたことはない。ここへ来た時分でもそうじゃ。あなたどうして来た。いや、それはね、人間の世界はお互いに竹の丸木橋を渡るようなもので、ちょっと踏みすべりゃ、どこへ落ち込むやらわからん、わしは半片輪どころかまるで片輪な人間で、世の中の竹の丸木橋を人は這って渡るのじゃけれども、わしはのたくって渡る覚悟できたといった。われわれは托鉢《たくはつ》をして信施《しんせ》をいただく。みなその信施物を食って一日半日を無為《むい》に過《すご》すならば、地獄へ行くよりほかに途《みち》はない。わしがいま自分の行いもできないけれども、自分が信じて疑わんところを話している。

法を護《まも》るのには、すべて願心がいる。初めから何もわかった人はない。難行苦行、積功累徳《しゃっくるいとく》、お釈迦さまは瓦を糸で編むようにしてまで苦労された。われわれもその覚悟がなくては、とうてい法を護持していくことはできん。ただ衣食住のためにばかり苦しむのでは、せっかく白隠の道場に来て白隠さまにあい済まん。祖師方にも済まんことじゃから、一日作《な》さざれば一日食《く》らわずじゃし、本を見んならん、いろいろ勉強もせんならず、物も知らねばならんけれども、第一が見性《けんしょう》じゃ。見性さえすれば文字や文章の入り組んだことでも見ればちゃんとわかってくる。毎日わしの提唱《ていしょう》を聴いたり、みな真剣になって骨折っておるけれども、この上とも走り馬にも鞭《むち》打って、ひとつしっかりやって、どうか祖師に恥じないように、龍沢寺におったという坊さんになってもらいたい。

わしがここへ来てまだ七十にならんころじゃろう。ちょうど今ごろ、風呂に行っていたら、犬がワンワンほえておる。何かと思って行ってみたら、カマキリが犬と喧嘩しておる。あの小さなカマキリ、犬にちょいと踏まれれば死んでしまうやつが、犬がワンワンといってもカマキリがバッとやると、犬があとへ引っ込んで逃げていく。あれを見てわしはほんとうに、人間もここじゃと思った。ところが、この間うちも机の上に大きなカマキリがおる。あのカマキリのために、前に奮発心を起したことがあるが、またそのカマキリが机の上におる。これはまだまだわしも修行しなければならん。もう一奮発やれということじゃと思って、また元気を出していかなければと思った。

お釈迦さまでも、あんな危ない花の上に坐っておりはせん。インドへ行くと大きな蓮がある。池の中に実にきれいな花が咲いている。心もそうじゃ、わしが毎度いうように、水晶のいい玉を泥の中へ入れて、ちょっと物がついておっても、水一杓注《そそ》げば透明な玉になる。人間でも心を汚したと思ったら、南無《なむ》阿弥陀仏《あみだぶつ》、南無《なむ》観世音菩薩《かんぜおんぼさつ》と、ちょうど水をかけて水晶を洗うようにすれば、またきれいな元へ戻る。

看経看教《かんきんかんきょう》もまたこれ地獄の造業《ぞうごう》というて、昔から名僧とかあるいは学匠《がくしょう》という方はお経など読まん。愚僧は、お経を読む。あの坊さんはよくお経を読むというたら愚僧にきまっておる。愚僧がいいです。南無妙法《なむみょうほう》蓮華経《れんげきょう》でもいいわ。その自分の耳に入る一声、一瞬の間でも心を清浄にしていくということが、大変な功徳になる。

わしはどこへ行っても何もできんから、飯炊《めした》きばかりさしてもらったのじゃが、一粒米を流すことがあっても、ズーンとするくらいでなけりゃいかん。飯炊きしておって、人間、ご飯を椀《わん》についで自分から食べるようなことではだめじゃぜ。おひつの洗い落し、釜《かま》の洗い落し、釜の汁の洗い落し、杓子《しゃくし》の洗い落し、何やかや食べておったらいい飯なんて食えやせんわ。自分から飯炊いて、白い飯でも麦飯《むぎめし》でも自分の杓へ入れてついで食うておるようなことでは、どだい三年飯炊きしても、十年飯炊きしても、徳を損じて身を失うことになるけれども、徳は積めない。

人間には一種の業《ごう》というものがある。その業をにわかに今ここで息を引き取る場合になって――鳥のまさに死なんとするやその声悲し、人のまさに死なんとするやその言《こと》ぞよし、とあるけれども、その場になって、ああ悪かったと思えば、思わんよりはよかろうけれども、悪かった、どうしよう、今さら申しわけないと思うだけでは、積んだ業はなかなか消えん。だから平生《へいぜい》に気をつけて、悪業《あくごう》をしりぞける。衆善奉行《しゅぜんぶぎょう》・諸悪莫作《しょあくまくさ》、少しの善行でも行いたてまつって、少しでも人に迷惑をかけんようにし、紙切れ一つでも感謝の念を払う。そのようにして善業《ぜんごう》を積んでいく。念起るこれ病い、嗣《つ》がざるこれ薬というが、悪い念をちょっとでも起す、――憎しみを起したり、人の悪いことをちょっとでも思ったりしても、ああ申しわけないと、その場その場で反省《はんしょう》する。人間じゃから、あいつはきらいなやつじゃと思っても、その場であやまっておくんじゃ。死にしなの今になってあやまっても、それはあやまらんよりはいいけれども、死に際《ぎわ》に何ぼうまいことというてみたところで、もう取り返しがつかん。平生の心得というものが非常に大切じゃ。

随所に主《あるじ》となるというのは、自分が主人になって何事でも成就するように、何事でも物がなり上るようにしていくのが随処に主となるということ。随処に主となるというて自分がその場その場の大将になっていくようにたいがい思う。家の主人だけが主じゃない。われわれ修行者は、だれが大将になっておってもかまわん。日本人なら日本に生れたものが、日本の主《あるじ》となって日本が成り立つ。龍沢寺なら龍沢寺の住職をだれがしておってもかまいはせん。ここにおる限りは、どこのだれが来て見ても、龍沢寺さんは端《はし》から端までどこを見ても掃除もきれいにできておる、便所へ入ってみてもどこへ行ってみてもきれいにできておる。こういうように自分が先に立ってやっていくのが随処に主となるんじゃ。戦争しても大ぜいの兵隊を使って、それぞれ特長を持っておるのを、みな生かしていくところに主《あるじ》の責任がある。大久保彦左衛門《おおくぼひこざえもん》などは、しまいには知行《ちぎょう》をやろうといっても要《い》らないといって辞退した。戦争しておるときに強いかというと、必ずしもむやみに強くない。霧隠才蔵《きりがくれさいぞう》の名を聞いても逃げた。逃げるときには逃げる。一生懸命になって逃げる。逃げておって随処に主となっている。講談でもいうておるが、まったく十六の年から戦争ばかりしてきたけれども、逃げるときには逃げるのが上手《じょうず》じゃ、知行をやろうというたら要らないという。それで児孫がまたほしいときがあろう、児孫のためにもろうておいたらいいじゃないかというたら、いや、児孫は児孫で働くから児孫のためにも要らんといってもらわない。それで随処に主となっている。

瓢鯰問答

NHK「朝の訪問」で東大教授檜山義夫《ひやまよしお》氏との対談、一九五九年六月十日放送せられたものをテープレコーダーに収め置いたものであります。

檜山　お早うございます。
　あの初めてお目にかかりますが、お歳は九十四とか伺ったんですが、大へんお元気で、お見受けしたところお顔色のいろつやといい大変、お元気でいらっしゃいますが。

老師　いやまあ、九十四としちゃ、そのまだまだもっと元気な人が沢山でもありますけんど。

檜山　あのう、禅宗の坊さんというのは、皆さん御長命の方が多いんでしょうか。

老師　なに禅宗の坊さん？　長生きするもんか。いやそりゃいちがいにいきませんね。やっぱり何でもええものはね。ええものはお魚を飼っても、金魚を飼ってもええのはまず死ぬ。人間でもあまりあとへ残る奴はね、くずが残る。

檜山　いやそうとも言えないでしょう。

老師　いやそうだい。

檜山　何か特別に、何とゆうか、御養生《ようじょう》とか何とかいうことを、なさってますか。

老師　いやしませんね別に、まあその長生きの方法をどうかと、よく聞いてくれる人がありますけどね、それはその、ただ食物ばかりでもなし、それから境《きょう》といって居るところにもよるものでもないですね。精神の一番、心の調和と何かこう共に相《あい》応じて行かんとゆうと長く保つことが出来ない。第一にこの人間は心得方ですね。心づかいという事がある。心遣《づか》いですね。人間は承知のとおり感情の動物じゃからね、感情の……。心を痛めるということがもう人間の一番の寿命にも毒。すべて毒ですね。心を痛めんように心を生かして使ってゆく。よく心配するなというでしょう。そうじゃない、心配せにゃいかんのじゃ。心配ということは心配《こころくば》りということじゃろう。心配りを自由自在にして、そしてちょっとも滞《とどこお》りなく、なるだけ人の気を傷《いた》めたりせんように行けば、人の気を傷めるということは、やっぱりあとで自分の気を傷めますからね。やっぱりそういうわけのもんで……。

檜山　ええ、老師のお書きになった、そのひょうたんとなまずの絵を拝見したんですが、ひょうたんとなまずが一緒にあるというのは、どういう意味なんでしょう。

老師　いや、それはどうということはないんじゃけれどね、まあ、なまずのようなのらくらした気でも、外から見たらね。あれ自分としてはなかなか用心深いところもあるし、それから、そのすまいにもちゃんと何のあるところならきちっとした住いにも入ってるんですが、なまずのあの長いひげがあるでしょう。あれですべての、何をはかって行くんじゃ、はなひげで。あれでどういうものが来るとか、あるいは何が来るとか、濁《にご》った水が来るとかいう事はあのひげでやって行くんじゃ。あれがなまずの一番の、その我々の耳と一緒で……。

檜山　そこは私も知ってるんですが、あとそのひょうたんはどういう意味ですか。

老師　まあ、ひょうたんで抑《おさ》えてゆくぐらいの気持で世の中渡って行くんじゃね。……ひょうたんでなまずをおさえるような気持で世の中を渡って行くんじゃね。とてもきちっときまったということは、どんなきまったこと、いうたとこで長う百年続くことはないね。

檜山　人間のしてることはね……。

老師　日本の憲法だとか法律だというて、動かすことが出来ないとこさえても、もう十年か二十年でまた改正せにゃならん。世界の、全世界の事でもですね、もうこの間敵であったところを急に仲よくなったり仲がえと思うところで、わずかの利害で殺し合いどころじゃない、国の取り合いもすると、こういうふうでしょう。われわれの目から見ると、われわれこの禅宗坊主になると宇宙が精神じゃからに、宇宙を自分の精神として、宇宙をでっせ。それを宗教から言うというと、胎蔵界《たいぞうかい》ともいうたりいろいろいう。宇宙を自分の体とし、宇宙を心として、だからその中に日月星辰《にちげっせいしん》ね、森羅万象《しんらばんしょう》という何もかもある。我々の地球もあれば　二十億年もたたないと我々の地球まで光の来んような向うに世界もあるでしょう。そういうわけじゃから、その何ですね、これできまったということはないんじゃ。出来ないんじゃね。その中にわれわれはこの小さい地球の中で、押し合いして住んでるんじゃ。まあそれで、何事もきちっときまることは、ひょうたんでなまずを押えるような気持で、それりぁ人に奨《すす》めることじゃないね。自分でやって行くこっちゃ。

檜山　ずるいですね。御自分だけじゃ。

老師　教えたってやらぁせんねアハ……。

檜山　そうですかアハ……。

お話は違いますが、アメリカあたりじゃ禅に対して大へん一般の人が関心を持ってですね、これは鈴木《すずき》大拙《だいせつ》先生なんかの英語の力なんかもあるんでしょうが、大へん禅が、むしろ外国にひろまっている。これはまあ外国にとれば新興宗教かも知れませんが、けど日本で勿論、大ぜいの方は勿論外国以上に関心を持ってらっしゃることでしょうが、非常に外国で拡まっているっていうことは、どういうことです。

老師　日本でも大ぜいの中に、沢山の中に、持って行けば一部分じゃからね。外国でも日本へああして私とこへまでも三年も来とる、フランスからも来とる、いやウィーンからも来とる、アメリカからももう戦前から、代り代り殆《ほと》んど誰がというて来とらんことはない。皆学問をしてね。十分学問をし、したら、宗教に関する書物も読んで、どうしても坐禅をして自分に承知をせんと、聞いたことでは、どうしても承知が出来んから、それにはまあ日本に来んと師匠になるものがない。それで日本に訪ねて来る。この禅はもともと極致《ごくち》の人でないとあまりやらない。昔でも。

檜山　極致の人というと？。

老師　極致というと、理極《りきわ》まり、事《じ》極まり、理究《きわ》め究め尽《つく》して、物の道理を究め尽してって、もう大極無極《たいごくむごく》ということがあるんじゃ。そこまで行くというと、どうしても自分が承知して、人の言うたことでは承知出来んことが出来てくる。

檜山　それは分ります。まあ私の商売なんてのは、物事の理窟《りくつ》を極めようというのが商売なんですがね。それも結局人間という、私という目を通していろいろ森羅万象、まあ森羅万象なんて大きく全部をやりませんがね、まあその専門のところの理を尋ねて行くっていう仕事をやってますが、やっぱりそれも人様がやってた事ぢゃ納得が出来ないで、自分自身でためしてみて、それでそうなって始めて納得がゆくってことをやってますが……。

老師　究め来り、究め去るべしでね。

檜山　それでまた誰でもが、そう思うという事が一番正しいという事だというふうに、私共の方ではやってますがね。

老師　誰でも一番出来ることで、誰にでも出来ない事がある。一番出来ん事は自分の性根《しょうね》を自分に、性根玉《しょうねだま》を、自分に承知するんじゃからね。「磨《みが》いたら磨いただけの光あり、性根玉でも何の玉でも」という、古人の何があるな……。

檜山　いやどうも、なかなか人間の心というものが我々には一番分らないもんでね。

老師 だから「心こそ心迷わす心なれ心に心心許すな」（くりかえし）これはあの北条時頼《ほうじょうときより》じゃ、最明寺入道《さいみょうじにゅうどう》……、心に皆迷わされる。好き嫌い。好き好き、嫌い嫌いね。あの感情。意馬心猿《いましんえん》ともいうとる。心という奴はもう、丁度、猿の梢《こずえ》をもう今ちょっとこういうて居ると、もうこっちの……こうとりとめのない心じゃ。まあそんなものじゃよ。

檜山 ハア、いろいろとお話を伺《うかが》ってありがとうございます。あのお酒はどの位召し上られますか？

老師 だんだん減るね。

檜山 今一日どの位召し上りますか？

老師 まあ、どれ位飲むかな、まあ三合か四合じゃね。

檜山 ハア、そうですか。なかなか……。

老師 いやア、飲み居ったね。あの高田馬場《たかだのばば》でね。堀部安兵衛《ほりべやすべえ》が、あれあのマスに今でもありますね。あれに三杯飲んでね、そして仇《かたき》を打つのに。あのマスありますよ。わしもあれに一杯ついでグーッと飲み居ったがね。もう飲めんね。安兵衛はあれに三杯飲んだっていうがね、えらいもんだよ。もう飲めんハ……。

檜山 あの……お酒やタバコはいいんですか？

老師 ええ？

檜山 いや、あのその……。

老師 坊さん、坊さんかい？　ああ飲まれんのじゃ。

檜山 飲んじゃいけないんですか。

老師 ああ、それはもうお釈迦様が一番しまいに禁じとる。あのベンズル尊者って、あれ十六羅漢《じゅうろくらかん》のうちの第一じゃ。酒飲んで、途中で何しとって、……ひんせきされたんじゃ、それであの家に入らしてくれんから、家の外に居る。酒は禁じとる。

檜山　ええ、それでいいんですか、老師飲まれて?……。

老師　いやわしか、わしは親の意見をきくよな奴は、道楽仲間の面よごしっていうてなアハ……。

もっともね。戒律というものはお釈迦様が何した五百の戒行というほど戒律があるんじゃ。それは丁度、日本の憲法というような、きまった何か、そのうちでももっともやかましくいうのが、五つあるんじゃ、五戒というてな、五つあるんじゃ、そのうち酒を一番禁じとるんじゃ。それはまあいろいろ殺生《せっしょう》、偸盗《ちゅうとう》、邪淫《じゃいん》いろいろありますけれどね。食べるものでは一番酒を禁じとる。酒をな。酒をな。酒ぐらい人間を乱すものはない。けどもわしは今言うたように始めからその何じゃ。「親の意見を聞くよな奴は、道楽仲間の面よごし」というてな、道楽者の、もう総大将じゃから、お釈迦様などから、とうに見放されてしもうて居るアハ……。

檜山　ハ……いや、そう……ハ……。

老師　お釈迦様ばかりじゃない。世間からも見放されて居るハ……。

檜山　ハ……いやどうも長いことありがとうございました。

付　録

終戦詔勅と象徴の文字の由来

老大師は白隠古道場の師家《しけ》として、正法《しょうぼう》の久住《くじゅう》に、雲水《うんすい》の鉗鎚《けんつい》に、また一宗の管長として、禅風の高揚にお努めなされたことは申すまでもないことでありますが、わが国体の危機にさいしては、要路の大官に偉大な示唆《しさ》をお与えになったことが、一再ではないのであります。

参禅《さんぜん》とまではいかぬまでも、老大師を訪ねていろいろと示唆をうけた人はすくなくないのであります。終戦当時の首相鈴木《すずき》貫太郎《かんたろう》氏も、老大師に親しまれた一人であります。

終戦直前鈴木氏がお訪ねしたとき、老大師から「相撲で言えば日本は大関である、大関は大関らしく負けなきゃいかん。」また「忍《しの》びがたきを忍べ。」とさとされたのでありました。それが終戦の詔勅《しょうちょく》のお言葉になっていると言われます。また新憲法制定のとき、内閣書記官長であった楢橋渡《ならはしわたる》氏は老大師から、非常に大きな示唆をうけたことについて、左の如く発表されております。

新憲法制定のときにもこんな話がある。私が憲法改正委員会のまとめ役をしていて、そのときの主管大臣が松本烝治《まつもとじょうじ》博士であった。そのとき、憲法草案は、甲案、乙案の二案ができ上がっておって、甲案はどっちかというと保守的なもの、乙案は進歩的なものであった。どちらも日本人が作ったものだから日本の憲法である。その草案が大体においてでき上がったから、マッカーサー司令部のほうへ提出したら、拒否せられた。その前に、ちょうど正月だったか、マッカーサーのほうから私にガヴァメント・セクション――民政局のホイットニー局長、ケージス大佐、ハッセー中佐らが、天皇の問題で秘密裏に一ぺん話したいといってきた。それで東京でそんな会合をしては目立つから、大磯の滄浪閣《そうろうかく》で話をしようということになった。明治の元勲伊藤博文《いとうひろふみ》の別荘で、人の目につかないように夜間話をしようというので、あそこの庭で火をたきながら話し合った。

アメリカ側の要求としては、天皇を何とかのけるという憲法でいかんのか、という。それは、日本人は天皇を神さまだと思っているので、「天皇陛下万歳」といって平気で死んでいく。天皇の御稜威《みいず》を世界にあまねく光らさなければならんので、八紘一宇《はっこういちう》といって侵略する。それら全部の原因は天皇にあるので、天皇をのけて、ほんとうの人民主権の民主主義にしないと、日本が平和国家として世界から受け入れられる態勢はできない、天皇をのける方法は考えられないのかということであったから、それはだめだ、天皇をのけるということは、ミズリー艦上で無条件降伏したときも、日本の国体を尊重するということを条件として、全部武器を捨てているのであって、もし日本の天皇を抹殺して共和主義にでもするようなことをやったら、日本国民の間にたちまち問題が起ってくる、だから天皇をのけるというわけにはいかん。というとハッセー中佐が、自分はどうしてそういうことをいうかというと、いま極東委員会でソヴィエトを中心とする非常な強硬ブロックから、天皇をのけたものにしようという示唆的なものがあると聞いている、そういう空気が非常に強いとすると、マッカーサーのほうとしても困る、なぜかというと、マッカーサー司令部は極東委員会の監督をうけているから――。そういうことをいうからこちらは、もしそういうことをやるとすれば、日本国民が反乱を起こすか、マッカーサーに反抗すればそれを口実として、軍政を誤ったということでソヴィエトは北海道に進駐してくる、そういうことになれば、結局日本も二つに分離するから、マッカーサーも失敗したことになる。だから天皇の問題もそう簡単にいかん、というと、向うもそうだろう、しかし、どう天皇を処遇するのか、というのだ。

そのとき私の頭に浮かんだのは、山本玄峰老師に教えを受けようということだった。そこで、私にも案があるから四、五日回答を待ってくれといって、三島の龍沢寺へ連絡をとったら、長岡の温泉に行っているということだった。それですぐ自動車で長岡まで行ったところ、旅館のこたつの上に一升徳利を置いて老師はしゃがんでいたが、私が部屋へはいる瞬間に「天皇の問題で来たな。」といった、そして「わしは、天皇が下手に政治や政権に興味を持ったら、内部抗争が絶えないと思う。なぜかというと、天皇の詔勅《しょうちょく》を受けているんだとかいって、天皇の権力をかつぎまわって派閥抗争をする、だから天皇が一切政治から超然として、空に輝く太陽のごとくしておって、今度はその天皇の大御心《おおみこころ》を受けて真善美《しんぜんび》の政治をするということで、拳々《けんけん》身を慎んで政治をすることになれば、天皇がおられても、もっとりっぱな民主主義国ができるではないか、天皇は空に輝く象徴みたいなものだい。」といわれた。

私はそれで非常に感動してしまって、この案に限るということで、すぐ引き返して、司令部の連中に会った。そして「天皇は民族の象徴、主権は在民で、天皇は一切政治に関係しない、天皇は民族全体を象徴しているから政治を担任する者はその気持を受けているという形態がいい。」といったところ、それはいいことに気がついたというわけである。

そういうことが示唆となって、総司令部から出してきた新憲法に、天皇は民族の象徴にして、という名句ができ上がったと思っている。

向うでは、そんないい知恵はどこから出てきたかというから、日本の哲人がいったと話したことがある。私が憲法調査会で、いったいどうして突然いまの憲法ができたかということの証言を求められたことがある。なぜかというと、憲法会議の全部の責任者であったし、十三通の極東委員会に出す書類も、私が署名しているからである。そのときに証言して、その話をした。（「大法輪」昭和三十六年九月号）

このときのことは憲法調査会の三委員会報告書にも「象徴の文字の由来」について左のごとく記されています。

象徴たる地位に天皇を置くことによって、天皇制を存続せられた経緯は、憲法制定の経過に報告書の述べるところに譲ることとし、ここでは本条に於ける「象徴」の文字の由来について述べることとする。総司令部に於ける、いわゆるマッカーサー草案の起草に当たって、マッカーサー元帥が、みずからホイットニー民政局長に指示した、いわゆるマッカーサー・ノートの三原則の第一項には「天皇は国の元首の位置にある」と記されてあった「アット・ザ・ヘッド」とあるために、この用語は「元首」と訳すべきでなく、むしろ「国の首位にある」と訳すべきかも知れないとの見解もあるが、「佐藤達夫参考人・総四回三六頁」また「アット」の有無にかかわらず、意味は同一であるとの見解もある「細川隆元委員長・制定委一〇回四四頁」、いずれにせよここでは「ヘッド」という文字が用いられており「象徴」の文字が現われるのはマッカーサー草案においてである。

総司令部民政局に於けるマッカーサー草案の起草者たちが、何故に「ヘッド」を「象徴」に改めたかについて、当時内閣書記官長であった楢橋渡氏は、民政局のケーヂスおよびハッシーが、天皇はいっさいの政治の上に、太陽の如く超然として真善美の象徴であるべきであるという、山本玄峰老師の談話に非常に感動した事実があると述べているが「楢橋渡参考人、総五回二二頁以下三二頁」、この事実が象徴の文字の動機となったという証拠はないようである云々。（法律時報臨時増刊・憲法運用の実際）

老大師が、わが国最大の国難にさいして、要路の大官に偉大な示唆をお与えになりましたことは、かの元《げん》寇《こう》の役《えき》に無《む》学《がく》祖《そ》元《げん》禅師が要路者に示唆を与えられたのに酷似するものがあって、その影響するところは、はかり知ることのできぬ大きいものがあったと思われます。

井上日召氏の特別弁護

老大師が井上日召《いのうえにっしょう》氏のため、特別弁護にたたれたことは世人の最もよく知るところです。筆者は昭和三十七（一九六二）年一月氏を湘南の閑居《かんきょ》に訪《おとな》うこと二度、風雲児日召氏も今年喜寿、両眼は白内障、両耳は中耳炎のため鼓膜を切開し、軽い脳溢血《のういっけつ》で倒れたのち糖尿病のため米食を絶っておるという。それでも白《はく》髯《ぜん》をしごきながらぽつぽつと往事を語られる風貌のどこかに、志士日召氏のひらめきが感ぜられました。そして「この中から自由に引用せよ」と、氏の著『日召自伝』と『一人一殺』の二冊を拝借したのでありました。

氏は壮年のころ満洲にあって坐禅を修すること一年あまり、幾つかの公案《こうあん》も透過《とうか》し「唯心《ゆいしん》」という居士号《こじごう》をもらっておられたのです。大正十五（一九二六）年の某日、氏は建国会を脱会し、親しかった川上和尚を建長寺に訪ねて

私は人を相手にしていたので、失敗しました、人は当にならぬ、自分の発見した道は自分で実行すべきだと考えました、今日の日本を見渡すと余りにも嘘《ウソ》が充満している。先ずこの嘘の国日本を実《マコト》の国日本に建立して、然る後に世界を救うべきであるが、それには私は不徳無能すぎます、社会大衆の前に立って道を説くからには、少くとも大衆に信頼されるだけの徳が、自分自身になければ駄目だと思うのです。そこで一つ、徳を積みたいと思いますから、お世話して下さい。

という意を伝えられると、川上和尚は

そういう目的には鎌倉は駄目だ。色々な人間が鎌倉へ来て修行するが、皆、飾りにするばかりだ。貴方のような真剣な修行者の来る所ではない。貴方の修行するにふさわしい所が、日本に一ヵ所ある。そ

れは三島在の龍沢寺だ、そこでは、本当に托鉢しながら、一同真剣に修行してる、そこへ行きなさい。と親切に言ってくれた。そこで氏は早速《さっそく》龍沢寺へ行った。

「頼もう頼もう」

すると、丸顔の小僧が出て来た、来意を告げると、「今みんな托鉢に行って留守ですが、夕方には帰りますから、兎《と》に角《かく》お上がんなさい」というので、通された部屋で坐禅を組んで待っていた。

夕方、一人の和尚が来た。川上和尚から教わって来た旨を話し、寺において貰《もら》いたいと頼むと「此処《ここ》は俗人の来る処ではない、とても修行は勤まらないから、諦《あきら》めて帰るがよい」という。「折角《せっかく》来たのだから、是非おいて下さい」「駄目だ」。と押し問答の結果

「それでは、わしの上にもう一人和尚がいるから、帰って来たら相談してみる、わし一人では許らわれない」

ということになった。

夕飯に呼ばれて、一緒に食卓についた。そこには大坊主、小坊主が五六人いたが、私の隣のでかい坊主が、しきりに給仕接待してくれた。部屋に帰っていると、件《くだん》の大坊主がやって来た。何とこの人が龍沢寺の責任者宗舜《そうしゅん》和尚だったのだ。

「あんたの話は聞いたが、修行は専門の坊主でもなかなか仕切れない。あんたは学校へ行くなり何なりして、本を読む方が宜《よろ》しい、修行は断念しなさい」

と、矢張り受付けない。そこで

「私は命がけの決心でやって来たのです。困難ぐらいには驚きませんから、是非おいて戴《いただ》きたい」

と必死になって頼みこんだ。断られても断られても余り熱心に頼んだので宗舜和尚もさすがに心動されたと

見えて

「では、私の独断では決められないから、老師のおられる原の松蔭寺《しょういんじ》へ行って聞いて下さい。老師が宜しいと仰有《おっしゃ》れば、置いて上げることにしよう」

その夜は龍沢寺に泊めてもらい、翌朝、原へ出かけた。龍沢寺を出る時に、信玄袋を置き忘れた態にして来た。もし老師が引受けぬと云ったなら、信玄袋を取りに戻った、ということを手懸りに、もう一度談じこもうとの計画である。

松蔭寺に着くと、丁度昼時で、玄関から見える開け放しの部屋で、白のネルの筒袖を着た大坊主が食事している。取次ぎの者に、老師に面会したい旨を述べると、その大坊主の所へ通された。これが玄峰師その人である。私は、つぶさに自分の目的から、修行立志《しゅぎょうりっし》の動機、さては鎌倉のこと、龍沢寺のことなどを物語って、老師の承諾を懇願した。すると老師は、

「折角だが、置いて上げることは出来ない……」

とて、宗舜和尚と同じような意見を繰返す。更にひるまず、熱心に頼み入ると

「この寺には、食う物がないから駄目だ」

と老師は方向転換した。

「食う物がなければ乞食でもします」

「布団がないよ」

「ごろ寝します、どうか私を修行させて下さい、大徳について行を積みたい。そればかりです。何卒御承知願います」

しかし、老師はなかなか「ウン」と云わぬ。何とか言って拒絶する。私はそっぽを向いていて、老師の言

葉が一段落すると、私はまた猛烈に頼み込む――これを際限もなくやっていると、遂に老師は根負けして
「では、おいて上げることにしよう」

と承諾した。私は天にも昇る気持で
「有難うございます。そんなら、早速龍沢寺へ帰ります」

「待て、此処において上げよう」

「それは、なお有難いです」

と、望みの叶《かな》った嬉《うれ》しさの裡《うち》に、龍沢寺へ信玄袋を取りに行って来た。ここで修行生活が始まった。

続いて、氏が命ぜられた仕事のことなどくわしく承《うけたまわ》る。大根托鉢で荷車一杯の大根を挽いて松蔭寺へ帰る途中、車のわだちが大地へめり込んだのを、金剛力を出して引張ったはよいが、梶棒《かじぼう》を握ったまま正気を失ってしまったはなしなど、おもしろい。

かくて、昭和四（一九二九）年の四月ころ、かねてから同志の高井徳次郎氏が松蔭寺にやって来て「田中光顕伯が、君に相談があると言われる、ぜひ上京してくれ」とのことに、氏は松蔭寺を去るのであった。

この後における氏の行動は、ここに記するに及ばぬでしょう。玄峰老大師は氏のために特別弁護に起たれたのであります。昭和九（一九三四）年八月二十九日附、『東京朝日新聞』は

日召の死刑結構、魂の父は喝破《かっぱ》す
彼の心境を法廷で吐露すべく
蹶起《けっき》した玄峰老師

の見出しをつけ、左のように報じています。

「沼津電話」血盟団《けつめいだん》事件の井上日召が、魂の父として敬慕する名古屋の覚王山日暹寺《かくおうざんにっせんじ》兼静岡県北上村禅

宗龍沢寺住職山本玄峰師（六九）は、龍沢寺の病床に日召死刑の求刑を聞き「死刑結構、この求刑に彼は心から満足して居る筈《はず》だ」と喝破した。そして日召を援《たす》けるためではなく「極刑をも有難いと手を合せて拝受出来る彼れの現在の心相を法廷にブチまけるために」と堅《かた》く持して来た従来の心境を全く一変して、日召のために特別弁護人として出廷する決意をした。

師は今日まで幾度か特別弁護の件を懇望《こんぼう》されたが頑《がん》として動かず、両三日中角岡氏以下七弁護士が揃つてこの交渉にやつて来る事になつて居るが、老師は今日の求刑を聞くと同時に、全然別箇の意味から愈々《いよいよ》立ち上つたのである。

龍沢寺は御殿場《ごてんば》街道から爪先上《つまさきあが》りの山道を五丁、箱根の山ひだに深く抱かれて俗に「沢路の洞」と呼ばれる欝蒼《うっそう》たる森林地帯。「日召の事なら話したい」といつて老師は襟《えり》を正した。二十八日の黄昏時《たそがれどき》、一山百余の僧侶達の物静かな読経の声に混つてひぐらしの声が胸にしみ通るようだ。

大正十四年だつた、鎌倉の建長寺から手紙を貰つて松蔭寺へやつて来た日召は、真理を求めて放浪する憐れな放浪者に過ぎなかつた、キリスト教に走つて洗礼まで受けたが徹底出来ず、浄土宗、真宗、法華宗に求道して失敗した、そして松蔭寺では七八ヵ月も居たろう、それから例の護国堂に籠つて法華禅をやり、あの事件を起して入監した後も私の目には矢張りみじめな魂のルンペンとしか写らなかつた。

昨年十一月私が市ヵ谷に訪ねた時も私は「如何なる裁判を受けるも遺憾《いかん》の意を感ぜぬ所まで早く行きつけるよう」と呉々もいつて帰つた、その後ズッと手紙を寄せて居たが昨年十二月十日付の手紙から、その心境はガラリと変つて「漆桶打破青天白日《しっつうだはせいてんはくじつ》」を狂喜せんばかりに報じ、つひ先日の手紙には「真に打開の非なるを大悟し慾望雑念を霧消して絞首台の露と消ゆる」の悦びを報じて来た。

悟道《ごどう》といふものは声では分らない、俗に「水呑んで冷暖自知《れいなんじち》」と同様説明は出来ない、もしも彼が死刑を免《まぬが》れて後年機会を得て出て来た時、恐らく社会は彼を忘れ去つて居る事だろう、万一にも彼の悟道にひゞが入って醜《みにく》い事でもやつたら取返しがつかぬ、この際スッポリと死なした方が仏子としての彼は勿論、又社会への申訳も立たうといふものだ、ムゴい事をいふ坊主だと思はんかねアッハッハハ。

ただ私は日召という人間には、決して虚偽《うそ》のないといふ事だけは立証する、私の許《もと》に居る時「十年このまま過ぎたら日本は行詰《ゆきづま》るな」といふた事があつた、その時彼は「イヤ十年はおろかもう行詰つて居ます」といふて居た。

直情径行《ちょくじょうけいこう》、機謀術策《きぼうじゅっさく》といふやうな所の絶対にない男だが、どうしてあんな仕事をやつたのか、矢張り目的への執心があれまでやらせたのだな。

最近日召は九百枚からの獄中日記を私のもとへ送り、それと一緒にもう一度是非父に会つてくれといひ寄越した、上州奥利根の一寒村にある八十五の井上好人氏と八十一の母との身を思へば、いふべき言葉もないが、今の私に取つて大事中の大事はたゞ一つ日召の魂の問題だ、私も日召と共に死刑亦有難しだ、然し近く群馬に彼の父母を訪ねた上法廷に立つ考へである。

昭和九年（一九三四）九月十五日附『東京朝日新聞』は

日召の魂の父　けふ法廷に立つ
わしだけが判る　あれの心境
玄峰師きのう入京

と見出しをつけて左の記事があります。

血盟団事件の弁論は去る十一日から毎週火木土と隔日毎に行はれ来月上旬で終了の予定だが、その間にさきに許可された特別弁護人中静岡県三島町在龍沢寺住職山本玄峰師（日召の心の師）は今十五日いよく起つことになつた、尚、神宮奉賛会長今泉定介老は十八日に、日召の親友木島完之氏は十月六日に弁護することとなつてゐる、

×　×

日召魂の父山本玄峰師は静岡県田方郡北上村禅宗龍沢寺の山門を出て十四日午後二時二十九分東京駅着で上京した、三等車の中から托鉢僧然として下りた老師は角岡知良弁護士宅に立寄り、同夜は麻布乃木坂の内田孝蔵博士宅に落着いた、仏前の高座と所をかへて法廷に立たうとするその前夜山本師は白衣に珠数をつまぐりながら、

「別にいふ事もないのですよ、本人はもとから弁護士もいらんといふのですから……しかし私も多少の因縁があるからね、本人としてもとてもいふにいはれぬ立派な心境になつてゐる、これは言葉や筆では到底現はせぬええ境地、これを察しるものはわし位のものです、とても法官の方や弁護士の方ではあれ（日召）の本当の心境はわかりますまい」とキッパリいひ切る。

「どうせあなた死ぬ事にちつとも未練をもつていないあれの事です、この四日にも日召始め全部に逢ひましたが何かいひ残す事はないかときいてみると「何もない、一切国法に任し刑務所の露と消える」といつていました、あれのやつた事は一方ではよくて一方では悪いかも知れませぬが心は立派な男です、わしはあれの心情を幾分でも語つてやりたいのです、さて明日の法廷へ出て……助けてやつて下さいともいへないし妙なものですね、気持は何とも云へないものですなハハ……」

と笑った――。

同日の『時事新報』は「法廷佳話、愛弟子日召の弁護に老師起つ、死生に超越して教え子の心境を説く玄峰師」の見出しのもとに、『東京日日新聞』は「愛弟子を思う山本玄峰師、日召〝魂の父〟特別弁護に上京」の見出しのもとに、その他各紙いずれも老大師の写真を入れて、その予報をしております。そして九月十六日の『東京朝日新聞』は、

血盟団公判
仏教の真諦《しんたい》を説き
日召の悟道喝破《ごどうかっぱ》
囹圄《れいご》の愛弟子《まなでし》のための蹶起《けっき》
玄峰老師劇的熱弁

という大見出しをつけて左の記事を掲載しております。

血盟団第三回弁論は十五日午前九時十分から藤井裁判長係りで開廷、この日は日召の魂の父といはれている山本玄峰老師が特別弁護に起つといふので早朝から淀橋の関東女学校生徒及び傍聴者殺到し定刻既に満員、中には日召の妻とし子さんも交《まじ》つてゐる。

玄峰老師は角岡弁護士等に案内されて早くも入廷、法服姿の弁護士の中に伍して着席日召の親友木島完之氏も見える、やがて池袋を先頭にして須田・古内と地階の仮監から階段を上つて来る、けげんさうな玄峰老師の顔、輝く目さつぱりと剃られた頭、墨染の衣に金襴の袈裟、静かに被告一人一人と会釈する、そして七人目に日召が上つて来る、判官も検察官も弁護士も傍聴人も、何れもの視線がこの魂の父と囹圄の弟子との対面に注がれた。老師はやはり例に変らぬ会釈だ、日召も亦《また》一礼して各被告に交つてツカツカと右端の自分の被告席につく。物々しい看守の囲いの中に被告十四名が着席終る、玄峰老師は

高い弁護士席から一目見渡して、また平静なうつむき加減の姿をとりもどす。

まづ中川博士が病軀《びょうく》を推して弁論をなし国難来の言葉を法廷に反映させ、本件の動機、社会趨勢《すうせい》と社会機構、満洲事変を述べ、本件の人心に及ぼしたる影響を説き、十時五十分休憩。

　　粛然老師起つ

十一時十分再開、静岡県田方郡北上村禅宗龍沢寺、並に名古屋の日暹寺《にっせんじ》住職山本玄峰老師（六九）いよく起つ、静かに法廷を一わたり見渡して後豊富な声量で
「法理上のことは明鏡を胸にかけて御審査下さる法官閣下あり、又その解釈については弁護の任に当られる弁護士各位があります、私が被告のために弁ずることは、あまり一般の皆さんに分らぬ真理否《いな》心地です。今日被告の心についてお話させて頂きたい、第一井上日召は永年精神修養をしてゐるが、その中でもつとも宗教中の本体とする自己本来の面目、本心自性即ち仏教でいふ大円鏡智《だいえんきょうち》を端的に悟道してゐる」と叫び人……乾……坤……宇宙の本体のあらはれが、我が国体であると喝破し、その動機を説き
「仏教信者がなぜかゝることをなしたか、仏は和合を旨とし四恩《しおん》を基《もと》としてゐる、百三十六の地獄があるが、悪を以てせば蟻一匹殺しても地獄行となる」
「和合を破り国家国体に害を及ぼすものは、たとひ善人といはれるとも、殺しても罪はないと仏はいう、仏の中で阿弥陀如来の外に一つとして剣をもたぬものはない、道ばたの地蔵菩薩でさへ、小便をかけられても黙々としてこれを受けてゐるが、やはり手には鎗《やり》を持つてゐる」
　ここで老師は往時の日召の修養を語り、真の仏心をやうやく我がものとして、万物と我と同一体の心境になつて来たことをたゝへ
「法は大海の如く、ようやく入ればいよく深い、日召が真の仕事をするのは、これからと思ふ、万一

死刑となつて死し、虚空は尽きてもその願は尽きぬ、日本全体有色人を生かすも殺すも日本精神一つである、これを知らぬものは一人もないはづだ」

老師はここで今日出馬のわけを語り、数十通の激励の手紙のあつた事を披露し、最後に

「胸にせまつてこれ以上申上げられぬが、鏡と鏡、神と神、仏と仏との心にかへつて何とぞ御裁《おさば》き願ひます」

と合掌する、この間二十分にして玄峰老師は特別弁論を終へ、十一時四十分閉廷したが、再び編笠姿で退廷する十四被告は、何れも丁寧に老師に会釈して地下道へ――傍聴人総立ちの中に、日召の妻とし子及び愛娘涼子ちゃん（一〇）は、涙を浮べて見送つてゐた。

当日の各新聞紙は、皆な大同小異の記事をかかげていた。なお『日召自伝』の中に、市ヵ谷獄中から

「市ヵ谷の獄裡《ごくり》ものあり見らば見よ大々小々七花八裂」

と書いて送ったところ、老大師はお喜びになって「玄徹《げんてつ》」という居士号《こじごう》を贈られたと記してあります。

宗舜和尚

宗舜和尚は豆州韮山《にらやま》の人、与五沢《よごさわ》氏、龍沢寺で翠巌《すいがん》師の弟子でありましたが、翠巌師退山玄峰老大師が来られ、その弟子となったもので、いわば譲《ゆず》り弟子であります。譲り弟子になったのは宗舜《そうしゅん》のほかに宗鶴《そうかく》和尚があります。そのほかに宗端《そうたん》がありますが、これは老大師の入山前谷中《やなか》の長安寺《ちょうあんじ》に翠巌師と共に行き、今は故人となりました。

玄峰老大師のお話を承るため、筆者が諸家を訪ねましたさい、宗舜和尚のはなしがあちらでも、こちらでも必ず出ました、そして誰もかも「舜さん舜さん」と言葉をきわめて称揚せられました。玄峰老大師を扶《たす》け龍沢寺の復興に努めた第一人者であることはまちがいないようであります。

宗舜和尚が龍沢寺の庫裡《くり》再建のとき、木材をかつぎ上げたことや、本堂その他の銅葺《どうぶ》きに骨折ったことは別項に記しましたが、それは他の雲水《うんすい》も共にやったことです。その後かれは単身、石をかつぎ土をはこびなどして、龍沢寺の表参道を造営し、今のように歩きよい道をつくり上げたのであります。

銅葺きにした本堂や隠寮の屋根の銅を、陸軍が軍用のために剥《は》がそうとしたことがあります。そのとき、宗舜和尚がいうには、屋根を剥がしたらなかなかすぐに葺くことができるものではない、軍で銅が必要とあればおつかいになるはよろしいが、剥がしぱなしでは甚《はなは》だこまるから、杉皮でもトタンでも板でも、何でもよろしいから、あとをすぐ葺くことができるよう、材料をここへ積んで置いてから剥がしていただきたい、と主張したのです。ところが戦時中のこと

ですから軍の方でも、代替り品のトタンにせよ、板にせよ、容易に手に入らない、そうかといって宗舜和尚の主張も道理あることなので、急に屋根を剝がしに来ないうちに終戦になり、龍沢寺の銅葺き屋根は無事なるを得ました。

戦争中は学徒動員の声に応じて、どこの僧堂の雲水も動員されたものでしたが、龍沢寺僧堂だけは動員をうけませんでした。これは宗舜和尚が軍当局と、時の静岡県知事に対して「禅宗などはつぶそうとなさるのか。」と、強硬な談判をした結果でありました。そのときの静岡県知事は今松治郎氏で、のち愛媛県から代議士にたった人ですが、この人よくもののわかった方で「そういうつもりは毛頭ないが龍沢寺だけを例外とするわけには行かぬ、それでは龍沢僧堂を練成道場として、指導員になって貰いたい。」ということで、動員は一切うけぬことになりました。

こう書いて来ますと、あれこれ理くつばかりいう和尚のようですが、かれは常に円満柔和で、布袋《ほてい》さんのように太っていて、龍沢寺へ来る人々を実によく世話したものです、その一つは別項井上日召氏のくだりにも出ております。そして誰にも「舜さん舜さん」と親しまれ可愛がられ、その上よく修行ができていましたので、雲水仲間では「五十の雲水」「天下の雲水」と畏敬《いけい》されたもので、へたな住職など、到底かれに及ぶべくもなかったのです。玄峰老大師が松蔭寺《しょういんじ》住職時代に、かれを龍沢寺の住職になさろうとした時、手を合わせて固辞していうには「ここで自分が龍沢寺の住職になったら、寺のために多少なりつくして来たことが、自分があとをもらう下心で骨折ったように見えていけない。」と。

玄峰老大師の遺言状は三通ありました、その最初のには宗舜を後住にとありましたが舜さんが応じませんので、その次の遺言状には宋淵《そうえん》師を後住にとしたためてありました。舜さんは法隆寺《ほうりゅうじ》で唯識論《ゆいしきろん》を修め、建長《けんちょう》寺《じ》で曇華《どんげ》さんの教えもうけました、曇華さんはかれを後住に据《す》えようとされたが応じなかった。曇華さんはよい後住を得られないためか、九十余歳まで住職と師家《しけ》を兼ねておられたのは、なかなかに辛《つら》かったろうと言われます。その他松島の瑞巌寺《ずいがんじ》でも、清水の鉄舟寺《てっしゅうじ》でもかれを住職に欲しがったですが、一切応じませんでした。

舜さんは洒々落々《しゃしゃらくらく》として、天真爛漫《てんしんらんまん》の性格でありました。昭和九年だったでしょう、信州の正受庵《しょうじゅあん》へ接心《せっしん》に行った一行五六人が、帰りに名古屋へ出ました、そして鶴舞公園わきの肉屋へ上ったとき、舜さんがいうには「ここへは徳源《とくげん》（名古屋）も、瑞泉《ずいせん》（犬山）も来る、虎渓《こけい》（美濃）も来るよ、どれもこれも裏口からこそ来るよ。」といいながら、女中にいいつけて一行の網代笠《あじろがさ》、袈裟《けさ》文庫《ぶんこ》、脚絆《きゃはん》わらじを、この料亭の上り口にずらりと並べさせたものでした。

また井深《いぶか》（美濃）の正眼寺《しょうげんじ》の大会《だいえ》の帰りに、僚友の一人が名古屋駅で小間物屋を開いた、吐いたものは肉と葱《ねぎ》と白滝の類。そのとき舜さんは「どこの雲水か知らぬが同病相憐《あいあわ》れむじゃ。」といいながら、その雲水を介抱し、水を汲んで来てせっせと掃除した。「どこの雲水か知らぬが。」といいながら掃除してるところに、はかり知れぬ含蓄《がんちく》があっておもしろい。

舜さんが第一の好物は酒でした。寒夜、三島までかけ足で行き、一升瓶を黙龍《もくりゅう》和尚と二人でラッパ飲みして「ああいい気持ちだ。」といいながら龍沢寺へ戻ってくることもあったのです。それほど好物の酒を終戦と同時にぴたりとやめました。敗戦のみじめさをまのあたりにして感ずるものがあったのか、それとも他に何か自分の命数が尽きたと観じたのでありましょうか、老大師が「これはよい酒じゃから舜さんにも飲ませよ。」と遣《つか》わされても、かれはその好意を謝して一切口にしませんでした。そして昭和二十（一九四五）年十月三日夜、翠峰《すいほう》宗舜和尚は五十五歳で自ら生命を絶ったのでありました。「それは何故。」との筆者の問いに対しては、「この辺が生命の限度だ、あとは不必要なものだと思ったのであろう。」と、諸家の答えはほぼ一致していました。玄峰老大師を扶けて、龍沢をして今日あらしめた陰の力宗舜和尚のために、宗舜地蔵が建てられる噂があるのは、心あたたまる思いであります。

思い出のかずかず

本篇は老大師御生前に、単行出版の計画で御寄稿をお願いいし、昭和二十五年前後に御執筆のものもありますが、便宜上本書に収める事にしました。また長篇は節録しました。寄稿諸家の御諒恕を希います。

隠寮にて

般若窟と独山和尚

了　兆　叟

大正初期某年晩春の日、京都今出川《いまでがわ》相国寺《しょうこくじ》専門道場に、雲水姿の一老衲《ろうのう》来錫《らいしゃく》して、師家《しけ》独山《どくざん》和尚に相見《しょうけん》を求めらる。初志貫徹せずんば庭詰《にわづめ》も覚悟との気宇《けう》眉目に現る。虎視《こし》牛歩《ぎゅうほ》して和尚との相見数刻に及べり。老衲辞去の後和尚予に茶話す。此の老衲果して般若窟《はんにゃくつ》なり。来意として、白隠《はくいん》禅師古道場円通山龍沢寺《えんつうざんりゅうたくじ》を再興する志願金を得んが為に独山和尚の遊墨揮毫を要求せらる。此誼《このぎ》如何《いかが》せんと云ふ。（注、予平常和尚の遊墨のため、会下《えか》雲水の接得に遺憾の点を恐る）。蓋《けだ》し和尚胸中予の賛意を求むるが如し。正宗《しょうしゅう》国師白隠様への報恩事なれば、双手《もろて》を挙げて賛し、其の決行を促《うなが》す。

伊豆長岡古奈《こな》温泉本陣に宿して、青緑山水十幅を揮毫し、約を果して帰山す。

伝聞するに、一方古道場再興の後般若窟は、一度は千金を工面し、又一度は白隠様の真蹟を担来《たんらい》して謝意を表せらるゝも、独山和尚倶に受納の資格なき物として拒絶し、更に商量《しょうりょう》せんとの意を残せり、凡《すべ》てこれ独山和尚常用手段なり。両度とも般若窟は「吾れも左様思ふ」と云ふて直《じき》に撤回し去ると云ふ。

爾来《じらい》二十余星霜《せいそう》を経て、昭和九年初夏、東都谷中全生庵《やなかぜんしょうあん》に大戒会《だいかいえ》ありて独山和尚の戒師、般若窟の証師と茲《ここ》に両巨匠一会の相見、何事かあらんと予の胸中期待する処あり。一日独山和尚間居、予侍座す。談偶々《たまたま》此事に及ぶ隣座の般若窟の空席を指して云く、「此の和尚其後何の挨拶も無し」と。予覚《おぼ》えず横手を打つて呵々《かか》大笑《たいしょう》す。和尚嘘然《きょぜん》として亦《また》言はず。

昭和二十五年十月鼻祖忌除策下

了　兆　叟　誌

罰責の草履作り

岡本　千代子

伯父（玄峰老大師）が十歳そこそこのころのことでしょう、あの大きなお家で一人、お留守居をしていました。一人の男が来て、「薬を買って下さい」と哀願した。可愛いそうに思って、幾何《いくばく》かの薬を買って上げた。夕方祖父が帰って来たので、伯父は此の事を具《つぶ》さに報告しました。

祖父は、無断で金を出したことを余り喜ばなかった。そこで伯父は明朝までに草履《ぞうり》を十足つくることを約束して、祖父に赦《ゆる》しを乞うた。夕食を済ませた伯父は、納屋に行って十足分の藁《わら》を、祖父の監督の下に打った。よく打った藁でないと作った草履が弱いからと、祖父は側で云い云いした。そして真剣になって草履を作りはじめた。最初に十足分の縄をなった。そして十足の草履の頭の方を作りはじめた。次に緒《お》のすげられる所まで作り、緒をすげて、また続けて最後まで作り、全部の仕上げを終った時は夜も大分更けていた。十足の草履を完成した時の伯父の気持は、どんなだったでしょう。翌朝、祖父は部屋の隅にきちんと並べてある十足の草履を見て、ニッコリ笑っていられたそうです。

今は亡き母が常に私達に話してくれた伯父の逸話の一つです。此のころから既に伯父には慈愛、忍耐の心が芽生えていたことが、よく伺われます。

心経千巻読誦の賭

渡辺　庄輔

私は大正二年四月、三十歳の時商用で上京の際に、銀座におられた書道の大家中林梧竹《なかばやしごちく》翁（八十七）を訪問し、翁から曹洞宗の森田悟由《もりたごゆう》禅師と臨済宗の見性宗般《けんしょうそうはん》老師が稀有の大徳であることを聞きました。

悟由禅師には私の十四の時、新潟で初相見以来、度々御目にかかりましたが、宗般老師にはまだ御目にかかっておりませんでした。それから一週間後に初めて八幡《やはた》の円福寺《えんぷくじ》にお訪ねしました。この時私は宗般老師にスッカリほれこんで、この御方こそと感激し、其後も円福寺の接心会《せっしんえ》には度々参加し、御教導を蒙《こうむ》ることになりました。そのころ玄峰老師は四国の雪蹊寺《せっけいじ》を御退山、円福寺に御出になり直日《じきじつ》をやって専心御修行三昧でおられました。一見田舎ぼうさんそのまま、少しも偉そうなところはなく、愚《ぐ》の如く魯《ろ》の如しと云う風でした。

私は京阪地方へ行くことが年々三・四回あり、その都度出来る限り八幡へまいり、そのほか接心会にも参加しました。大正八年五月、母と叔母と共に、伊勢参り、高野山詣での際、共々円福寺を御訪ねして、益々御縁が深くなりました。その後旅行の御好きな松雲《しょううん》老師は佐渡へ行きたいと云われましたので、私は言下に私の家はあばら屋ですが御出下さい、御宿をします、そして佐渡へは私が御案内しましょう、と申上げ相談一決しました。侍者は当時五十四歳の玄峰老師と云うことになりました。

其年十月上旬に上京、全生庵の参禅会に参加、閉会後三人で上野駅を出発したのは十月十三日の夜でした。翌日越後中条町《なかじょうまち》の拙宅に到着、まず三泊して頂いて、中条と築地で御講演を願いました。その後新潟の法音寺《ほうおんじ》に一泊、翌日佐渡へ渡航しました。佐渡では河原田《かわらだ》の本田寺《ほんだんじ》に四泊、其間数ヵ所で御講演、真野《まの》の御陵や黒木御所を参拝、相川《あいかわ》の金山見物という旅程でした。相川から河原田へ帰る途中の峠では、人力車から下りて歩きました。その時私は「さきに四五日降り続いた雨も、一行の渡航と共に晴れ佐渡滞在中は上天気だった。明日は新潟へ帰るのだが、また必ず天気であろう」と申しますと、玄峰老師は「イヤ明日は雨だ」と云われる。イヤ天気だ、イヤ雨だ、と云い合いましたところ、松雲老師も興《おもしろ》がられ、それでは負けた人が勝った人のために、般若心経千遍唱える様に賭けをするがよいとの御話です。さて翌朝寝ている間は降りましたが、出発の際には晴天となり、汽船が無事新潟へつき、船から岸までハシケを渡る時、一点二点降ってきました。玄峰老師はここぞと許《ばか》り、上陸前に雨が降ったからワシが勝ったと云われる。私は新潟へ船がつくまでは晴天だったから私の勝ちだと主張する。両方譲りません。イヤそれは引き別けだ、勝負なしだ。お互いに改めて般若心経を千遍ずつ唱えて相手の幸福を祈るがよいと、松雲老師が中に入られたので芽出《めで》度《た》く解決したことでした。その後も玄峰老師と御逢いする毎に、その話が出るのです。

八年前の昭和十七年全生庵の禅学会の際、私と妻が御訪ねした時に、老師が半折に御書き下されたのが左の通りです。

思出せば二十五年、此間朝暮心の底に出没す兄と二人、大徳寺松雲室宗般老師に随伴佐渡全島巡遊の帰途兄と衲と天候の晴雨を争い勝敗決せず、遂に管長中をとり、他界《たがい》に心経千巻真誦す、要は敗けたる者一千巻を読誦するの約あり。

東京全生庵接心会中渡辺夫婦来り、旧懐心に浮ぶまま　七十七翁般若窟玄峰

千生友

さて佐渡旅行の二年後、大正十年九月に松雲老師（七十四）は伴僧なしただお一人で、再び拙宅へ御出になり二泊されたことがあります。

その時私は老師百年の後誰れについて修行したらよいでしょうかと御伺いしましたところ、建仁寺《けんにんじ》の竹田《たけだ》黙雷《もくらい》老師がよかろう。境界《きょうがい》の出来ておる点では般若窟も同様立派なものだと仰《おお》せられました。そのお言葉に従って翌大正十一年十二月宗般老師御遷化後は、京都では建仁寺の接心会にも参加して黙雷老師の御教導を受け、昭和五年に老師御遷化の後はつづいて竹田穎川《えいせん》老師につき、昭和二十年に老師の御遷化の後は現董《げんとう》竹田益州《えきしゅう》老師の御世話になっております。

一方玄峰老師には、龍沢寺が少し土地不便のため、私は白隠禅師百五十回忌大接心会老師喜寿の御祝、其他三四回の外は御無沙汰しておりましたが、東京の会には時々参加しました。現今般若窟老師が老健そのもの、弥々《いよいよ》禅風を宣揚しておられるのは何より心強い極みであります。

この昭和二十五年五月十二日から三日間、全生庵の禅学会には丁度上京中で参加する事が出来て好都合でした。其の際老師は今一度越後へ行きたいと仰せられましたが、六月二日になって八十五の御高齢で又ただお一人飄然と拙宅へ御光来、二晩御泊り下されました。大正八年以来三十二年振りのことです。四日には新潟までお供して、良寛禅師の百二十年記念展を御覧に入れ、お見送りしました。老師はそれから越前の永平寺に御参詣、更に四国、九州を御巡錫の上七月上旬に御帰山の御予定と承わりました。その御元気さに敬服すると共に、老師の御高徳により私方は家の隅々まで清められ、家族の心の底まで洗い浄められた様に感ぜられ、一同歓喜無量でありました。特に長男悦太郎は十年程前から哲学方面に趣味を持ち、勝手な人生観を立てて宗教も理屈詰でなければ承知出来ないのでしたが、このとき老師の温容に接し二三御尋ねしたことに対し、簡約切実正に金的をさすが如き御教示を拝聴し、深き感銘を受けたと悦んでおります。実に稀有難遭の勝縁と存じます。

清涼感と心易さ

山梨紫朗

私が老師の知遇を忝《かたじけの》うしたのは、明治四十年ころでありました。当時私の居村（静岡県庵原《いはら》郡庵原村）で、ある篤志者《とくししゃ》が八幡円福寺の師家、松雲室《しょううんしつ》老師（後、紫野大徳寺《むらさきのだいとくじ》管長になられた見性宗般《けんしょうそうはん》師）を聘《へい》して禅学会を催し、庵原の大乗寺《だいじょうじ》に毎年春秋二回ずつ老師の巡錫を願い、一回一週間ぐらいの間、昼は提唱、夜は坐禅、その間老師に参禅しました。この会は松雲室老師の遷化《せんげ》の前年まで、相当永年つづいたのでありました。玄峰老師はいつも侍者として見えられましたが、墨染の僧衣に袈裟をかけられた、いかにも禅僧らしいお姿に、われわれは親しみを感じたものであります。

師が龍沢寺に入山されて間もないころ、十日間ほどお寺に置いて頂き、郊外などを散策しました。一日、韮山《にらやま》の江川家や反射炉を見学し、長岡温泉に一浴して帰るさいに、同行の清水の佐藤氏があたりの風色を賞《め》でつつ、色づき初めた草木の凋落《ちょうらく》近きを悲しむようなことを言いますと、老師は「いや、草木の心持は人間には解からぬ、或は枝葉が充実して、却って満足しているかも知れぬ」とお言いになったことを、今も私は記憶しています。

老師にお目にかかっていつも感じることは、いつも炎天下大樹の蔭《かげ》にあるような、一味の清涼と心易さと、信頼感に導かれることです。これは老師の徳の偉大なためだと思うのであります。衆望に押されて妙心寺管長に就任されました時、御祝の一書を差上げましたら、御返事

此度種々こみ入りたる事情からとて、本山に出でねばならぬはめとなり居りますが、と言って私が引きこもれば、多数の人様に重ねて迷惑を相かけ、却って不徳を致しても相済み申さずお請《うけ》して出京と決心しました。

とありました。何という謙虚なお言葉でしょう。真の仏者のお言葉と、つくづく感激したことでありました。

白山道場時代

加藤幸助

戦災後多少家並みは変ったかも知れませんが、都電の白山下停留所のところを、春日町の方から行って左

へ曲ると、路が二岐《ふたまた》に分れて、丁度その角のところに「坂の上」という大きな味噌屋がありました。その店の右の方の道を入って約一丁程すると、右側に往来から一寸引込んで石の門があり、一方の柱に白山道場、他方に龍雲院《りゅううんいん》と認《したた》めた瀬戸物の標札が嵌《は》め込んである。その間を石段が右手に曲りながら岡の上に達して白山道場の門のところに出ます。この道は更に道場の塀に沿って左へ曲って白山神社の境内に続くのでした。現在の白山神社は寺の鎮守《ちんじゅ》として祀《まつ》られたということから推しても、元は相当広い境内であったことがわかります。

玄峰老師がこの寺で、正道会《しょうどうかい》という禅会を開かれたのは何時の頃からかハッキリ分りませんが、多分大正十年頃かと思われます。正道会は始め尾立鼎三さんという方のお宅で開かれたのだそうですが、途中で白山道場に移され、私が始めて御邪魔した時には張堂貞観《ちょうどうていかん》さんという天台宗のお坊さんが主としてお世話しておられました。白山道場の御住職の中島研山《なかじまけんざん》和尚も当時兎角《とかく》御病気勝ちでしたが、坐禅の折は力《つと》めて直日《じきじつ》として指導の任に当っておられました。

ところが確か昭和三年頃になって、正道会は白山道場を離れることになりました。我々にも教科書の出版元として馴染のある、開成館という出版会社の社長未亡人で西野奈良栄さんという方が、老師のために種々御尽し下さることになり、牛込の簞笥町《たんすまち》にあった真宗の説教所を買取って、そこを玄峰老師のための道場とすることになったのです。肴町《さかなまち》から北町の方へ電車が坂を上り切った辺りの右側の小さな路地を入ったところで、下宿屋でも改造したのかと思われる陰気な感じの建物でした。階下には二、三十人位入れる広間があって、ここでお提唱と坐禅が行われ、狭い梯子段《はしごだん》をミシミシ上った二階に二部屋ほどある。その南側の窓のある方の部屋が隠寮に宛てられました。今一つの部屋には張堂貞観さんが住んで、道場の番をするということで、正道会が此処《ここ》に移された訳であります。

この箪笥町時代を振返えると、本当に一つの過渡的な時期でありました。家そのものも落着きがなく、道場と呼ぶに決して適《ふさ》わしいものではなかったのです。玄峰老師御自身はどうお考えになったかわかりませんが、老師のことですから、大きな目的に達するまでに迂余曲折《うよきょくせつ》のあることは、とうに御承知の上であった様にも見受けられます。その内に謂《い》わば家相のせいとでもいいましょうか、張堂さん自身の一身上に可笑《おか》しな事態が出来《しゅったい》し、老師もとうとう正道会を止《や》めようと決心されるに至りました。

昭和五（一九三〇）年三月、私共書生時代に龍沢寺に御厄介になったことのある仲間の中から、浅井栄盛、知野栄吉、芹沢彪衛と私の四名が、その時玄峰老師のお泊りになっておられた小石川の西野さんのお邸へ呼ばれました。老師のお話は従来の正道会を中止することになったので、新たに東京の接心会を作ろうと思うが、お前達で世話をして呉れぬかということだったのです。我々としては願ったり叶ったりで即座にお請けしたことは申すまでもありません。

そこで先ず会則を作ることになり、老師のお考えで会の名を正宗会《しょうしゅうかい》とせられました。但しこの名は白隠《はくいん》禅師の国師号に当るので、間もなく同じ音を取って正修会と改められました。会則は法三章的の極く短かいもので

一、本会は自心の根源を究明するを以て目的とす。

一、社会のため善事と認むることは会員協力して之を行う。

その他二、三の条文から成り、何れも老師御自身で起案されたものでありました。

前にも箪笥町の道場のところで一寸出ましたが、この頃小石川小日向水道町《こびなたすいどうちょう》の西野奈良栄刀自《とじ》が何くれと

なく老師の御面倒を見て居られた関係から、その菩提所である小石川の伝通院《でんづういん》のために寄進せられた伝通会館（都電伝通院前停留所のすぐ傍）を正修会の会場に拝借することになり、ここで同年四月第一回の接心会を開いたのであります。前の正道会の経緯もあり、今度こそは理想的にやろうではないかと、私共の若い心は張切りました。本当の禅堂と同じ規律の下に坐るべきだというところで、発会を挙げる直前龍沢寺に伺って是非然るべき直日をとお願い申上げたところ、老師もこの意気込みを嘉《よみ》されて、当時の龍沢寺の第一座与五沢《よごさわ》宗舜《そうしゅん》和尚を侍者としてお連れ下さり、会館の畳敷きの部屋を禅堂に見立て、ここで如法に坐禅が始まったのであります。

勿論喚鐘《かんしょう》のあろう筈がなく、伝通院にお願いし茶席に用いる銅羅《どら》を借受け、これで代用することにしました。例の和室と廊下を隔てた洋室の一つを隠寮に宛て、老師は椅子にかけて入室《にゅっしつ》を聴かれるという有様でした。

当時初心の者ばかりであったので、多少判り易い話も聞かせたらという御配慮からであったかと思われますが、老師と親交のあった高楠順次郎《たかくすじゅんじろう》博士を招かれて、講座の折に「四弘誓願《しぐせいがん》について」という様な題で、時々講演を催して下さいました。因《ちなみ》にこの時のお提唱の講本は「心王《しんおう》ノ銘《めい》」でありました。

今憶《おも》いますと、玄峰老師はあの頃まだまだ御壮《さか》んであったので、会期も一週間ずつ、しかも朝は六時から八時まで、夜は六時半から講座が始まって約一時間、その後九時まで参禅という風にギッシリとやって頂きました。そして最終日の解定《かいちん》後茶礼があるのですが、その当時の会費が七日間で金五十銭。いかに物価が安かったとはいえ、会場の借室料を払うと跡はホンの老師と侍者のお俥代カスカスで、茶菓の代なぞは全く残らず。そこで階下の喫茶室からコーヒーを、取寄せて茶礼に使い、飲んだ茶碗の中へ銘々五銭玉を入れて置くというやり方でした。これには老師も苦笑されたのを覚えています。

兎《と》も角《かく》もこういう風に発足して、四、五、六、七月とやる内に、折角の伝通会館ではありますが、接心の会場としては必ずしも適当でないことが判って来ました。何しろ初心の者の集りだったので、一生懸命に坐っていると、地階の食堂から支那そばの匂いが上って来る。建物の背後の窓下からは長唄の師匠でもいると見えて、道成寺の合《あい》の手《て》が聞えて来るという調子で、何とか今少し閑静《かんせい》な場所に移ろうではないかということになり、以前正道会の開かれていた白山道場が拝借出来るなら一番結構だがというので、確か九月の始めと思いますが、白山道場に中島研山和尚をお訪ねして懇願したのであります。

幸い中島和尚も玄峰老師ならば白山道場として以前から御縁のある方でもあるし、殊《こと》に皆が真面目にやろうとしているならば、喜んで道場をお使い願いましょうという御返事が得られました。

元来白山道場という名の通り、南隠《なんいん》老師を始めとして数多くの老師方が此処に拠って法を演《の》べられた所だけあって、所謂伽藍説法《がらんせっぽう》というか、環境そのものが誠に静寂清浄の感じがあり、建物としてもその目的のために建てられているので、坐る者にとっては真に理想的な場所といってよく、市中にもこんな所があるのかと思われる位でありました。その頃朝の坐禅に時折見えた林荷江さんという人の句に

鶯や　眉の上吹く　朝の風

というのがありましたが、私共には誠に共感の覚《おぼ》えられる句であります。

白山に移って第一回の接心は昭和五年十月のことで、それ以後終戦の前年昭和十九（一九四四）年に至るまで、実に十五年の長きに亘って正修会は延々としてここに続けられたのであります。この間新京妙心寺別院草創のため、渡満せられた数年間は一時杜絶《とだ》えたこともありましたが、少くとも玄峰老師が龍沢寺に居られる限り、酷暑、厳寒の折を除き毎月必ず上京せられ、在京の有縁の人々のために倦《う》まず撓《たわ》まず法を説き、鉗鎚《けんつい》を揮《はら》われました。事実私共会のお世話をさせて頂いた側から申せば、何年経ってもヌラリクラリと精進の験《あか》しを見せぬ者共を相手に、よくも厭《あ》くことなく御続け下さることと、その根気のお強いことにはホトホト感じ入っ

たものであります。しかも御上京の度毎に侍者としては何れも越格《おっかく》の方々、例えば前に述べた宗舜和尚の外、現在京都八幡円福寺僧堂の師家通山宗鶴《つうざんそうかく》老師、先年遷化された東京谷中全生庵《やなかぜんしょうあん》の前住山本玄実《げんじつ》和尚、現尾張犬山瑞泉寺《ずいせんじ》の長尾玄要《ながおげんよう》老師等々、誠に勿体ない様な方々が随侍され、直日として朝夕会員の指導に当って下さいました。謂わばこの十五年間こそ、玄峰老師の御活躍の最盛期であったかと思われます。この間、終始玄峰老師に親炙《しんきゅう》し得たということは、何という果報でありましたろう。恐らくかかる勝縁は今後絶無とは申さぬまでも、蓋し希有《けだけう》のことに属すると考えます。

なお玄峰老師は御上京のお序《ついで》に、政界、財界の識者達とも屢々接触せられ、夫々多大の稗益を与えられたものの様であります。また直接正修会に参じて老師の御法恩に浴した者の数も夥《おびただ》しいものがありますが、その中の異色として井上日召《いのうえにっしょう》、田中清玄《たなかせいげん》、中川宋淵《なかがわそうえん》老師等の名を挙げることが出来ます。

井上日召氏は原《はら》の松蔭寺《しょういんじ》で始めて老師に相見《しょうけん》して以来心から老師に推服し、例の五・一五事件の前年頃から は接心の折は殆ど毎夜隠寮に推参して、夜の更けるのも知らぬ体でありました。玄峰老師が井上氏の公判の際進んで特別弁護人に立たれたことは、如何に同氏の上を深念せられたかを物語る証左であります。

田中清玄氏が老師の大慈悲に触れて極左から翻然転向し、現に熱烈な反共の活動を続けつつあることは、又よく人の知るところであります。

玄峰老師の法嗣《はっす》として現在龍沢寺専門道場を董《ただ》しておられる中川宋淵老師も亦、正修会に参莚《さんえん》せられたのが機縁となって今日に至られました。

山本玄峰老師を語るとき、白山道場時代こそ逸することの出来ない時期であったと、確《かた》く信ずる所以であります。

平常すべてこれ説法

浅井栄資

私が初めて玄峰老師にお目にかかったのは、十二・三歳のころであるから、今から約五十年前のことである。そのころ老師は松雲室宗般老師の随侍として、当時高田老松町《たかだおいまつちょう》にあった父の家に時々お見えになった。ある時庭で遊んでいる私達兄弟に、見知らぬお坊さんがお菓子を分けて下さったが、その方の目付が少し変なので、私達は内心「少しうすぼけでは……」と思っていた。

老師の御師匠の宗般老師は、絵にかいた布袋《ほてい》和尚のようなかっぷくの方で、安坐して酒などを上っていると、しきりに前がはだけるのである。そのとき玄峰師は、そっと手拭をナプキン代りに師僧の両膝にかけておられた姿が今に目に残っている。そして宗般老師がお寝みになると、玄峰老師が長い間師僧の按摩をしておられたのを母が見て、「実の親子でもとても真似のできることではない」と感心していたのを覚えている。

大正六（一九一七）年の秋、私は父の紹介で初めて龍沢寺に行った。相見のとき隠侍《いんじ》さんに導かれて隠寮に行ってみると、香のかをりのただよう部屋の奥に、端然と坐っておられたのが、私達の子供のころ宗般老師の随侍であった例のお坊さんであることを知って、私は内心恐縮した。

そのとき、人生がどうのこうのといった私の乳臭い話を、老師は終始ニコニコして聞いておられたが、例の高笑いが、かつての宗般老師にそっくりであるのにも私は驚ろいた。そしていろいろの話の最後に、「まあ、ぼっつりぼっつりやるさ、わしもまだこれからだ」といわれた。この何の変哲もない言葉が、終生忘れられないほど私の心を捕えた。老師は当時五十一・二歳で、私はまだ十八歳の青書生《あおしょせい》であった。

それ以来、私は弟達も連れて度々龍沢寺にお邪魔するようになった。例のひね沢庵《たくあん》に糠《ぬか》臭い麦飯の連続でも、老師を中心とする整然たる清規《しんぎ》に明け暮れる寺の生活は、私達にはむしろ楽しかった。だが、本当に老師とのご縁が深くなったのは、加藤幸助さんなどのお世話で、昭和五年に正修会が初まってからである。この会は老師を拝請してほとんど毎月白山道場や全生庵で開かれ、戦後まで約二十五年間も続いた。

玄峰老師は祖録の提唱中にも、古今の道歌や格言を縦横に引用して、誰にも分るようにお話をなさったが、老師がいつも強調されたのは、坐禅の功徳についてであった。そして話の途中、よく目を半眼にして「ムーッ」と禅定《ぜんじょう》の形を示し、次いで「ガラリ」と頓悟《とんご》の喜びを満面に表わして眼を開かれるのである。

しかし下根《げこん》の私達には、その嬉しそうな顔を見て喜んでいるばかりで、なかなかその「ガラリ」に達しなくて、老師には全く申訳ないことをしてしまった。独参のときでも、時には「紙一重だ、しっかりやれ」と激励されるかと思うと、その次には初めから相手にされず、次の参禅者を呼ばれるようなことを、ただ繰り返すばかりであった。

私がまだ若かったころ、老師を静養中の温泉宿にお尋ねして同じ部屋に泊ったことがある。翌朝早く目が覚めると、老師が手拭を下げて帰って来られ、「いい湯だよ、行っておいで」といわれる。そこで私は寝床から抜け出したままゆっくりお湯につかって帰って来た。見ると、部屋の中はきちんと片づいているし、途中寄った洗面所や便所もきれいになって履物までちゃんと揃えてあった。私は内心「さすが、老師のひいきにされる宿屋だな」と感心していると、そのうちに女中さんがはいってきて、部屋の中を見廻わし、私に向って「どうも済《す》みませんでした」と礼をいうのである。

変だなと思って、「では老師が私の寝床まで……？」とお顔を見ると、「うん」と言われたまま、すぐ話題を転じてしまわれた。全く顔から火の出る思いであった。後でわかったことであるが、老師は人の知らぬうちに宿屋の便所の履物を揃えたりされるのみならず、一本の割箸でも初め使ったものを紙につつんでとっておかれ、そこに滞在する間は決して新しい箸に手をつけられなかった。一滴の水、一本の割箸でも無駄にせず、あらゆる機会に衆善奉行《しゅぜんぶぎょう》の陰徳を積むことを、身をもって実践しておられたのである。

またある時、いろいろの話の中で、つい「私の力が足りませんために……」と口をすべらすと、例の柔和な顔で聞いておられた老師が一瞬キッとなられて、「それは違う。力でなくて徳だろう……」といわれた。全く頂門の一針とはこのことである。

九十を越された老師はだんだん耳が遠くなられ、人の近づくのを気づかれないことが多かった。しかし、いつ龍沢寺の隠寮にお尋ねしても、老師は見台《けんだい》に経本をおいて、例の拡大鏡で食い入るようにそれを読んでおられるか、経本の前でちゃんと正座して禅定に入っておられるかであった。私達はその慈愛と威厳に満ちた姿を、尊くも美しいものに拝していたが、その頃から老師はいわゆる「金剛三昧《こんごうざんまい》」に入っておられたのである。そしてそれは幾度かの大患の間も続けられていた。

遷化される年の春、偶然加藤幸助さんと一緒になって、病篤《あつ》き老師を竹倉の宿にお見舞したときのこと、老師は「人間、こうして大事に飼《か》われてみると、随分長く生きるものだね」と、ひとごとのように笑っておられたが、これが肉身の老師から聞いた最後の言葉となった。

老師の全生涯は、そのままわれわれに対する一大説法の連続であった。平常すべてこれ説法であった。だから私はいわゆる逸話として、面白く人に語るものを持合わせないのである。

老師と私

一杉藤平

「老師の形見として何が欲しいか」と、宋淵《そうえん》老師から聞かれた。

「御生前中随分小言を頂戴したからそれで十分。何も要《い》りません」と答えたら、肌襦袢《はだじゅばん》など下さった。

「君ほど老師に叱られた者はいない」と、宗鶴《そうかく》老師や近藤老によく云われた。こちらも悪いが老師も叱りよかったのかも知れない。

老師は血縁に薄い人だった。それだけ子供を愛した。その子供の時から老師の御世話になったのだから「オイ、一杉、お前はそんなことじゃ駄目じゃないか」とよく云われた。

「老師、私も五十を過ぎましたよ」と云うと、「オーそうか、そんなになったのか」と、いつも昔を追憶されていた。

長男藤太郎が上海《しゃんはい》で、生れたことを御知らせすると早速祝電を下され、細々と妻に育児法、殊に西洋流に育てるよう諭《さと》された。

終戦で外地に居た者は丸裸になった。地位も財産も一度に失った。誰も彼も呆然自失《ぼうぜんじしつ》だった。そのなかで「龍沢寺へ行けば何とかなる」と安心し、慌《あわ》てなかったのは私ぐらいだったろうか。官を罷《や》め郷里沼津で弁護士を開業してから、老師はいつお会いしても「一杉、客はあるか」とこれだけ。「どうやらやっています」と幾らか包むと、押し戴いて「有難う」と仰せられながら、必ず目の前で紙包を開かれた。その中味で私の繁昌振を推量して居られたらしい。

老師が私方に見える時は、必ず「信子は居るか」と云って這入《はい》って来られる。「一杉、信子も立派な奥さんになったナァー」と、ニコニコして上られる。これは見たこともない信子を私に娶《めと》らした責任上、私の苦情を前もって封ずる策だったと思う。

老師は「お前たちのように学問がある者は仕合わせだ」と、口癖に仰しゃって居られた。それだけ御自分では無学の悩をいやと云うほど味って居られたものと思う。殊に虎溪《こけい》での話をよくされた。

私は生れて間もなく父を喪《うしな》い、母の手一つで育った。父の死は知らず母の最後にも立会えなかった。六十歳にして始めて老師の死に直面して思い切って泣いた。云わば老師は私の育ての親であった。

老師の一生は波瀾を極めたろう。然し龍沢の後住に中川宋淵、松蔭円福には通山宗鶴、瑞泉には長尾玄要を出している。その点恵まれた境遇だった。その陰には宗舜和尚と近藤政吉老の、並々ならぬ御助力がある。宗舜和尚は日本一の雲水《うんすい》。この人に世話になった誰もがその徳を慕《した》っている。

私が二十六歳の頃、龍沢寺で試験勉強の頃、毎朝三時に叩き起して督励《とくれい》し、合格証を貰《もら》った時の喜びかたは今でも忘れられない。日召《にっしょう》も老師に参禅したが、行住坐臥《ぎょうじゅうざが》、舜さんの温い指導を受けたことを忘れないであろう。近藤老は幸に財力に恵まれ、老師の所用を充《み》たしたのみならず、子の親に仕えるが如き態度には敬服した。

その近藤老に老師は「近藤さん」と云い、私には「一杉お前」と呼び捨てだった。それは子供の時から呼び馴れたからであろう。

前の家主は鼠

池田雄一郎

はじめて老師のお目にかかったのは昭和五（一九三〇）年も末に近い頃だった。正宗会が小石川白山の龍雲院に移ってきて、最初の接心であった。先ず老師がしずしずと礼拝される威儀を拝して、今までにない感銘をうけ「これだ！」と大旱《だいかん》の雲霓《うんげい》を望むとでも云う気になった。

その頃は臨済録《りんざいろく》の提唱だったが、間々挿話に趣があり、貪《むさぼ》るように敬聴した、当時エビのホルモンの話、細胞の話を申上げると「面白い面白い」とよろこばれた。遺伝のことを簡単に書いたものをとの御注文だったので、玄忠さんの叔父上増井清博士が、ある少年雑誌にのせられた解説をお送りしたところ、終戦当時のテンヤワンヤで、ついに不着に終ったこともあった。

「龍沢へ坐りに来たアメリカのデーさんは、蚊に血をすわせて忍辱布施《にんにくふせ》を行ずるといった」と感心しておられた、「わしの住む前からの家主は鼠《ねずみ》だから、食物をちゃんとやる」とも云われた。道理で時々本堂の天井裏で大騒ぎする連中のあるのが合点された。以上は特に生物学をやっている私へのお話にちがいない訳だが、当人は相変らず盛に不殺生戒《ふせっしょうかい》を破りつづけている。

「禅はさみづのようなもので」とか「たとえ五分でも十分でもとっと坐わる」とかのお訓《はなし》は、日常実行につとめ、おかげと日日明るく過すことが出来、若い人にもすすめている。

龍沢の名に似ず水の不便な所だ。ある夏の日中伺うと、入浴をすすめられたので、早速頂いていると丁度老師もお見えになった。この時赤裸々の老師を拝して驚歎《きょうたん》したのは、如実に「臍下《せいか》瓠然《かくねん》としてしのうちせざる鞠《まり》の如し」とある偉大な下腹部の膨脹であった。これあるがため日課に際して、雲水居士合せて三十人位の読経音量より、老師のそれが高く、また最近までお独りで野菜作りをなさったことに合点がいく。その際「お流し致しましょう」と申すと「いや借金になるから」と固辞なされた。

この大戦の際梵鐘の供出に「わしは出さぬ、が、ぜひにとならもって行ってくれ」と云われた。十九年の夏「この戦争は負けぢゃ日本はまた初から播直《まきなお》しぢゃ」と語られた。

昭和二十四年五月十五日落成した木曾上松町玉林院《ぎょくりんいん》の鐘銘は、老師の与えられたもの。

聖巌高懸朗響伝　玉声至所結正縁　十方法界増勇機　永劫住空護福田

「仏というものは皆の慾のすて所ぢゃ、皆浅草の観音へお参りして、めいめい勝手な慾を吐出してくるから、清々としていい気持になるのぢゃ、これが仏の功徳ぢゃ、だから本堂にも（龍沢の）大悲殿という額がかかっている」とお言いになっている。

酒飲みは酒で救え

内　野　　豊

昭和十（一九三五）年の大晦日の晩、N病院長とS教授と鼎座《ていざ》痛飲《つういん》、私はNとSの大気焔を抑えんものと「玄峰老師の前でおけさ踊が出来るようなら頭を下げよう」と、いらぬ口をたたいた。「老師であろうと芸者であろうと、人間に変りはない」というようなことから、私どもの乗った車が龍沢寺山門下へ着いたのは、除夜の鐘を撞《つ》き終ったころであった。

諸堂にはあかあかと電燈がついて、新春の賑やかさが感じられた。丁度弁天堂の読経を終って老師が出てこられる処であった。それから諸堂の読経が終り、宗舜《そうしゅん》和尚が雲水《うんすい》代表の年頭の辞があり、暫らくして隠寮へ通された。私は老師に、元日早々呑んべいを引張って来たことを詫びながら、二人を紹介した。老師はいつもの如く春風駘蕩《しゅんぷうたいとう》たるもので「今年は景気が良いぞ、年頭の一番乗りが呑兵衛じゃ、さあ屠蘇《とそ》を祝おう」と、例の大きな茶碗をお出しになった。三人は遠慮を忘れて飲みながら、勝手なおだを上げ、遂に懸案の唄と踊りが出た。まさかと思っていた私も、これには穴あらば……の感を抱いた。ただ僅《わず》かに私を慰めてくれたのは、老師が手水《ちょうず》に立たれた時N院長が後を追って、小柄杓《ひしゃく》を取って老師の手に水を注いだ一事であった。

それから書院で宗舜和尚相手に更に杯を傾け、元朝の六時ころSは宗舜和尚に負われ、他の大虎二頭も蹌《そう》踉《ろう》として山を下った。翌二日私はお詫びに上ったところ、老師は大機嫌で「皆んな無事に帰ったか、愉快ないい男たちだ、鰌《どじょう》は酒で殺すというが呑兵衛は酒で救うのさ」と。私は老師のこのお言葉を二人に伝えたところ、二人もまた喜びを新たにした。酒で救われる呑兵衛らは、足繁く龍沢寺通いをし、後には毎月老師を招聘して禅会を催すまでになった。酒のとりもつ縁とは云え、やはり老師は手の届く限りは、救わずにおれぬという大慈悲心の然らしめたものと思う。

蕗の葉はどうした

金指默道

大正五・六年のころ、山僧より年は若いが先きに玄峰老師の徒弟になっていた默龍《もくりゅう》和尚、老師が隠寮にしまって置かれた一升瓶の酒を、宗舜和尚と二人で平げてしまい、あとへ番茶を煎じて入れて置いた。外から帰った老師は一盃飲もうと小徳利にうつし燗《かん》をして一口やると、豈《あに》はからんそれは番茶に化けていた。「やりやがったナ」と大声を出されたが、叱られもしなかった。

蕗《ふき》を煮て食べるとき「葉をどうした」と非常に叱られた。その後は蕗を煮ると、老師には茎のところを差上げず、葉ばっかりこてこてと盛ったが、默々として召し上がっていました。

おのずからなる滑稽味

松原泰道

玄峰老師には地方巡化の時しばしば随行を許され、多くの御教訓をうけ、しみじみ有りがたく感佩《かんはい》しております。
某所で法話会のとき、悪天候のため参聴者が四五人より無かったのです。老師のあとでわたくしも一席、へたなお話をして控え室に入ると、老師は
松原さん、わしらは誰がいなくても坐禅をする。念仏宗の人は誰もいなくてもお念仏を唱える。人の

いない所でも和尚さんはお経を読む。あんたもな、聴きてが一人もいなくても説教してもらわにゃならん。誰もいないと思いなさるなよ、柱も畳も戸障子もきいてござるでナ……。

まことに身にしみる御教訓で忘れる事が出来ません。

某寺で授戒会《じゅかいえ》の時でした。老師が「宋淵《そうえん》は名が売れてはいかん、泰道《たいどう》は名が売れなきゃいかん」とのお言葉をいただきました。宋淵老師は師家《しけ》としてお立ちになり、わたくしは巡教師《じゅんきょうし》として立っておるのです。何気ないような御一言の中に、本質的と申しますか、第一義的のところを、ぎゅっと摑《つか》んだお言葉と拝聴したのです。土佐の雪蹊寺《せっけいじ》で、いろいろ御在住時代のお話を老師から承わりました。初めて雪蹊寺へおはいりの時分は、廢仏毀釈《はいぶつきしゃく》の余風がのこっていて、僧侶に道で出あうと子供が石を投げつける。そこで老師が当時の金員で五円の資本を費して菓子を買い、村の子供たちを見るごとに一握りずつ与えられたのです。これで村人の懐柔が功を奏し、村人から雪蹊寺へ物を呉れるようになった。その第一番に呉れたものが火鉢へ入れる灰だったそうです。

老師はお遍路さんを大切にし可愛がられたものです。雪蹊寺へお入りになる前、七度もはだしで四国遍路をなさった御経験からでしょう。授戒の時寺境に甘酒屋やおでん屋が店を並べました。その甘酒屋に一千人分の金員をお渡しになって、お遍路さんたちに無料で飲ませることをなさったし、お遍路が寺へ納める御朱印料を老師が納められ、それだけの御朱印を遍路衆に無料で捺《お》してやること。また雪蹊寺内にある遍路衆の無料宿泊所も老師の寄附になるものだそうです。こうした陰徳を施されていますので、お遍路さんの仲間では、大先輩の老師を「おぢいちゃん、おぢいちゃん」と非常な人気があったものです。

老師は、人に対しては親切なお方であり、法に対しては深切、御自身には辛節な方であったと深く感じております。お弟子たちに対しては温情の中にも極めて厳格で法をおろそかにする者は寸毫も仮借《かしゃく》せず戒《いまし》められました。法を守り法を輝かされたのです。一面には着ておられる衣類を脱いでお与えになることもあり、御自分には水一滴も大切になされながら、金銭でも他人に対しては決して決して鄙吝《ひりん》どころか、ずばりずばりと綺麗におつかいになるのでした。厳格な中にもおのずからなる滑稽味《こっけいみ》もありました。その一つを挙げてみましょう。

巡教師が各地へ出発する時、管長から一場の挨拶があるものです。わたくし等が出発する時老師が挨拶して降壇されたが、何か大切なことを忘れたように再び登壇されて「わしも身体を大事にするから、あなた方も大事にして下さい」とお言いになりました。それが「わしも大事にする」を先にお言いになったのです。またある授戒会で講了の時、紙に書いた講了の偈《げ》を手にお持ちになっていながら、お読みになる事をお忘れになり、四弘誓願《しぐせいがん》が終ったあとで「忘れていた」とて講了の偈をお読みになりましたなど、何となく滑稽味を感じたことでありました。

老大師の談片

近藤政吉

ある時、娘の結婚祝に来て下さる。「良江ちゃんお目出度う、嫁《とつ》いだらお母さん、お母さん、と云うのだよ、そして沢庵（漬物）は円く切るか短冊《たんざく》に切るかと尋ねること。茶はお前のように大ざっぱではいかぬ、少し見せて（手つきをして）、母親がそれでは少ないと云われたら、多くするのだよ。何事もお母さん、お母さんと云うんだよ」

その後、御一泊の時、「良江もお蔭様で大へん可愛がられて、お母さん、お母さんと申しておりますので、御安心下さい」と妻が云い「今度は二夫《つぎお》に良い嫁を貰いたいから、老師様願います」と云うたら、老師すかさず「よい嫁はお前さへ辛抱《しんぼう》すれば……」と。何という佳《よ》いお言葉であろう。「年をとればとるほど、母親の恩を思い出す、九十になってしみじみ、母の恩の大なることを思う」と、涙ぐみながらお話をなされた。

ある時、芳林荘で午餐の時のお話。

商人は客が帰った後で、その後ろ姿を拝むことが肝要だ。大阪の十三《じゅうそう》に高橋某という金持があり、太《たい》玄《げん》和尚が時々碁《ご》を打ちに行かれた。先代の時は栄えたが後に衰えた。昔のようになるには、どうしたらよいかと和尚に尋ねた。それに答えて、「一番迷惑をかけた人や損をかけた人の名を毎日拝め、お前達は金持や自分に都合のよい人とだけ出入するからいかん、どんな人でも来た人の後ろ姿を拝むのだ、ためしにやって見よ」と云われて、これを実行したら果して昔の通りになった。高橋はよく太玄和尚の世話をした人である。

宗般《そうはん》老師の像を描いた大場《おおば》岳仙《がくせん》という画家は、京都府知事などをした人の長男だが、ある時、いつも行く風呂屋の主人が「今日は御馳走《ごちそう》をするから来い」と云うので行く。主人が云うには、三年間番台から見ておるに、小桶に三杯以上の湯を使わぬ、君は将来必ず良い画家になる、と。彼は京都御所の画などを描いている。何でも粗末にするな、他人の物でも大切にせよ、水なども大切にすれば、必ず自分に反るのだが、世の中の者はそれに気づかない。

鴻池《こうのいけ》の主人は、鴻池の名を維持するために、南の芝居なども年に一度より観ない。常には袖口《そでぐち》の切れたモジリを着ておるが、年に一回芝居に行く時は、印入《しるしいり》のはんてんを造って皆にやり、また土産や引出物をやるが、常には倹約をして芝居にも行かぬのだ。全く大家を維持して行くは難かしい。自分をつめて人に施さねばならぬ。自分が贅沢《ぜいたく》をすれば直《じ》きにつぶれる。いろいろ例を上げてお話して下さった。

自分で自分を自分にする

松橋無堂

真夏の昼下りの龍沢寺は静まり返って、皆どこかで昼寝でもしてるだろう。突然、玄忠《げんちゅう》さんが出の太鼓を鳴らした。私は本堂へ行って、忠さんに聞いた「老師や皆さんにことわってあるか」と。忠さんは言う。「練習ということは皆も判っているからかまわない」。私は言った「老師は出て来るよ、早く仕度《したく》をして老師の出を待つ様に」と。一山五六人の雲水《うんすい》、だれ一人私の言を信用しない。私は思った。ここへ老師が出て来なければ、私は老師に一掌《いっしょう》を与えて山を去ろう、と。私は急いで袴《はかま》を着けて廊下に出て待つと、老師は法衣を着け、静かにいつもの通り本堂へ向われた。

忠さんは真赤になって、老師の前に膝まづき、早口にお詫びをしている。老師は笑って「坊主は一日何度でも仏様に仕《つか》えてよいものじゃ」。木魚《もくぎょ》がたたかれ鐘が鳴り、読経が始まった。

◇

元首相の阿部信行《あべのぶゆき》大将が見えられた。宋淵さんが愚朗《ぐろう》の「山伏」と名づく茶碗を見せている。取巻き連が感心して「これは古井戸ですか」など言っている。老師は居ない……。吾妻権現《あずまごんげん》の前で見つけ「阿部大将が老師を探しておられますが」「ほうておけ、今に帰るよ」。

◇

日銀元総裁の結城豊太郎《ゆうきとよたろう》氏が、龍沢寺に一泊した。心付けを置くのに宋淵さんにくどくど聞いている。二十円置いて行かれたそうだ。老師はその報告を聞かれて「ウ、ウ」とうなずかれていた。

戦時中、とって置きの沢《さわ》の鶴《つる》を一本、谷中全生庵留錫《やなかぜんしょうあんるしゃく》中の老師に届ける。非常に喜ばれて膝の上で撫でたりさすったり、まるで吾が子の様であった。翌日「お酒の味はいかがでした」と聞くと「あれか、あれは須田さんにやったよ」と、須田さんの御子息が出征されたのであった。

◇

老師が押入れに首を突っこんで何かさがしておられる。やがてビール壜《びん》一本取り出しニコニコされて「お前に飲ませようと取って置いた」。「老師、これはトマトケチャップですよ」。「ああそうか」。

◇

老師が雪蹊寺《せっけいじ》におられたころ、説教の立札を出されたことがあった。ところが「説」の字が誤字であったらしい。信者の一人が寺へ来て「間違った字なぞ」と云ったらしい。「お前さん何と読んだね」。「ほかに読みようが無いから説教と読みました」。「それでよいではないか」。

◇

「このごろ漸《よう》やく首を鋸《のこぎり》でひかれても笑えるようになりました」と云ったら、「わしは違う。その鋸をゆっくりと引いて貰う」と老師。

◇

鎌倉の某老師が遷化《せんげ》の前、この時計は私に、あの着物はそれがしに、と弟子や檀家の人達まで、形見分けの品定めが見苦しかった。そこでその老師は「遺言状に形見分けのことは書いて置くよ」と言って遷化せられた。あとで開いてみると「皆んなでつかみ合って取れ」とあったと玄峰老師のお話。

◇

お煎達は知らぬことを知っている様な顔をする、わしは知っていても知らぬ様な顔をする。

◇

箸の先に芋《いも》をさして、是什麼《これいかに》。にやりとされる。ウームと唸《うな》っても解ける公案《こうあん》ではない。突如、是什麼。是什麼が解らずに死んでゆく師家《しけ》と呼ばれる坊さんが、いかに多かったかを、老師はしみじみと話された。

是什麼。是什麼。

禅は自分を自分で自分にすることだ。

夢に老師の教をうく

河辺　泰

大正四（一九一五）年、老師さんは初めて龍沢寺へ来られ、伽藍の大修理や山道の開発等も計画せられたのであった。私の家は白隠禅師が同寺を道場にせられていたころから、常念講中《じょうねんこうちゅう》の縁を持っていたので、老師さんは時折やってこられた。大正五年の秋、私は老師さんに疑問を抱いて、何かと問答をしてみたい気持ちで龍沢寺へ訪ねた。

老師さんは茶などすすめられ、そして曰く「禅堂に掲《かか》げられた大疑《たいぎ》の額を御覧になったか、あれじゃ禅の妙諦《みょうたい》は、自分を疑ぐるのじゃ、まず大いに自分を疑ぐることじゃ、自分がわからぬのに、目の先鼻の先のものは判らぬのが普通じゃ。まして他人を疑って見てもわかるものじゃない」。先手を打たれて、唯々私は黙するのみであった。老師の心眼の鋭さと、人を引きつけるその親しさとに、益々敬慕の念を深うした。その後私は老師さんの毒語心経《どくごしんぎょう》の提唱を拝聴した、その講義が平易で、しかも深く広く、あらゆる方面に現在に即した識見を持って指導せられておることを知って、その偉大さを痛感した。

大正十三（一九二四）年晩春の頃、荊妻《けいさい》の母がチフスで生死の境にあったとき、まだ面識も得ないでいた母が、茶褐色の衣を纏《まと》った玄峰老師さんとある山道で行きあった。老師さんが其のとき、地上の清水を指して「それを飲んで真直《まっすぐ》に道を進まれよ」と教えられたので、その教えのままにしたところ、忽《たちま》ち夢覚めて爽快を覚え、それから日増しに快くなった。そして同年の初秋、母は東京から三島へ私を訪ね、初めて龍沢寺に老師さんをお訪ねしたところ、それが全く夢で邂逅《かいこう》した老師さんであったとのことで、老師さんの徳を慕い、それ以来語り草となっている。

御法話とおこごと

瀬川　延

時は中国との戦いのはじめのころで、満洲・北支巡錫《じゅんしゃく》を終えてお帰りになりました老大師を、三島市役所議事堂にお迎えして、御法話をうけたまわりました。私にとりましては最初の御法話でした。肝に銘じています一節

「人間、一度は死なねばならぬ……戦場で死ぬのも因縁。皆さん、一日に一度戦場の方に向って、満洲・北支の空をのぞんで……敵も味方も無い……戦歿諸精霊に、その冥福を念じてもらいたい……敵も味方も無い、戦歿諸精霊に祈念して下さい……。」

◇

米寿のお祝を遊ばすという年のお正月のお話。年賀に参上致しますと、隠寮には数人のお客様がお見えになっていました。その時宋淵老師が「昨日瀬川さんから」と持ち出された黒豆とごまめ。「黒豆はうつわのまま頂きますよ。この赤い蓋《ふた》が丁度いい。今年は老師の八十八のお祝ですから」。「ハイ、どうぞ」

老師はそのごまめを御覧になって

「こういうものを、寺にもって来てもらっては、こまる……。この寺は修行の寺、人様からものを頂いて修行して行くこの寺の、何が尊いか……。この寺の寺域に、なまぐさいものを入れとうない。坊さんというものは、点心《てんしん》の時には、出されたものは何でもいただく。ぢゃが、ここはちがう……平等即差別《びょうどうそくしゃべつ》。差別即平等。差別あっての平等ぢゃ……瀬川さん、あんたあたりに気ィつけてもらわにァ、どうもナラン」

仰いだ老師のお顔は紅潮し、ブルブルとふるえて、一所懸命のおこごと。叱られてビックリして、そして「どうも有り難うございます」と、深く深くお辞儀しました。

◇

其の後間もなく素龍《そりゅう》さんに逢いました時「瀬川さんが正月早々老師に叱られたって、お寺ぢゃ大変評判なのよ、なぜ叱られたのかしらん、なぜ老師はおこったのかしらん。みんな考えたり、話しあったり……。公案《こうあん》みたいよ、わたしはこう思うの云々と……。わたしはこう思うの……」云々と。

◇

「おかげで、あのあと三日も叱られつづけました」と。宋淵老師はつい最近もおっしゃいました。

得意の時に気をつけよ

神山義唯

昭和二十二(一九四七)年の夏、老師様八十歳の時と思います。向うから汗をふきふき老師様がお出でになる。私が「何んの御用で」とお尋ねしましたところ、「爺やが急に発病して、非常に苦しがるので医者を頼みに行って」とのこと。「この暑い中、誰か使の者も居りましょう」と申上げましたら、「いやいや、村の人達は田畑の除草で忙がしく、雲水は一生懸命修行の最中で、わし一人がちょっと暇が有るので行って来たよ」とのお話。私は今更ながら有りがたい教を現実にうけました。

それから数日後、よそから酒が到来したので暑中お見舞のしるしに持参しますと、老師は入念に栓やレッテルをご覧になられて「これは酒に相違ない」とて、その時のお話「この間三島の薬屋へ寄ったら、主人が無言でわしの袖《そで》へ壜《びん》を入れてくれた、夕食に一杯よばれようと盃《さかづき》につぐと匂いが違う、それで瓶をよく見たらフマキラーとある、ここは藪蚊《やぶか》が多いから親切に呉れたのだったよ」と大笑いなされ、三日ほど前には雲水が托鉢《たくはつ》から帰って、某油屋の主人から老師に上げてくれとて、是《これ》を下さいましたと持って来たので、見るとウイスキーの大瓶じゃ。その時二人ほど来客があったので、早速頂戴しようと栓をとろうとしたところへ「この手紙が添えて有りました」と、持って来たのを見ると「暑さ凌《しの》ぎにテンプラを召上って下さい」と書いてあった。お前が呉れたのも酒の瓶だが、三度目だからよく見たのよと又々大笑いでした。

物が不足の時に欲しい物が這入《はい》ってくると、注意もせずに手を出すものだ、得意の時ほど十分に気を付けること、十分得てよい時でも八分得て、あとの二分は他に譲る心掛けが肝要じゃ、と教えて下さいました。

水道の修理

青木浅次郎

安政年間、星定《せいじょう》禅師が龍沢寺に御駐錫《ちゅうしゃく》の当時、寺には水が無くて不自由しておりました。禅師は雲水の僧を使って、箱根山の中腹から来て沢地部落へ入る谷川の中途、寺から凡《およ》そ一里位の高所から水道を作って寺へ水を引く様にしたのですが、素人の作ったもので水が漏り、それが山道に流れ出て、村民が困っているというのを、時の玄峰老師が御聴きになり何とか完全に修理をしたいと思召《おぼしめ》され、昭和十（一九三五）年与《よ》五沢宗舜《ごさわそうしゅん》師を自分の処へ御遣《つか》わしになりました。

早速老師に御目に掛り、工事を御引受けしましたので、これを知己友人に話しましたところ、老師の偉大な御徳で忽《たちま》ち若干の資金が出来ましたが、当時資材も思うようにありませんので、鉄筋の代りに寺の藪から竹を切って竹筋を作る等苦心して水道の修理は出来ましたが、なお寺内の池に豪雨の度毎に土砂が流れこんで困るので、修理した水道の末端に水門を作って、是れを防止するまで約半年位で完成しました。爾後村民も漏水被害の心配もなく寺でも水道の恩恵に浴して居ります。思えば可なりの難工事でありましたが、其の完成を見ましたことは実に老師の偉大なる御徳の然からしむるところと、感慨に堪《た》えない次第であります。

海老で鯛を釣る

石井宗円

昭和三十四（一九五九）年の春、老師様に、年賀状を呈上いたすとき、お笑い草にと存じ、余白へ、連句うら白を書きそえてあげた。

すこやかに生き仏おはす今日の春（発句）
色紙に寿の字書いて年玉（脇句）

若し宗円が、般若窟へ年賀に伺えば、両句は申上る口上と、いただくお言葉である。

これは、儀礼的に、主客がとりかわすべきあいさつで、連句の掟だそうだ。

これらの句がお目にとまろうとも、脇句について、別段の仰せがあろうとも、夢想だもしなかった。

正月三日に、お使を以て、何やらハトロン紙包みの品を賜《たまわ》った。これには、如何にもおそれ入った。脇句を御実行くださったのだ。

年末に、宗淵老師様から、老大師様の色紙を拝受して自室に飾り、新年を楽しんでいた時だ。全く二重の御厚情だ。エビで鯛《たい》を釣ったというのも、失礼な申し分だが……。

人に知られぬ奉仕

堤　伊六

大分前の夏、御殿場稲穂村の楽山荘《らくざんそう》での事です。夏季講習会があり、受講者や登山者が此の道場に泊って居ました。夜明け前まだ誰も起きぬうちに広い庭に散歩に出た私は、清らかに箒目《ほうきめ》の通った美しい庭に驚きました。それは人々が寝しづまっている頃から、熊手《くまで》を片手に丁寧にはき清められる老師の御手になったものでした。

また或る時、老師が沢山のぬれた足袋《たび》を干していらっしゃる。訳をおたずねしますと、泥にまみれはき捨てられた登山者の足袋を集めては、御洗いになったとのことでした。「こうして置けばまた役に立つからね。どんなことでも自分のしたことが人の役に立つのは、それが一番楽しいことだよ」と老師はさも楽し相に仰言いました。後で見て居りますと、人々は乾いた足袋を足に合わせてえり抜き、それをはいて富士登山に出かけて行きました。人に知られぬ奉仕、人に知られぬ様、蔭《かげ》奉仕をして喜ばれる老師、私は老師のこの御姿にしみじみと尊いものを感じました。

東京小石川白山下の或る御寺で、老師を囲んで坐禅会が開かれた時のことでした。急に用事ができ、どうしても一日だけ御参りが出来なくなりました。老師は番僧の方と御二人で別棟の座敷に御泊りなので、余り早いことではあり、そのまま御挨拶も申し上げずに本堂にだけ御参りして帰りました。翌日早速御参りしますと、番僧の方が「昨日は御見えになりませんでしたね」とおっしゃいました。私は笑いながら御別れして老師の所に参りました。老師は私の顔を見ると「昨日は随分早かったね」とおっしゃいました。老師がどうして御存知だろうとつくづく不思議になり、老師のよくおっしゃる心眼というものを、はっきりと感じた様な気が致しました。

四ツ這いでぐるぐる

早川琢宗

昭和十五（一九四〇）年の春、加茂郡松崎町に修養会を組織し、老師並びに東方和尚を拝請して講演を願いました。わたくしの春城院《しゅんじょういん》も永らく無住で荒廃しておる有様を御覧になり、幸いに弁財天がお祀りしてあるから、毎朝金光明経《こんこうみょうきょう》を読んで祈念したらよかろう、お経の本が無ければわしが送ってやろうと申され、御帰山後直《す》ぐ送って下さいました。

この弁財天は当松崎出身入江長八《いりえちょうはち》の鏝《こて》細工、即ち漆喰《しっくい》細工で、しかも七十四歳の晩年の作で希代の名品です。長八は龍沢寺の星定老師へ参禅して天祐居士《てんゆうこじ》の号を頂き、龍沢寺に数々の名作をのこしておることは、大方の御承知のところです。この弁財天は一年余を費やして塗り上げた入神の作であります。

その次にまた御苦労を願った折のこと、床を敷いて「御ゆっくりお休み下さい」と挨拶しますと、老師は早速着衣をお脱ぎになって、四ツ這《ば》いになって床の周囲をぐるぐると廻られますので、あっけにとられて見て居りますと、老師はフウフウ云って汗をかきながら、「こうして七度廻ると、非常に健康によいと教えて呉れた人があるから、実行して居る。」と、大真面目でありました。

車の後押し

井口諦三

老師様が初めて海外へ渡航なされまして、桑港《サンフランシスコ》へお着きになりました時、お迎えに出ましたのは愚息井口将邦で御座いました。それらの関係で御帰朝後も何かと御世話様になっておりました。大正末年の秋龍沢寺へ老師様を御訪問申しました。

その時の用件の都合で、沼津へ出られねばならぬことになりましたので、御供をして徒歩でまいりました。山畑からの収穫物を荷車に積んで戻る農夫がありました。その人は老師様が以前から懇意にしておられた三島の新吉という人でありました。老師様は後から声をかけて「新さんではないかね」と呼びました。新吉さんは「どうも御無沙汰致して申訳ありませんでした、ゆるしておくんなさい」と謝しました。当時のこの道はデコボコでよくないのと、各所に小坂がありましてなかなか容易でありません。老師様はこの様子を見て「新さんソラ押すよ」と云って後から押されますと、新吉さんは「それはまことに有りがとうございますが勿体ないことです。やめておくんなさい」と云うのを、老師様は「どうせ駅まで行くのだ、遠慮しなさんな。」と後押をつづけ、四方山《よもやま》の話に花を咲かせて面白く三島の新吉の自宅の付近まで来て別れました。

老師様のこの日の御様子は黒の衣をスネまで着て、人間として何の差別もなく、実に親切でしかも高潔で温情をこめられたその行動その美徳に、私は後から御姿を見て心から拝みました。

一籠の蕎麦

山田梅軒

大正七（一九一八）年の秋、私ら夫妻は初めて龍沢寺に遊んだ。前庭の紅葉を賞し、ついで無遠慮にも中庭へ歩を移した。そこには白隠の墓所もあり紅葉は一段と趣を見せている。

私らがこの庭へ入った時である。私らの無作法を咎《とが》めもせず、住職らしい和尚が私らを招じ、マア一服やりなさいと言われた。招ぜられるまま縁《えん》に腰を下した。和尚は更に室内へと招じた。そして茶を振舞われた。そして他愛もない四方山話に若干の時は流れた。山寺の静けさの中に、和尚説法するに非ず、若者ら道を聴かんとするに非ず、施さず求めず、淡々水の如く、ただ世間話のうち、釣瓶《つるべ》落しの秋の陽が傾いた。

和尚に別れを告げようとすると、和尚は「今、近所から蕎麦《そば》を貰《もら》ったから食べてゆきなさい、つゆも出来たから」と言われる。大好物の蕎麦ながら、時間なければと御好意を謝して立ち上った。すると和尚は、それなら「家へ帰ってから食べなさい」と、籠に入れて私らに与えられた。初めて相見た和尚の厚意こもる蕎麦を大切に提《さ》げ、家に帰って欽賞したのであった。

「どうもあれは玄峰和尚だったらしいよ」と、妻と話したのは、老師の評判をちょいちょい耳にするようになってから……。それから可なり多くの年月が過ぎてからである。畏友近藤政吉氏は老師に最古参の居士である。この話をしたところ、それは正に晋山《しんざん》間もない頃の老師その人であると。烏兎《うと》匆々《そうそう》、それ以来三十三年、今や老師は八十四の高齢、矍鑠《かくしゃく》として道俗を接化《せっけ》せられている。吾らも已《すで》に五十五、当年の好々《こうこう》爺《や》としての印象をなつかしみ、不思議な因縁をいつまでもよき思い出とすることである。

深夜の木材運び

佐藤惣八

老師は普請《ふしん》のすきなお方で、私は四十年間老師の御世話に成り、龍沢寺に出入するのですが、あの書院から庫裡《くり》の普請の当時はまだ老師も御元気な時代で、当時は御存じの大門下から材木は肩であげるので、当時の雲水《うんすい》さんや村の手伝いの方など大変なお骨折りでした。

ある時、大工《だいく》等の知らぬ間にいつか大門下にあった材木が上がっておる。初めは気づかずにいたのですが、老師が夏の夜を利用されて、皆の寝静まってから、人知れずはこばれておったのです。三島から夜おそく帰った村人が夜中に寺の材木を運ぶ人影を見て誰何《すいか》したら、それが老師で、ただ一言「ひるまは暑いからな」と申されたとのこと、雲水の身を思い村の人達の労苦を思われ、深夜この労苦をなさることを思うと自分達の行動がはずかしい。だれでも大門を上るときは一品ずつでもかついで上るべきだと教えられたのです。

老師が初めて龍沢寺へ来られた当時、まず第一に植林に留意されました。山門上の只今では相当大きな材木となって、寺の財産となっております。大工等が一日仕事していますと、老師は胸にかけられた黒のずだ袋から、今日は少ししか無いよと骨折りを下さる。当時小僧であった大工等の思い出となっております。

私は子供が大勢でした。老師は生活に困るだろうとの思いやりか、上級の学校へ行くと金がかかるだろう、多くてはこまるが少しずつなら金を寺でかそうと有難い御言葉です。恐縮して涙が出ました。お礼を申して帰ろうとすると「遠慮するなよ、なんなら返さんでよいよ」とのお言葉に、私は全く此の世智《せち》がらい世の中に、金をかすから子供を教育せよ、金は都合で返さんでもよいというお方があるでしょうか。私は拝借しませんでしたが、其のお言葉を力に働きつづけて御期待に添いたいと思いました。

私の父は老師に非常に信用され、普請一切の会計から寺の買物一切の副司《ふうす》の役まで命ぜられておったことがあります。ある時村の世話人の会合で、寺ではあの大工にばかり会計をまかせてよいのかと老師に問われたそうです。老師は「初めから間違いないと見込んだから一切まかせたのだ、けんのんな者ならたのまんよ」と申されたとか。父は此の話を聞いて非常に喜び、決して御期待を裏切らず確実な会計をと、私共に話されました。

老師さまのおんことども

中川深雪

昭知二十三（一九四八）年十一月末、初めて老師様に御相見《しょうけん》いたしましたおりのこと、「私も若い頃から修行しておるが、八十三歳の今になって、漸う《ようよ》少しはっきりとものがわかって来たと思うのは、ここ二三年のことぢゃ、今でも毎日なるほどなるほどと、がてんの行くことが多い」と、申されました。お道は無限に高く、どこまで行ってもきりのないもの、そして、老師様の御高齢にして、なお日々精進精進遊ばされ、止る《とどま》ところを知られない尊い御心境を、ただただ有がたく、心に銘じて拝承いたしましたことで御座います。

一両日中に旅へお出ましになられるとて、留守中への御垂示のうちに、「たとえ乞食の様な人が訪ねて来ても、決して立って物云う様なことのないように、お腹のすいた人が来られたら、何はなくとも、お客様に、さし上げると同じようにして、ちゃんとお膳にのせて、出して上げて下され、何時お腹がすいたお人が来られても、上げられるように、食事のあと、一人分位は、いつでも用意しておくように心がけて下され、わしも若い頃、行脚《あんぎゃ》をして、何日も、食べずに歩いた時、一椀の飯を恵まれた時の有がたさを生涯忘れることが出来ない。どうぞ、そういうお人を、ねんごろにして上げて下されと、しみじみと申されますのを、うかがいまして、尊いおさとしに、心をうたれました。

ある時、老師様のお部屋へまいりましたら、お寝室の棚に下駄がいっぱい積んでありましたのを、御自身で二三足おとりになって「さあ、あなたにも、下駄を上げよう。これは弟さんの分」等とおっしゃって下さいました。「まあ、沢山のお下駄ですこと」と、あきれておりましたら、これは、下駄屋さんが、急にお金が入用のことがあって困られたので、皆引き受けておあげになったのだそうで御座います。

老師様のお部屋の水さしに、水を入れに立ちました時、後ろから「古い水は、ただ捨てないで、手洗鉢《ちょうずばち》へでも、あけて下さい」と御注意下さいましたので、残り水を、うっかりお流しへ捨てようとしておりました私は、ハッといたしました。一滴の水、一粒のお米も、そまつにいたしませぬ様にと、お教え頂きながら、つい、うかうかと殺生戒を犯しておりますことを恥じ入りました。

ある時、「わしのところは、馬鹿と貧乏の集まるところぢゃ。智慧者や金持は、寄りつくと損をするぞ」と、申されました。

老大師の徳化

卍　生

数名の婦人が、あわただしくやって来た。丁度、玄峰老大師が、病気全快して、石井医院（三島市）を退院、自動車で、寺へ帰ろうとなさるときだ。

婦人たちは、「近所（医院の）の農家のもので御座います。包みには、白米が入れてあります。ご不自由は御座いますまいが、どうぞ、老大師さまにおあげください。」と、包みをさし出した。その様子は、まことに、慇懃《いんぎん》をきわめたものだ。

当時は、まだまだ、白米が不自由であった。婦人たちの思いつきはよかった。

婦人たちは、龍沢寺とは宗旨がちがい、檀家ではない。のみならず、新興宗教からは、おいでおいでと、誘われもしたろう。

率直にいえば、老大師との間は、全く路傍の人だ。だが、そこに見えない偉大なる力が働いていたのだ。言ってみれば、老大師の徳化力そのものだ。婦人たちは、知らず識《し》らずの間に、その感化をこうむり、面識こそなけれ、衷心《ちゅうしん》より崇敬《すうけい》もし、憧憬《どうけい》もしていたのに、はからずも到来した好機を逸せず、超宗旨的に報謝し慰問したのだ。けだし類例《たぐい》まれか。

報恩のお志の厚さ

高島健治

老師様は明治二十（一八八七）年のころ、御修行の砌《みぎり》り越後の出雲崎《いずもざき》へお出でになり、拙宅へお寄りになりました。お身体の御様子から見て、どこか御不快のところがありましたか、祖父母らが御静養をおすすめ申したのを、快くお受け下さいまして、一週間ばかり御逗留遊ばされ、御不自由がちでありましたでしょうが、大変ご気分も勝れ、お身体も平常にお成り遊ばされたので、再び御修行へとお上りになりました。

その後、幾年かを経て、四国三十三番の札所雪蹊寺《せっけいじ》の御住職におなりになりましたそうですが、その時分、当地から四国遍路に上る人達がありますと、きっと宅へお言伝《ことづて》があるばかりでなく、其の人達が老師様の歓待をうけて帰られますので、老師様の慈悲深いのを心から喜んで、今でも忘れられず時々話題に上ることがあります。祖父も三回ほど遍路しまして、町の信心家として認められておりますし、一家も殊の外信心を頂いて細々ながら其の日の生活を頂いております。

龍沢寺の御住職におなりになってから、昭和十一（一九三六）年頃でしょうか、わざわざ宅をお訪ね下さいまして、私は老師様から初めて六十余年も前のお話を承《うけたま》わり、因縁の深さを知り、同時に老師様が恩義に酬《むく》ゆることの厚い高徳を、今更の様に感じた次第であります。

敬慕すべき芳躅

二宮　聖林

昭和二十一（一九四六）年の秋、老師に随伴して侍者宗淵師と東京駅を発し、四国伊予に向う、車中の混乱は名状すべからず。師は昼夜端然として古木彫を拝するが如し。御留錫三日、更に随伴して帰山の途に就く。衆愚の混雑叫喚は依然として甚《はなは》だしきも、師は万波の襲い来る巨巌《きょがん》の如し。

未明三島駅に着、師を腕車《わんしゃ》でお送りして、宗淵師に従い秋草乱るる小径を選びて山に向う。東天漸く白み朝露は砕けて衣を潤し虫声は織るが如し。無事帰山衣を振い襟《えり》も正して隠寮に入る。老師の朱顔棗《なつめ》の如し。師曰く禅は之れ自然なり、大衆雑沓の場所に於ては如何《いか》に我身を処理すれば、衆人の迷惑にならぬかを工夫すべきなり。之れ即ち坐禅なり。混雑の処に於ての坐禅は却って人々の迷惑なりと。愛弟子《まなでし》宗淵師に静かに語らる。宗淵師また静かに一礼して座を立たれた。名状すべからざる車中の混乱無作法に対し、泰然自若《たいぜんじじゃく》雲水の坐禅姿は、衆人《ひと》斉しく仰ぎ見る処であり、宗淵師の清姿一味の清風を起し熱塵を払い去るかの感ありしも、老師の痛棒熱喝雷轟獅子吼峻険《つうぼうねっかつらいごうししくしゅんけん》の機鋒《きほう》に対し、この精察細思《せいさつさいし》、欽仰敬慕《きんぎょうけいぼ》すべき芳躅《ほうたく》ならずや。

御青年時代と珍しきお一日

尾崎　作次郎

岡本家に養育せられた老大師は、筏《いかだ》流しや植林、山林の下刈等に重労働を続けられました。夕方まで一生懸命働かれ、くたくたになって渡瀬《わたらせ》の岡本家へ帰って、やれやれ夕飯と思われる時、一週に一度や二度は清川（現在本宮町に合併せられ、山道の近道を通って一里）まで、酒買を命ぜられたとの事です。これほど苦痛を感じた事はなかったと、時々涙乍《なが》らにお話をされた事を思い出します。

昭和三十三（一九五八）年六月十二日、老大師は新宮市の対岸、南牟婁《むろ》郡紀宝町成川《きほうちょうなるかわ》の小廬へ宗忠師をつれ飃々乎《ひょうひょうこ》として御来杖になり、御小酌の後、屏風一双に御揮毫賜わりました、その半双には富岳の図に「東海天、九十三翁玄峰」、他の半双には童児の図に「寿山福海、九十三般若」と、文字通り椽大《しょうだい》の筆をお揮い下さいました、誠に比類希《ま》れな大作であります。

翌十三日は木村常助氏の懇請で、同家に御一泊遊ばされ、中村弥三次先生の病中をお見舞になりました。

次の十四日は、当市に旅館熊野荘を経営する茶木氏のお迎えをうけられました。氏の厳君は老大師と年齢が一つ違いで竹馬の友、昼となく夜となく遊び相手だったそうです。この日は木村常助・宇井順次両氏と私がお相伴《しょうばん》を致しました。酒三行に及んで「こんな立派な旅館で、大きに喧伝もせねばならぬ、土地の芸者衆も見ておかねば、人様にお話も出来ぬ、サァよんで来い」と老大師の御発言、茶木氏もちょっと戸まどった形でしたが、直ぐに三人の芸妓が来ました。

そこで「サァうたえ」と命じましたが、宴席の様子がいささか変っていますので、芸妓どもはもじもじするばかり。そこで私が先ず大声張り上げて、新宮節と尾鷲《おわせ》節をうたいました。老大師はことの外の御きげん、便々たる腹をお抱えになって笑いこけられました。その歌

新　宮　節

新宮よいとこ十二社様の、神の在《ま》します良いところ。
エッサエッサヤレコノサ　ヒーキリ　ハリハリセ（神武天皇御東征の船漕の有様）
不老不死なら熊野へござれ、秦《しん》の徐福《じょふく》も来たところ。

お燈祭《とうまつり》は男のまつり、山は火の滝下り龍。

尾　鷲　節

尾鷲よいとこ　朝日をうけて、浦で五丈の網を引く。
　ヨサホラエー　ヨサホラエー
ままになるならあの八鬼山《やきやま》を、くわでならして通わせる。

老大師が芸妓をよべとお言いになったのも破天荒のことでしょうし、私の新宮節・尾鷲節も珍中の珍でしたろう。
十五日は宇井順次氏宅にお立ち寄りになりました。続いて湯の峰に御巡錫《じゅんしゃく》、祖先の墓にお詣りになりましたこと、例年の通りでありました。
老大師の御生涯中、珍らしいお一日だったと思います。

老大師を慕う

中　村　弥　三　次

富士山の水墨に「白扇懸倒東海天」。馥郁《ふくいく》たる蘭を画かれては「萬里清香」。清楚《せいそ》たる竹の絵に「為君葉々清風」と古人の詩句を御自賛されている老大師の墨跡には、どれにも清澄の気が満ち、崇高な御風格と傑出された大徳、偉大なる感化力が顕われていて、清々しい気分に打たれる。更に一度び其の温顔謦咳《けいがい》に接すれば、自ら心に余裕が生じ誰でも其の豊かな温情に打たれ、不動の信念に感激し、言々句々に深く感銘して何時までもお側に侍《はべ》っていたい温かさに浸《ひた》るのであった。私は、長兄の妻が此の老大師の妹に当る御縁により、狭い拙宅に幾度か老大師をお迎えして寝食を共にすることが出来、長兄が大正十一（一九二二）年の秋松蔭寺で老大師の膝下《しっか》に長逝《ちょうせい》して以来は、其の遺族達と共に遠慮もなく随分御無理も申上げ得た幸福者である。こんな関係で記憶に残る老大師の逸話二、三を紹介して、景仰《けいぎょう》の微意を表することとしたい。

(一) 机上の財布

大正十一年九月二十八日、長兄死去の報を受け直ちに松蔭寺へ参上。老大師は心よく御居間に招じ下された「兄さんもとうとうよくなれなかった。心を落着けて最後の面会をして来なさい」と静かに仰せ下さった。悲愁に満たされていた私も老大師の物に動ぜぬ御様子と、やさしいお言葉を承わり何となく心に余裕が出て、納棺されていた兄にお別れしたのであった。老大師の御居間に戻るとやがて侍僧がお茶を運んで来た。私は無遠慮にそれを頂戴したが、老大師は其の湯呑《ゆのみ》を手にしてお飲みになろうとされたが、お口も付けずに下に置かれた。「どうなさったですか」とお尋ねすると「誰かが台所で生臭物をなぶったらしい。湯呑が生臭い」と仰っしゃり、侍僧を呼ばれて湯呑を取替えさせてお飲みになった。此の時初めてお寺の厳格な精進料理ということを知ったのであった。

それから長兄の家庭の今後など話合っていた私の眼に、ふと机上に財布らしい物の置かれているのが映った。私はそれに気が付いて「老師様、あんな処に財布が置いてあります」と申上げると老大師は「ああ あれか、あれにはもう一文も入っていないよ。ああして置けば誰かがまた衲《わし》の知らぬ間にお金を入れて置いて呉れるよ」と云って笑っておられた。私は全く驚いた。成程《なるほど》無一物中無尽蔵というが、此の老大師にしてまことに其の通りだ。これは大変なお方だとつくづく感激したのであった。

(二)　老大師の丹田

昭和五（一九三〇）年もおしつまった十二月の或日であった。郷里での墓参を終えられた老大師が飄然と拙宅に来られた。その通知を受けた私は当時小学校に在勤中だったので勤務を終えて匆々に帰宅し、姉妹親戚等を呼び集め老大師と同年の母も加わって、老大師を中心に夕食を摂りながら歓談にくつろいだ。いよいよ就寝しようとした時老大師はあの鍛錬を重ねて出来た布袋《ほてい》さんのような腹を撫でながら「人間はこんな腹になれ。一度突いてみよ」と云われる。私は握りこぶしでぐっと突いた。老大師はにこにこしながら平然とされている。成程腹はぷくっと脹《ふく》れているがかちかちしている。えらいものだ。これが坐禅の賜《たまもの》かと感心。すると老大師は相撲の四股《しこ》を踏む真似をしてからからと笑われる。母も妻も此の有様に抱腹したのであった。此の時教員生活をしていた私のために「徳潤身」の額を御揮毫下さったのであった。

(三)　紫の袋物

老大師は御来宅されるや直ちに「電報を打ってこい」との仰せである。「どうなさいましたか」とお尋ねすると、笑いながら「プロペラ船（熊野川名物）で紫の袋物を誰かに持って行かれた。あの袋に金が入っていたので衲は無一文になってしまい動けなくなったよ」とのことである。早速名古屋市なる某氏宛送金依頼の電報を打って帰ると、老大師は「宮井（十津川と北山川の合流点）で船が止まった。船が出た後で気の付いたことだが、あの時ふと衲の袋によく似たのを持って下船した男がいた。よく似た袋もあるものじゃと感心して平然と船に乗っていたが、船が出て側を見ると衲の袋がない。そこで「あゝあれは衲のじゃったわい」と思ったがもう遅い。衲はその時あの袋の中の金が困った人々の生活の足《た》しにでも使われればよいが、あの人間が贅沢《ぜいたく》に使うのであれば残念なことだと思ったよ。」と語られた。これは慥《たし》か昭和八年春のある日だったと思う。無慾の中にも金銭や物を有用に役立てることが大切であるというお話は、吾々いつも御注意をいただいたことであった。

(四) 心は無であれ

老大師七十歳代の或年の御来訪の時であった。世間話をされていた老大師は突然私に「人間はいつも心を無にし空っぽにして置け」と前置きされて、「衲は経済学も商法も何も知らないが、伊豆の或る温泉旅館から一度来て欲しいと云って寄越したことがあった。衲は何事かと行ったところが、其の旅館の主が、最近非常に経営難に陥《おちい》って困っている。どうか老師様の御訓《おおしえ》と御力によって此の旅館を立て直して欲しいとのことだった。之には衲も少々困ったが、よしそれならば此の旅館の者は全部衲の言う通りどんな苦労があってもやるかと云うと、従業員全員が衲の前でやりますと誓って呉れた。そこで衲は毎日此の旅館の様子を隅から隅まで調べあげて、いよいよ衲の云う通りめいめいが心を一にして働き出した。すると幸いなことに月日が経つにつれて其の旅館が追々発展に向い、数年ならずして元以上の旅館に再興することが出来たね。事業の経営や金銭にうとい衲がどうしてこんな事を仕上げることが出来たかというと、それは、衲は何時も何処でも自分を無にし心を空っぽにして居るから、衲の周囲に起る事、目で見る物、耳で聞くことすべてが初の空っぽの心に写って其の真相がすぐに判り、どうすればよいかという判断が生れて、その通りにやれば必ず大抵はうまく出来てゆくことになり、皆の協力と相俟《あいま》って難関を切り抜けられたのだと思うよ」とおっしゃり、更に「心を無にするということは何も思わず、こだわらず、よくいう明鏡止水《めいきょうしすい》に保つことだ。人間此の修行が出来れば一人前だ」と御鞭撻《べんたつ》下さった。今に及んで悔ゆるばかりで、老大師の此の御教訓を無にして来たことを申訳なく思っている。

㈤ 襖の富士

老大師は殆《ほと》んど毎年といってもよいほど、禅堂での余暇さえあれば、伊勢参宮と郷里での墓参をせられた。昭和十（一九三五）年十二月二十五日、例によって参宮と墓参を終えられた老大師は、唯一人墨染の衣で飄々と御来宅になった。いつも老大師は来られるとすぐ「明日発つ」と云われて二泊されることは珍らしいことであった。「今度はゆっくりするぞ」と仰せても二泊以上は殆んどされずに御帰山されたものだった。ところで此の度は御来宅の二十五日、少憩の後お疲れも意とされず、私共の親族や市内同宗寺院の和尚さん達と快談に過ごされた。翌二十六日には「紙を買って来い手習《てなら》いをする。」との仰せ。紙を注文し墨を磨《す》っていると老大師は「墨を磨るには十分心を落付けて、硯《すずり》全面をゆるやかに使いつつ磨るのだ」との御注意。やがて日当りのよい六畳の間に毛布を敷き、新聞を重ね、画仙紙を伸ばした。老大師は大筆に墨をたっぷりと含ませ一気縦横に御揮毫数枚。一枚毎に「これは誰に」「これは何処へ」といって書かれる。御揮毫の様子はお眼が悪いので先ず白紙に対されて筆を徐々に下ろし、白地に筆先がつくと呼吸をつめて全身全霊をもってすらすらと見事に書き終えられるのである。「手習いは終りだ」と筆を置かれた。その時私がふと後方の襖《ふすま》を見ると筆勢の余力から墨が点々と飛び散っているではないか。そこで「老師様、襖にこんなに墨がとんでいます。」と云うと、「おお、それは大変、今それを鴉《からす》にしてやろう」といわれて、其の襖に老大師のよく描かれる富士山を、四枚襖一杯に画き「神洲真面目」と御自賛下さった。拙宅の襖の富士はこうして出来たのであり、墨の点々は成程山麓《さんろく》の鴉になっている。其の節についでに「あれ（袋戸棚）にも何か画いてやろう。」と戸四枚一面に笹竹をお画き下され「昭和十年十二月二十六般若」とお添えいただいている。これこそ私の家の宝であり、私達はこの富士山の上に老師の「明月」の額を掲げ、いつも富士の裾野で起居している体で有難く感謝している。

㈥　清閑院での授戒会

紀南の首邑《しゅゆう》新宮市の清涼《しょうりょう》、清閑《せいかん》、松巌《しょうがん》三寺院主催の授戒会《じゅかいえ》が昭和二十八（一九五三）年十一月十三日より十七日に至る五日間、米寿の老大師を戒師として清閑院で行われた。第一日老大師は仮宿所木村常助氏宅より、可愛い稚児《ちご》行列を先頭に晋山《しんざん》の列粛々と会場清閑院へ御到着、入寺式の行事が催された。其の節老大師は音吐《おんと》朗々《ろうろう》、左の如き晋山の偈《げ》を御発表になった。

無住八十有八年　身似水雲宿蒼躔
五日留錫亀遊地　法燈如月結勝縁。　（註）清閑院は山号亀遊《きゆう》

之れより五日間
戒師　大本山妙心寺前管長　山本玄峰老大師
仏名師　日高郡由良興国寺貫首　古川華凌老大師
説教師　大本山妙心寺前教学部長　松原泰道大和向

の三宿老によって盛大に営まれたのであった。此の間老大師は終始精魂を打ち込まれての御提唱に、或は大施餓鬼《せがき》法要、塔婆回向《とうばえこう》等々の行事に御活躍の毎日をお過ごしになった。更に御休息の時間には依頼に応じて御揮毫遊ばされる等の御多忙さであった。老大師の此の風格には会員一同其の気高さと其の御気力に感銘を深くし、目出度く戒脈《かいみゃく》を戴いて散会した。私は侍者と共に老大師の御用を勤めることが多く、此の度の記念に「無事」の御墨跡を賜わった。

(七)　老大師最後の御諭

昭和三十四（一九五九）年九月二十五日、伊勢湾颱風《たいふう》さ中に老大師は、近藤政吉氏御夫妻と鈴木宗忠《すずきそうちゅう》師等に護られて我が新宮市に御到着。国際旅館新宮荘に御投宿になった。颱風の猛威は紀南の地にも振って河川は増水し、河沿いの二号国道も不通となり、ために老大師一行は数日間を此の宿に、私共や市内篤信者《とくしんしゃ》達に囲まれての御生活をせられたのであった。此の間尾崎、木村、宇井、池田、それに私共の家の墓参もしていただいた。二十八日にはどうやら交通機関も復旧したとのことに老大師御一行は、翌二十九日御郷里へ御出発と決定。そこで二十八日夜七時から市内有志三十数名の参集を得て、今から思えば老大師最後の講話会を御宿舎の広間で行い、左の如き御諭《おさとし》を賜わったのであった。

▽　感謝の生活にはすべてが集まる。これが正縁を結ぶことだ。

▽　長生きには物質を大切にせにゃならん。そして身体を清潔に。足の裏は特にきれいにしたい。そしていつも物を生かして使い、それから知恵は生かさにゃならんぜ。

▽　人間はいつも贅沢な生活を戒《いまし》め不自由であった時代の生活を忘れず、現在に感謝した生き方でありたい。水の一滴も無駄には出来ん。

▽　常に心は明るく持ち「心こそ心迷わす心なり心に心心ゆるすな」の歌の通り心に使われてはならん。心配は心くばりのことで、これは大切である。

▽　吾々はいつも、天地の主（神仏）や衆生の造った衣食住のお蔭をいただいていることに感謝を込めて生活したいもの。衲は郷里に帰ればいつも皆さんにお世話をかけて有難いことじゃ。中村とは古い関係だが次に宇井、それから尾崎さんや木村さんなどに大層厄介を掛けてほんとうに楽しませて貰っている。

今度は颱風で皆さんにお目に掛るし。どうぞ一つ、これからもよくよく精を出してやって下さい。御礼を申して今晩はお休みさせて貰います。

このようなお言葉であった。あの旅館での老大師の御面影は、今も尚瞼《まぶた》に濃ゆく残っている。

嶮岨《けんそ》を辷《すべ》り落つ

中村　敏

老師六十七歳の秋でした。隣の宿屋から紙包を持ってきて、洋服の上に袈裟をかけた僧侶らしい方が「明朝立寄る」とのことですという。紙包を見ても誰だか判らん。宿屋へ行ってみるとそれは玄峰老師でした。そして「お前の家へ泊ってもいいが、厄介かけるからここに泊った」とのことで、明朝熊野へ立つから連れて行けとのことでした。

私のところ（和歌山県西牟婁郡富里村下川）まで約七里、それから湯の峰まで九里、田辺から熊野に通ずるのは中辺路《なかへち》とよぶ（熊野三社、本宮・新宮・那智）道がある。私の村は、中辺筋の鮎川村から南へ分岐して三里半、それから熊野へ通ずる道が二筋に分れている、その一つである。椿尾越《つばおごえ》は、村人もあまり通らない嶮路《けんろ》である。老師は好んで椿尾越をなさるのである。やっとのことで海抜千三百米の頂上に着いて、眺望を楽しみながら一息入れ、下り路についた。山は下りが疲れる。三合目あたりの嶮路で老師は足を辷《すべ》らし、するすると落ちられた。私は慌てて後を追かけた、幸い雑木林の中に歯朶《しだ》をつかんで居られましたが、その直ぐ下は前年山崩れでガケになって居た、実に危いことであったが、老師は一向平気でおられました。湯の峰の東屋旅館に着いて一泊、翌日は滞在、熊野坐神社《くまのにますじんじゃ》の参詣と先祖の墓参をすまし、翌々日、本宮からプロペラ船で新宮に向われました。昭和十七年にも墓参せられました。その頃は田辺から自動車が通じて居り、龍沢寺で修行した海蔵寺《かいぞうじ》の住職古川宗実《ふるかわそうじつ》師が同行せられました。

これ以上坊主になれぬ

長尾大学

老師が犬山の瑞泉寺《ずいせんじ》におられた時お訪ねした。いよいよ寝る段になり奥の一と間へ通されると、床の間には有名な細川の血達磨が掛けてある。そこで「老師、国宝の血達磨を矢鱈《やたら》に掛けて置いては物騒ですよ、もちろん私は老師から信用されておると見えましてハ……」と。この時老師が曰く「こりゃ本物じゃない。写しだよ、欲しい者にはやるでなァ」と。その翌日、葬式を頼みに来た、老師即座に「わしは葬式のお経を知らんから、お断りだよ」と。あとで「老師様、本当に葬式のお経を御存じないですか」というと「フーム、誰が来てもこう云って断わるのさ」と。

犬山に大工場が出来る時、地主の一人だけが譲渡の交渉に応じない、老師から話してもらうことにした。「ぜひ売ってやって貰いたい」とお頼みになったが、先祖代々のもので何《ど》うしても売れぬという。老師は「あそうかい」というなり仏間へスーッと行かれ、仏壇の前で坐禅された。昼飯時になったので、地主の何某が老師を呼びに行ったが、石地蔵のように一黙不動。夕刻になったのでまた呼びに行ったが、微動だもせず壁立千仭《へきりつせんじん》。老師のこの態度に気を呑まれた地主は「老師様いつまで座っておいでですか」と、怖る怖る聞いた。この時老師厳然として地主を見返り「お前さんが何うしても土地を売って呉れないんなら、わしはこれ以上坊主にはなれんから、断食して死んでお詫びする覚悟じゃ。一たん引受けたからには申しわけがないわい。おれが此のまま死んだら、後はどうとも宜《よろ》しいようにして呉れ」と、また元の通り向き直って坐禅されたので、流石《さすが》の地主も我《が》を折って、工場建設に土地を提供した。

説教強盗でもするか

岩田錦平

老大師が瑞泉寺の門を出られる時、頸《くび》に頭陀袋《ずだぶくろ》が掛けられておる。然し其の中に納まって居たものを、知って居る人は少ないと想う。先ず拡大鏡数個、タオル、経本、香合、念珠、信者から貰った包のままの布施ぐらいだが、意外なことには十円金貨が十枚程と、一寸五分位の金の観音様の像があって驚いた。

私が拝見した時「落したら大変だから何処かに秘蔵して置いては」と注意したら、大笑して曰く、「わしが何処かで死んだら、これで炭俵を買って入れて焼いて呉れ、焼けたら風に吹き飛ばして貰う費用に持ち廻って居るのさ。若しまた盗まれたとて泥棒が役にたてる、落せば拾い主が役にたてるから其れで良いのだ」と、淡々として居られた。その後七八年も過ぎて久し振りに拙宅にお宿をした時、思い出して金貨と観音像のことを御尋ねしましたら、金貨は雲水や弟子に一枚ずつやってしまったし、観音像は病気の時看護して呉れた人に贈ったので、今は両方共ないよとの一言でした。

衲《わし》は日本国中に預けてあるから、何処へ行っても金に不自由をしたことはないと、常々云われるだけに、財布の底をはたいて、弟子や困った者に惜しげもなく遣《や》って了《しま》われる。或る時東京から帰られて、頭陀袋から数包の布施を取出し「預かって置いて呉れ」と。私は「何程ありますか」とお尋ねしたら、「知らぬ、有るだけあるよ」とのことで早速整理の上、郵便局に預金して置きました。その後数回小僧の使が来てお渡しして残金が無くなっていた時老大師に御目に掛ったら、また金が無いから出して呉れとの御言葉、で私は残金が無い事を申し上げると、「あー、そうか、では東京に出掛けて又説教強盗をして来るかな」と、呵々大笑しておられました。

老大師の外遊通信

村上健吉

玄峰老師は雲水姿で、隠侍一人お連れになって龍沢寺に御入山なされた。当時の信者で生き残っている者は三島では私と小川豊三氏位のものでしょう。従って老師の洋行当時のことは余りくわしく知られていないと思いますので、順を追って認《したた》めることといたします。

先輩宮崎嘉右ヱ門氏外有志の主催で、三島護国会という会に鎌倉円覚寺《えんがくじ》の管長宗演《そうえん》老師を聘《へい》し坐禅会を開催していましたが、宗演老師御他界後は一時休会。玄峰老師の龍沢入山を迎えて再開しました。

拝啓　三島護国会都合に依り一時休会仕居候処、今回協議の結果茲に復活候て新会員を募集、三島接心会と改称、来る二月六日左記の通り沢地龍沢寺山本玄峰老師を聘し、提唱及接心会開催仕候に付御出席被下度、此段御通知候也。

一、場　所　　大中島　常　林　寺

一、日　時　　大正十一年二月六日午後正七時

三島接心会

この会は毎月開催しておりましたが、年末に至り玄峰老師が当分の間接心会を休会したいと申されました。大正十二（一九二三）年二月欧米漫遊の御心組もあってのこととお察し致しました。

その後日取も確定いたし、十二年一月二十日に三島、沼津、東京方面より有志六十数名出席、接心会主催にて三島魚半亭に於て盛大に歓送会が行われました。

老師の御依頼により洋行中の通信は、宗舜《そうしゅん》禅師と相談の上接心会事務所にて引受け、その都度整理して印

刷し、檀信徒の皆様に御通知致しました。幸いに控がありました。

拝啓　爾来御法愛を相蒙り候龍沢寺住職山本玄峰老師、今回欧米各国漫遊視察に際し御懇篤なる御送別に預り感謝に不堪候、愈々本月二十三日正午横浜出帆の大洋丸にて出発致す様相成候間、右御礼旁此段御報仕候匆々頓首

二月十六日

龍沢寺檀信徒総代

三　島　接　心　会

尚外遊中は時折海外の消息御通信可仕候

啓上　出発の際は遠路態々御見送り被下御厚志難有奉感謝候。先は右乍略儀以端書御礼申上侯　　早々頓首

二月二十四日　　山　本　玄　峰

尚其節は混雑に取紛れ欠礼の段御容赦願上候。

二月二十七日玄峰老師ヨリ左ノ入電アリ

（無線）　三島接心会宛

フカクコウイヲシヤス　オモシロク　ユキオリマス　アンシンアレ　ヤマモト

拝呈兼て御配慮を蒙りました山本玄峰老師よりの諸通信を、左に聯か摘記して御報知申上ます。

小衲実は出発当時より病気を押し居り、船中にても療養意に任せず、万一ハワイ辺にて重態になりては残念、折角の事死するとしても広いアメリカが宜いと思い、ハワイ（凡三十日間視察の予定の処）はただ一日自動車にて諸方走り廻り各所瞥見の上船へ帰る。

三月十一日、サンフランシスコ着二泊、市内外視察。

三月十五日、シヤトル視察、婦人会にて講話。

三月十六日、汽船にて英領カナダ、ビクトリヤを経、夜十時バンクーバー着、同十七日市内外視察。

三月十八日、夜九時オルゴン洲ポートランド着、十九日市内外視察、午後四時出発汽車にて再びサンフランシスコに着し、同所にて七日間碧巌録提唱、其れよりサクラメント方面サンタローザを経てローサンゼルスに行、ニューヨーク、ワシントン方面に向う心底、此の間約一カ月半の予定。

五月二十二日、ニューヨーク出帆のアクタニヤ号にて英国へ渡る予定。

小衲近頃は全く快くなりました。身体に就ては御安心願います。

言語通ぜず、眼見えざるも、何んとか彼とかやって行きます。御休心下さい。

二伸、老師留守中は又何かと寺の事や雲衲大衆の事ども宜しく願い上ます。

大正十二年五月　　龍沢寺看護
　　　　　　　　　三島接心会
　　　　　　　　　　事務所三島町文盛堂書店

謹啓　絶へて御無音に打過き候段平に御海容被下度、爾後小衲格別の障礙なく、意に任せて夫是在罷候間乍地事御安慮被下度候、五月十五日ベンガリヤ号にてニューヨーク出立、二十二日英京に着、以後オックスフォート及びケンブリッチ大学、其他種々の社会事業を視察中、たまたま帝大教授河合栄次郎氏に巡り会い、同氏の尽力により当今バーミンハムに於て、全世界十六カ国の名士相集り、世界の平和を研究致す会合あり、其れに参加――名称夏季大学、四月二十日より七月七日迄――小衲は中途にして加はりたる事故、宿所はホテルに泊るも、食事は三度とも各会員と同席に致し、各国人の同情と河合夫妻の親切により、一ツとして不自由なく、日を送り居り候。然るに小衲に「世界平和と仏教」と云う演題にて来週月曜日に講演する事を各人より申込あり、大幸大幸、うまくやって実行の基礎となす抱負有之候、然る後七月一日当地出立致しスコットランドに参り、英国各地をあらあら視察、七月二十日頃ロンドンに帰り、直ちに独逸に行き、夫より欧洲大陸をぶらつく心算に有之候

乍末筆、旅の空にても皆々様の御万福を朝夕祈り罷り居候、先づは暑中御伺い旁々随事御報迄　敬白

六月十日日曜認む

英国バーミンハム基督教夏季大学講習会にて

山本玄峰

○時々は行先しれずあと忘れ

頭かいたりはじをかいたり

般若（花押）

◇

追而老漢宛に御通信御希望の方は事務所へ御申込被下度候。

尚、米国にてはハーヂング大統領に面謁、長時間対談せられし由に候。

龍沢寺留守居一同

三島接心会

老師はその後大正十四（一九二五）年十月、仏蹟巡拝のため印度に渡られました。船中よりの御便り

神戸にて乗船一日延期、二日出船今日は天気良好、沼津出立以来万事好都合、少々苦労に致しおりタル〇〇仏天の加護にて意外に懐中あたたまり是非御安心被下度、思いの外都合よき旅行に在之、遠藤君には少し困るかもしれぬ、然し別条ないつもりです。

十月二日　　播磨沖にて
山本玄峰

老師の随筆より

六十を過ぎてインドに出かけた、この時分に貫録が付きよつたと見えて、伴れの若僧と同行で出掛けて行つた、そんな生意気なことをした罰かも知れぬがその強力坊主が病気になりよつたのは困つて仕舞つた、とうとうカルカッタで死んだようになつた、仁丹《じんたん》飲ましたつて、もうノドに通りよらん、どおにも方法が付かぬ、金剛力を出してその死がいを背負うて歩いた、いつまで負うて歩いても仕方が無いから放り込もうと思いながら、うろうろしている中に何んと背中の死人が息を吹き返したのに驚いて仕舞つた、すんでのことに川に投げ込まれる所であつた、生命《いのち》メウ利のある男である。いまでもその坊さんピンピンしておる、あの時川の中へ投込む心算じやつたというたら「ひどいことしなはる危い所でおましたなァ」というて、知らぬ他国で泣いたり笑つたりした、ボンベイでやつと領事館を発見する迄の印度の旅は、文字通りの難行苦行であつた、まあ印度へは「行《ぎょう》」をしに行つたようのものであつた。

◇

その後老師は昭和十（一九三五）年六月、日支親善使節として、支那各地を仏教各派の方々と共に視察なされました。

電　報

「ブジチャクリクアンシンアレ」ヤマモト
六月四日　龍田丸　長崎無線
ロオシオゲンキケサナンキンへ
六月十五日　上海発
一九ヒナンキンハツ九キヤンへ
六月二十日　上海発
ASU PEKIN TUKU
（明日北京着ク）

六月二十六日　漢口発

書　信

船わ油の上をすべる如し。
平オン無事、接心方へせめて半年も舟住居が出来るなら、寿命も二三十年わ生延る事と思います、従来の御厚配を深謝し、御健康を祈り広天を見守り、玄海灘にて
般　若　玄　峰（花押）

ワシントンで大気焔

大橋忠一

大正十（一九二二）年ころ、私がワシントンの大使館に在勤して居た当時、ニョーラムという第一流のホテルに行くと、一人の腹の出た背の低い六十がらみの日本人が、無格好な洋服姿でよぼよぼしておる。近寄って「あなたは誰ですか」と尋ねると、その人はにこにこしながらポケットからカードを出し「私は山本玄峰という者だが、英語が全然分らないので、この通り日本語と英語で食事の名称を書いて貰い、食堂に行く時持って行く」との答。私は「そいつは不自由だから私のアパートに来て泊りなさい」と云って、この老人を「オルストン」という私のアパートに伴ったのが老師を知った最初である。

老師は当時一人ぽっちで世界漫遊の途上にあり、ワシントンを発った後も行く先々の日本人在留者の世話になって、欧洲から印度の仏蹟まで足をのばし、或る意味では破天荒とも云うべき大旅行をやり遂げたのであった。アパートに着いた時の、老師の気焔がふるっていたので今でも覚えて居る。曰く「達磨が初めて支那に来た時、支那人のいたずら者は達磨の奴生仏と云うからには、支那語を知らなくても書が読める物に相違ない、本を出して読まして見よと云うので、論語を出すと達磨は、こいつは理屈臭い理屈の本だろうと云って投げ捨てた。今度は戦国策を出すと、こいつは血腥《なまぐ》さいから戦のことが書いてあるに相違ないと言ってほうり出したということだ。わしも英語は分らなくてもアメリカのことを嗅いで歩くのだ。過日もシカゴの一在留邦人と話したが、わしの方がアメリカをよう知って居るようだった」。自我を滅却しねはんの境地に立つ老師の心眼には、万象がありのままに映るのであろうと思えた。

昭和二十（一九四五）年の春であったか私が伊豆に行って、当時古奈温泉に病を養って居た松岡洋右《まつおかようすけ》氏を見舞ったことがある。その時松岡氏は「アメリカ国内もルーズベルトが死んで、大分動揺しておるようだ。日本としてこの際弱音を吐くことは禁物だ。自分は病気だがいざという時には立つつもりだ。その時には援《たす》けて貰いたい。いよいよいけなくなったら甲州の山中にはいって斬《き》り死するまでだ。」という。その足で龍沢寺に老師を訪問すると、老師は何時になく慨然《がいぜん》として「この戦争を続けてはどんなひどい目に会うか分らない。否《いな》、現在でも見るに堪えぬ程悲惨なものだ」と言い、次いで「過般組閣の大命を拝した鈴木《すずき》貫太郎《かんたろう》大将と会見した、一見旧知のような感を与える人物だ」と付け加えた。松岡氏の見解は戦争に個人的責任を感じる彼の個我から出た小乗的のものであるに反し、老師の所見は慈悲忍辱《にんにく》のやるせない気持ちと、明鏡止水《めいきょうしすい》に映ったありのままの客観的現実から出た大乗的のものであると思った。情誼情愛《じょうぎじょうあい》の人山本老師は、当時戦禍にとめどもなく苦しんでいた国民の惨状を、この上見るに忍びないという風情《ふぜい》であった。老師が何の目的で鈴木大将に会い、鈴木大将に何を話したか老師は語らなかった。私も尋ねなかった。尋ねる必要はなかったのである。それは疑もなくこの残酷な戦争を、一刻も早くやめるよう勧めたであろうことは明瞭であったからである。

老師は自分のやった善行を人に語ることを好まぬ陰徳家なのである。私が岐阜の郷里に帰ると間もなく老師から、「愈々最後の御奉公覚悟せよ」という意味の手紙が届いた。終戦後老師にその手紙の意味を尋ねると「四元《よつもと》が鈴木大将に対して、あんたを外務大臣にするような運動したことである」とのみで、詳しいことは話されもせぬが聞きもせぬで居る。老師は私を使って、アメリカに頭を下げさせようとしたのかも知れぬと思った。鈴木大将が組閣後断乎としてポツダム宣言受諾《じゅだく》を決意したのは、無論天皇陛下の御思召《おぼしめし》をかしこんだ結果であろうが、山本老師が戦争の行末を嗅ぎ知って、多数の生命を済わんとした烈々たる大願が、鈴木大将に通じた為もあったかも知れぬと思われる。

如何なるか玄峰東来の意

石井光雄

一日《いちじつ》、老師云く、愚老は信者の財施《ざいせ》をうけて欧米の視察に行くと、頗《すこぶ》る得々たる様子である。小居士の云く達磨は朱衣を着て支那にやって来たが、聖諦《しょうたい》第一義の問題で武帝契《ちか》わず、江を渡って少林山に九年面壁《めんぺき》し、禅界に如何なるか祖師《そし》西来意《せいらいい》の問題を残す。老師が赤毛布を着て一字の英語を解せず、真の不立文字《ふりゅうもんじ》教外別《きょうげべつ》伝《でん》で米国大統領にでも相見したら、定めし如何なるか是れ玄峰東来意などいう公案《こうあん》が米国に出来て、後来定めし米国禅者の抱腹病になるであろうと。老師黙然苦笑す。

信施《しんせ》による旅費を懐中に、英語は一語を話せず一字を書し得ず、然《し》かも得々として横浜港を出帆した。しかし如何に強い心臓の持ち主でも、心中聊《いささ》か不安なりしか予《あらかじ》め桑港《サンフランシスコ》の某氏へ埠頭《ふとう》に出迎え方を依頼してあった。船は桑港へ錨《いかり》を下した。多くの出迎人が右往左往して知人を呼び求めた。老師は未知の人であるから「山本さーん」の呼び声に耳を聳《そばだ》てた。やがて桟橋のかなたに「山本さーん」の声を聞いた。仏祖をさへ見向きもせぬ老師であっても、此時ばかりは地獄で仏に逢うた気持ちで「ハーイ」と応《こた》えようと思った瞬間、他の方面で応えて他の人を連れ去ってしまい、再び「山本さん」と呼ぶ声はなく、遂に老師は天外の孤客、埠頭に悄然《しょうぜん》として立っていた。

その時、多少かたことの日本語を解する一米人が気の毒に思い、ホテルを案内してくれた。が、一語通せず一文草し得ず、空腹に絶えずボーイに手真似で、口を指し腹を指して訴え、眠たくなれば肘《ひじ》を曲げて寝るまねをして寝所を求め、所謂《いわゆる》餓え来れば喫飯《きっぱん》し、困じ来れば即ち睡《ね》る底の自在底も何処へやら、これにはほとほと困って一両日を過ごし、もしや出迎人の来もやせんとの空頼も空に帰した。一日ボーイが此の地に誰か知人は無いかと云うのに天にも地にも唯一の頼みの綱の一通の紹介状を出して見せたるに、ボーイはそれを持ってサッサと行ってしまった。翌日ボーイに「あの手紙をどうしたか」と問へば「ポストへ入れました」との答。流石《さすが》の紹介状の宛名主が、漸《よう》く桑港のそれらしい宿屋をさがしあて、数日して老師を尋ねて来て呉れた時は、やっと生気をとり戻したと、老師から直接聞いたことである。

一日、老師鎌倉の小居士の宅に晩餐の膳につかれ、小妻に向って「奥さん忘れ物しませんか」と、左手を出し酒盃を持するの態をなす。之より先予は、老師近来眼が悪いから禁酒じゃそうな、酒をつけるに及ばぬと命じ置きしたのである。そこで予は老師に向って、近来禁酒したという話じゃが、と云えば老師が曰く「それは禁酒ちがいじゃ、手銭禁酒というのを、誰か誤り伝えたのだろう」と。

妙心道場に集った人々

賀来一郎

老師が新京妙心寺建立後、ここを中心に在満有志の会合が、しきりに行われました。記憶に残る人々は大橋忠一・河本大作・東宮鉄男・吉村格也・川人勝一・中村琥逸・半田敏治・松田芳助・星子敏雄・伊東六十次郎・里見良作・平田九郎・原口統太郎・江藤夏雄・板垣守正・鄭孝胥・臧式毅などでした。時々禅堂裏の日本間で、須原秀文師の精進料理で天下国家を論じたもので、相撲場も老師の御提案で、この人々の奉賀帳で出来たのでした。

明治の元勲の孫達の江藤夏雄や、板垣守正らと、ある夏の夕べ境内を散歩しながら、老師が「徳をへらす」話をされた。その要旨は「君等の祖父は偉らかったが、徳をへらすことが足りなかったから、今日君らが斯《こ》うなっているのだ。昔、行基《ぎょうき》菩薩の晩年の不行跡は、後進のために敢えて立膝で飯を喰い、あまつさへ飯をこぼして、近側の人々を驚かしたものである。即ち菩薩の徳をへらされたわけである」と。

妙心寺では、須原師のはからいで老師の御酒は、一日何合と制限されていました。老師は来訪者を喜ばれ、客に酒をのませ御自分も飲むという風で、随分これを利用され、利用した方々も多かったようです。小生の宿舎に一週間あまり滞在されたことがあります。その時小生の使って居った男に、老師の身のまわりのお世話をさせた山崎某の態度に感心せられて、その前身が博多の博徒《ばくと》であることを御存じで、老師は所持金全部を預金帳で与えられ、新京でおでん屋を開かされました。この様な話は他にも幾つもありました。

昭和十四（一九三九）年秋のころ、小生が黒河で負傷し片足びっこの時、温泉に行くため新京の寺に看護婦と共に一泊させて頂いた。老師の部屋に床をのべて寝ましたが、その夜老師は般若心経を唱えながら、徹宵小生の脚をさすって下さった。誠にもったいないことで小生生涯中、夢にも忘れぬ一事です。

老師が満洲を去られた時は、丁度東条氏、星野氏の天下でした。小生がこれらの人々と正面衝突して満洲から帰る時、老師は沼津駅にお出迎い下され、長岡温泉に御案内下され「御苦労様じゃった。満洲は人間の住むところではない、帰って来てよかった。」と、しみじみ申されました。今次の大戦で南方に行く時老師から「玄外一徹」の書と、宗演老師から玄峰老師が頂かれたという白綸子《りんず》の袈裟に寒山拾得《かんざんじっとく》の描かれているものを頂いて、今も大切に保存しております。

堪忍袋の絵

細川禅英

日支事変の起る前でした。訪華団と称し日本の高僧たちが、中国の仏教家を訪問されました。浄土宗の林《はやし》元明和上《げんみょうわじょう》と般若窟《はんにゃくつ》老師の一行が青島《チンタオ》に来られ、そこの湛山寺《たんざんじ》に淡虚法師《たんきょほうし》を訪ずれ、日華親善を図られたことがあります。

般若窟老師は私のいた妙心寺別院に、随行の須原秀文さんと、数日御滞在になり別院で一夕御講演がありました。その時十数枚御染筆下さいまして、それぞれ希望者に分け、別院には堪忍袋の絵に「万事円成」と讃せられたのを、表装して、床の間に掛けて置きました。一日あるインテリー夫人が之を見て、「これでも絵ですか」と自問自答したのを傍《かたわ》らで聞いて、なんと思い切ったことを云う人もあるものじゃ、と呆《あき》れたことがあります。老大師をしのぶよすがと致します。

般若湯窟

石井親孝

老師の満洲御留錫は昭和十一（一九三六）年から十四（一九三九）年にかけてでありました。この間、新京の妙心道場へ毎日出入りして親しく御指導をうけました。当時数限りない御教訓のお言葉をうけたのでした。その二三を記してみます。

◇

近頃の仏教家の中には、信徒から金を集めて、大きなお寺を造り綺麗な衣を着け、うまく講釈をやって人を集めることを仏教が栄え、偉い坊さんだと思っておるようだ。見え外観ばかりで中味は空っぽでねーこんな調子では真の仏教は行き詰るばかりだ。

◇

「仏の道は各々が身につけた仏心を見出す修行だ。之れを教え導いてしっかりした人間を造り上げるのが坊さんの役目で、葬式仏教葬式坊主ではない筈、大きなお寺や金らんの袈裟はなくとも衆生と共に刻苦修行してこそ本当の仏教だ。何んとかして今日の弊風を打破し改革せねばお釈迦さんが泣かれるぞ」と慨嘆され、「わしも内地（日本）にいて管長ぢゃ何ぢゃと担《かつ》ぎ上げられてみると、矢張り高台《こうだい》から講釈（提唱の事を講釈と云われる）もせねばならず、金らんの袈裟も着けねばならぬが、そんな窮屈なことがわしには苦手だよ、だからお断りして当分満洲に逃避行だ」と笑って話された事がありました。

◇

新京妙心寺の日曜日は、老師の臨済録《りんざいろく》か碧巌録《へきがんろく》の御提唱があり、提唱が終るといろいろの方が、老師の御室一杯に集り、老師を中心に四方山《よもやま》の話に花が咲き、之れがまた皆んなの楽しみでした。御別れする時老師は態々玄関まで御送り下さるのが例でした。その際しばしば私を呼び止めて、皆なの御帰りのあと「今晩二人で一杯やろう、又あれを頼む」と。御注文は豆腐ですから、夕刻四、五丁の豆腐を携《たずさ》えてお伺いする。老師は既に鍋や椀などをすっかり用意されてお待ちです。押人れには何時も一升瓶が蔵《かく》されてあり、にこにこされながら之れを持ち出され、二人で湯豆腐を造り、湯呑茶椀で飲み始めます。

◇

老師は酒を呑むときは裃《かみしも》を脱ぎ、はめをはずして呑まねばうまくない、毛脛《けずね》を出して雲助流でやろうと、自分から大あぐらをかかれるのです。誠に洒々落々《しゃしゃらくらく》たる大野人の風格で、何んとも云えぬ親しみを覚えます。般若窟は般若湯窟と変じて、すすめられるままによく度を過し、時の過るを忘れてしまうこともあります。然しいくら召上っても時（老師のお寝みは九時です）が来るともう九時だ、あすが早いぞ帰れ帰れと促され頭掻き掻き帰る調子でした。

◇

その当時日満仏教会なるものが出来て、会長に玄峰老師が押され、副会長に日《ひ》高丙子《だかへいご》郎《ろう》先生が就かれました。其の発会の翌日の新聞に、夕刻から山本玄峰老師のラジオ放送のあることを大々的に掲載しましたので、時刻を待っていましたが、遂に老師のお声は聞けませんでした。不思議に思い、お寺に伺いラジオ放送のことを御尋ねすると「仏教に宣伝は無用ぢゃ、わしに相談なしに勝手に新聞に出したが行くものか、病気じゃ病気じゃ」と呵々大笑されました。もっとも其のころは神経痛の御気味ではありました。

◇

「世間ではよく心配してはいかぬ、心配は身の毒だと云うが、わしに言わすれば心配とは心を配《くば》ることで、誠に大切なことである。なにをするにも心を配ることは身に隙《すき》のない事で、禅の修行でも、武道でも、全身に心気が充実しておることが最も大切な事だよ。世人のいう心配とは心痛のことだろう、心痛は何んの役にも立たぬ。取越苦労という奴で之れは身の毒だよ。心痛は無益、心配は大いにせねばならん」と柔道教師をしていた私に御教訓でもあり、面白い御解釈と拝聴致しました。

蚤は蚤でも酒のみじゃ

津田清市

昭和二十二（一八四七）年十月、全生庵で玄峰老師に始めてお目にかかった。それは妙心寺管長に御就任を賀して、六十余名の同志が老師を御招待した席上であった。

十一月京都妙心寺へ管長として御入山になった。その時自分は「日本はツブレタ。其れは軍人が横暴の為である。これを救うのは学者か僧侶か」という質問を発した。老師曰く「お前は短気でケンカ好きじゃな。短気の者は正直である。修養が足らぬからこれから修養を積むと国家を済うような立派な同志に会うことが出来る」と。その時は左程感銘していなかったが、晋山式《しんざんしき》へ出場のため衣裳付けをなさる時、老師曰く「わしは乞食坊主だから糞掃衣《ふんぞうえ》で沢山だ、併《しか》し管長となると緋《ひ》の衣を着て式場で大衆の前で芸をせねばならんとはおかしいナァ」と呵々大笑せられた。自分はその場面を拝見してハハア面白い老師だナア！　と思った。これが第一印象である。

二十三年五月末から一週間位の予定で、高知の雪蹊寺《せっけいじ》旅行にお供を許され、二十七日大阪から老師、全生庵《ぜんしょうあん》の玄恭師《げんきょう》、菊池氏、津田の五人が船で高知へ行き、一週間老師と起居を同じうした。帰りは六月二日妙心寺にお泊り、三日朝鐘供養の時妙心寺内の清衆凡《およ》そ六十人の読経、老師が導師となって第一番の撞《つ》き初めをされ、それに引続き二十人位が撞かれた時、私にも命令があって一生に二度とない鐘をついた。老師は四日朝の汽車で龍沢寺へお帰りになった。

二十四年一月二十一日、老師のもとへ一壺酒を持参、老師その瓶を撫でて曰く「玄峰お前は虱《しらみ》か蚤《のみ》か、蚤は蚤でも酒のみじゃ。」かくて大いに気焔を挙げた。その時老師は「津田さん十八日から二十五日まで臘八《ろうはち》大接心《だいせっしん》中じゃ、明日の午後碧巌録の提唱をきいて帰ったらどうじゃ」と。自分は二十二日十時の急行で帰るべく万端用意していたが、老師の言に従い急行券をすて提唱をきいた。老師の前置に曰く「老衲《ろうのう》は体験したことより他は言わぬ、そのつもりできいてくれ」と。提唱をきいて実に驚いた。二十三日の汽車の切符もほってしまって、二十五日の接心終了まで滞在して聴講した。

沼津静浦《しずうら》の去来庵《きょらいあん》に老師をお訪ねした。四畳半の間がお座敷兼応接間及び集会場所で、押入れの一畳の間が老師の寝台である。その外に三畳の勝手があり、これだけのお住いである。老師曰く「老衲がここに居ると色々の人から色々の物を貰う。併し老衲は金持から貰ったものは全部貧乏人にやってしまう。丁度老衲は金持と貧乏人との仲介人の親方のようなものである、」と大笑いなさった。

玄峰老師と父・津田清市

津田静男

父が玄峰老師を識《し》ったのは、老師が京都妙心寺の管長をされている頃であった。その頃の父はそのことを「面白い坊さんを知った」というふうに表現していた。しかし次第に父の表現は変って「玄峰老師は偉い人だ」と口癖のようになった。

その偉いという言葉も、最初は地位の高さを意味しているようでもあった。やがて老師を深く知るにしたがって、老師の人格そのものに傾倒して行った。また老師の巧みな導きにより、単なる酒の上の交際から禅そのものに深く立入って行こうとするようになった。老師が三島へ移られてからも、父は毎月のように老師を慕って龍沢寺へ赴《おも》むいた。もうすでに玄峰老師は父にとって厳父であり、慈母であった。生涯を厳しい事業の世界の中で生き抜いて来た父は、始めて本当に心から尊敬し、信頼し、甘えられるを得たのであった。玄峰老師に叱られると、あの傲岸不遜《ごうがんふそん》の父が声を上げて泣いたこともあるという。

昭和三十三（一九五八）年五月、父は胃癌のため手術をした。しかしすでに癌細胞の転移は著しく、死は時間の問題となった。それより死に至るまでの約七ヵ月は、父の癌《がん》に対する凄絶な闘いであった。この父の唯一の心の慰めは玄峰老師の便りと来訪であった。老師が約束をしながら都合が悪くて来られなかった時は、乳を失った嬰児《えいじ》の如くに哭《な》き悲しんだ。老師がわざわざ京都へ立寄って病院に来られた時は、もう何日も前から待ちわび、長い闘病生活を忘れて、嘻々として笑顔を浮べていた。父を見舞う老師の姿も、慈悲に溢《あふ》れた仏様のようであり、幼子《おさなご》をあやす母の姿に似ていた。

また老師が父に与えられた書簡は、あの目の悪い老師が、小さい字でながながと切に養生するよう諭《さと》されたものであり、父は毎日それを繰返し読んでいた。苛烈な事業の世界の他に、尊い宗教の世界の存在を父が身にしみて実感しえたのも、まさに老師と親しく接し得たからである。死が近づくにつれて父の願いは、自らが真の仏になることであった。

翌三十四年一月二十二日、遂に父は息を引きとった。父の死は立派であった。最期まで意識を失わず一言も苦痛を訴えず、むしろ微笑さえ浮かべて永遠の眠りにつきえたのも、心の支えとして、玄峰老師が全《あら》ゆる瞬間に父の意識の中にいられたからである。一月二十二日は臘八接心の最中である。龍沢寺からの励ましの電報もあって、父は自分の死を接心として受取っていた。常に玄峰老師と共に参禅しているかのようにして、父は迫り来る死を迎えた。あるいは親しく玄峰老師の教えをうけたものとして、恥かしくない最期でありたいと決意していたようである。そして、生前の父が常にそうであったように、死に際しても父は自分の決意を実行した。父は父らしく死んだ。玄峰老師に対しても恥じない死であった。全ての家族や親威の者や知人に見守られて、薄れ行く父の意識の中に、恐らくは玄峰老師の姿が強く浮かんでいたことであろう。

父の葬式は一月二十五日に行われた。接心中にもかかわらず当日の朝、宋淵《そうえん》老師が夜行に乗って到着された。休む暇もなく父の棺《ひつぎ》の前に座られた宋淵老師は、生きている人に対するかのように語りかけられた。

「津田さん、唯今参りました。これは玄峰老師からです。」

低い、小さい声が全ての人々の肺腑を貫いた。写真の前に玄峰老師の色紙が置かれ、宋淵老師が静かに読まれた。

「人事を尽して天命に随う」

真に人事を尽して天命に随った父が、真に人事を尽すことを知っている人からの言葉を得た。玄峰老師の前にいるかの如くに死んだ父に、玄峰老師は最初から最後まで父と共にいられたのであった。父に贈るにこれに勝る言葉は無い。

更に宋淵老師の色紙には

「月落ちて天を離れず」

二枚の色紙は棺に納められ、父の肉体と共に真赤に燃えた。

父の墓には玄峰老師の字が彫られている。

「南無阿彌陀佛」

玄峰老師も今は亡い。しかし、今こそ父は永遠にいることであろう。玄峰老師の膝の傍に。

——昭和三十七年十月十五日、関西学院大学哲学研究室にて記す——

お前は馬鹿だぞよ

谷 久三郎

玄峰老師には、瑞泉寺《ずいせんじ》再建のため犬山へ御出での時から、お導きをいただきました。私の家は戦争中も戦後も闇売りは一切せず、疎開者も多い時は四家族、自宅共に五家族二十三人が、乏しいものを分かち合い、みんなが仲よくほがらかに暮しました。

戦争中、長男は学校勤務、次男は海軍現役、三男は陸軍現役、三女は挺身隊、四男は学徒動員、五男は生徒、家に残るは老夫婦二人だけで田畑を耕作していました。実行組合にはいっていないため、肥料の配給は全然無く、供出は人一倍多くしましたが、老師様のおさとしにより、不平不満は少しも抱かず、有難く供出させていただき、ほがらかな毎日を送って来ました。

次男の現役入団の際には、左の様に日の丸の国旗に書いていただきました。

日本国内大小神祇 龍沢寺玄峰拝書 為谷久次君 皆来 守護

そうして、老師様は、刀傷、弾丸傷、かすり傷も受けさせないと御祈願下さいました。老師様の真心こもる御祈願のお蔭で乗船が敵機の爆撃を受け、数多の戦友があるいは戦死あるいは負傷の場合にも、爆弾のあおりを食ってはねとばされただけで、甲板の上に落下左肘関節を挫傷《ざしょう》しましたが、一命は助かりました。戦闘最中のこと故、海の中へはねとばされていたら、到底助かることは出来なかったに違いありません。全く老師様のお蔭で無事復員させていただきました。

毎年私の家では、新穀、小麦、初穂物、きしめん、大根切干《きりぼし》を献上させていただいています。そして同時に老師様へもお送りして、いつも大喜びのお礼状をいただいては家内一同喜んでおります。私も、老師様と一緒に、お酒を飲んだり御飯を食べたりしながら、老師様の温容に接して、知らず識らずのうちに修行をしております。老師様から「谷久、お前は馬鹿だぞよ。決して馬鹿ということを忘れるなよ。」とお言葉をいただいております。

人というものは、盛んな時は寄り付くが、落ち目になると兄弟までも寄りつかなくなるもので、人情は紙の様に薄いといわれますが、人の落ち目には、出来るだけお世話をし、お世話をしても即時忘れ、少しのことでも、人様にお世話になったことは、子孫に伝え、御恩を忘れぬように心がけている次第です。これも、大善智識山本玄峰老師のお蔭と感謝し、家内円満に有難く感謝の日を暮らしております。

吾心如秋月

木内勝治

終戦直後のころでした。会社の講堂で玄峰老師の講話があるとのことで、従業員一同集まりました。老師のお話には全員心を打たれたというか、戦争で荒れはてた心のしみを洗い流したかのように、入場する時とは変って希望に満ちた顔で退場したことは見のがせませんでした。私の言おうとするのは、それからのことであります。

当時私は井上社長の専用車の運転者として勤務していましたので、老師の送迎は私がさせていただいていました。講話会が終って四五日過ぎたある朝のこと、車が故障して修理屋に出すため、ルームのシートをはずし何気なしに隅の方を覗《のぞ》くと、円い白い鈍い光をした物に目がとまりました。手に取ってみると大きな懐中時計でした。埃《ほこ》りまみれになっていてガラスはこわれているが、何となく貴重品のようなので、しばらく手に持ったまま考えました。

長年社長のお伴をしておりますので、社長の持物は時計はもちろん万年筆から財布の色まで記憶しているので、社長の持物ではない。外に最近乗った方々を思い浮べながら、どなたの品にしろガラスだけは入れて置かなければと思い、町の時計屋に行きましたところ、時計屋の主人が顔色を変えて云うには「君こんな時計をどこで手に入れたね、これは大した時計ですよ、どう見積っても何万という品物ですよ」と。私は仰天した、そして私の月給の一年分に当ると思ったことを記憶しております。

さっそく社長に知らせましたところ「そうか有ったか、その時計で龍沢寺では困っている様子だから届けるように」とのこと。二時間の後お寺に着きその旨伝えると、取次の小僧さんが転げ込むように奥にはいったかと思うと、代って、そのころいた尼さんが出て来て「まああ時計が有ったですって、今まで大さわぎをしていたんですよ、老師が明け方に夢をみて、座布団の下に時計がチカチカ光るのを見て、どこかの布団の下に確かにあると申されますので、本堂の布団の下まで二度も三度もひっくりかえして探していたところでした」、と言い言い老師の処へ案内してくれました。「なに時計があった、それみろあったではないか」それに答えて尼さんが、「あるにはありましたが、富士の井上さんの所にあったんですよ」「そうか有り難い有難い、矢張りわしには必要のない品物だ、これはある名士の方が、どうしてもわしにやると言うのを、わしはそういう物は必要がない、もっと必要の方に上げなさいとことわったが、どうしても聞き入れず、ぜひおそばに置て下さいと、無理に置いて行かれた物だから、無くするわけには行かない」と申され、大きな口を開いて笑い、よかったよかったとほんとうにお喜びの顔が今も目に浮んで来ます。

そして老師は「木内さん、正直は一生の宝だ、よし一つわしが書いて上げよう」とおっしゃって、丸い輪のような鈴を振って揮毫の用意をさせ、襷《たすき》をかけて御揮毫！

吾心如秋月　碧漂清皎潔

為木内君　　玄峰

と書いて下さいました。私は有り難く拝受して、子孫に伝える家宝としております。

隣りのお爺ちゃん

瀬川真

改めて玄峰老師の思い出をなんて思うと私には書けない。〃般若窟玄峰老大師〃なんて厳《いか》めしいことで無く「隣りのお爺《じい》ちゃん」と思うと書けるような気がする。

老師は、父が在世中はよく訪ねて来て下さった。老師と父との交遊は実に深かった。父は老師が来ると私と妹を呼んで「生き仏様じゃ」と老師の話を聞かされた。私は「生き仏様」よりも、老師が必ず「ホラー土産じゃー」と言って小遣や菓子を下されたことがうれしかった。その後私は時々老師のお供をして、龍沢寺まで頭陀袋を肩にして送った。今考えればその当時話されたことが、今日となってどんなに日常生活に役立っているかわからない、有難いことである。

ある日のことであった、老師は一人のお婆様をつれて訪ねてこられた、そして「この方はワシが雪蹊寺で雲水《うんすい》のころ、大変にお世話になった方じゃ」と父に紹介された、老師も酒が回ったころに「ここの親爺《おやじ》は変り者で、酒も飲まんでいるんじゃが、お母さんが偉いんじゃヨ」と、母を大変ほめてくれた、私は子供ながらとてもうれしかった。老師が便所に行かれた時そのお婆様の口から老師の雲水時代の尊い話が父に語られた――。

玄峰さんは偉い方ですヨ、太玄《たいげん》様のお弟子には、数多くの偉い和尚様が出られたが、玄峰さんのような修行された方はただ玄峰さんだけですよ、玄峰さんの兄弟子に癩《らい》にかかって死なれた雲水さんがいました、その雲水さんを死ぬが死ぬまでよくお世話しましてネ、雪蹊寺の裏の竹藪に小さな小屋を建てて二人で暮しました、いよいよ息を引きとる時玄峰さんは、「決して世を憎まんで下さい、私が貴男《あなた》に代って必ず必ず世の為めに……と癩の兄弟子を抱かれておられました」と。私はこの話を側で聞いていて、今日になっても老師の慈悲心の偉大さに心打たれている。

その後松蔭寺で老師のお側に七八ヵ月暮させていただいた。時々隠寮に私を呼んでは珍らしい食べ物を下さっては、「お前が望んでいる画描きになりたいなら、一日も早くその道へと飛び込むのじゃ、親をすて兄弟をすてて行くのじゃ」と。私にとってこの教えこそ、生涯を通じて有難いことであった。私はついに意を決して美術学校を受験し幸にも入学することを得たが――両親に内密で受けたため学費の問題が一大問題であった――入学日を前に老師を龍沢寺へお訪ねした。

隠寮へはいるやいなや「うまく行ったか、お前の思う親不孝などちょっとの間じゃ」と、私がもじもじしている間に老師の方から言われてしまった。「金が要《い》るなら持って行け」と五円札を出された。「あとはワシから親爺になんとでも話してやる、お前一人くらい親不孝者が出来てもいいじゃろー」と、良い酒が有る祝いに一杯飲めと、大きな盃（茶碗）になみなみと注いでくれた。

「坊様と芸者からは一文ももらうで無いぞと常々親爺から言われていますから」と、おそるおそるいうと「それは面白い話じゃ、お前の親爺らしくていい」と大笑され、そして「それでは今から歩いて行け」と、台所でむすびを作ってもらい、裏山から行けば芦《あし》の湖《こ》へ出る、それから小田原、東京とナ、金が無いなら途中春画を描け、誰れでも春画なら買ってくれる、有難いもんじゃ――」

「まさか春画など」と私が言うと、

「春画も描けない男なら、美術学校など行くな、それこそお前が気にしているような親不孝者になるのじゃ――」と。

老師の下さった酒を我慢して飲んで隠寮を出て月照《あか》りの参道を帰って来た。家へつくと母が心配顔で何処へ行って来たと尋ねるから、老師の処へ行って相談したことをいっさい母に打ち開けた。

「男らしく父に云え」と云われ、母の言葉に元気づき次の朝父に話したら「アアそうか」と父は言っただけであった。

それから私の東京の生活がはじまった。

猿芝居も今暫らく

久下宗亮

昭和二十三（一九四八）年四月、悟渓《ごけい》派の古道場として有名な愛知県余野《よの》の徳林寺《とくりんじ》で、開山の三百五十年忌と梵鐘の落慶式に管長として般若窟老大師が出向された時のことです。私も東海《とうかい》派を代表して随喜し老大師の隠寮に侍衣の松蔭《しょういん》和尚と御厄介になり、梵鐘供養も目出度《めでた》く済んで雨中出迎えの人と共に、一宮大海道の谷久三郎氏方に投宿したことがあります。

谷氏は幽谷庵と号し、風蘭《ふうらん》の栽培家として篤農家で毎年新穀を大宮御所に献上する仁で、一宮地方では余りに有名な存在です。邸も古風な建物で濃尾大震災の時勅使《ちょくし》が宿泊されたという家なのですが、私はバスから降り立ったところ、風貌の上がらないお百姓なのと、古風な住居に驚いたのです。老師が我家の如く急がれた谷氏の邸を、私は世間的に見ていたからですが、ほんとうの帰依者信者と云うものをここで見せていただいたことを、今でも喜んでいます。魂が融け合った世界、仏とか救いとか言った雑音のない境涯の美しさを見せてもらった感激を拙《つたな》い文章に綴《つづ》るのです。

座敷に通り手廻り品を片付けていると、主人公は今までの野良衣を着替えて挨拶に出られました。

谷　あんた未だ管長なんかやっていなさるか。

老師　もうしばらくじゃ猿芝居も――。

谷　そうじゃろ貴男だけは間違わんと思ってる。

老師　今日は藪入りに来たんじゃで、うどんをうんと喰べさしてくれ。

と云った調子のまことに気持ちのよい会話で、私の考えが間違っていたことがわかったのです。やがて読経となりました。恭《うやうや》しく主人が開扉し燈燭茶菓《とうしょくちゃか》を供えられましたので読経の座に着いたところ、驚いたことにはお酒が一本仏壇に上っているのです。まれにしかないことですので少し気になった訳ですが、後が嬉《うれ》しい話になるのです。お経も済み供えた菓子で抹茶が進められました。

　あんたが来ると言うので、去年いい奴を二本仕舞っておいたが、この正月どうしても出さんと悪い仁があって一本もらってしまった、あれだけは辛抱《しんぼう》して今日までお仏壇に預けといた、どうぞ成仏さしてやって下さい。婆さん今日はうんと御馳走を頼むぜ。

と大はしゃぎです。老師の神経痛によいと言って、樟木《くすのき》を煎じて風呂が立ててあったので、老師は入浴され薬石となったのです。次々と出される器は主人の知友であった瀬戸の麦袋《ばくたい》の物ばかりでとても嬉しい、老師も心尽しの酒に盃を重ねておいででしたが連日の法要の疲労が、湯と一緒に出たと見え寝たいと言われるので、私たちは次の間に膳を引いて谷さんと飲んでいました。これからが大変なんです。老師の手足を奥さん、息子の若嫁さんという具合にさするんです。その中に老師もうとうとされたらしいので、私たちもしばらくは静かにしていたのですが、気楽になったのと酔って来たのとで、声もだんだん高くなってきました。

谷　やってしまおう、朝のは朝として、盆と正月が一緒に来たようだ松蔭寺さん……。

　突然隣室から一喝です。

　　俺の分を残して、いい加減にやめ、明日もいそがしいぞ。

谷さん一家の朝はいそがしい。谷さんは老師を送る自動車で色々と心配して、息子さんに電話をかけよ、お土産にあれとあれ、餅はあの米にせよと眼が回るようだが喜びに満ちている。その中に朝食をいただく、昨夜の瓶も心持ちしかない、だが結局は量でも質でもなく気持である。

老師　餅つきの音を聞いての一杯は、正月が来るようで年老ってもよいもんじゃ。

谷　俺はあんたの顔見りゃいつも正月、はよう管長やめて遊びに来て欲しい。
老師　やめる記念に、釣鐘を一ツ妙心寺に残そうと思って、御布施を溜てる。一つくれるか。
谷　いい記念じゃ、仲間に入れてくれるか。

食後老師は主人の依頼で二三枚染筆しておられると、表に自動車の止まる音がする。立派な警視さんが一本下げてはいって来た。谷さんは奥から走って来る。

管長さんが見えたと聞いて一ツ上っていただこうと持って来ました、駅の方は私がお送りします。

谷　わざわざ済みません、まあ上って一ツやって下さい。

谷さんは「一宮の署長さんです、どうぞよろしく」と紹介して、盃を進めている間に時間もせまってきたので、老師と谷、署長、私と同乗して一宮駅に向いました。途中罹災地《ひさいち》のこととて自動車が珍らしいのと、金ピカの署長さんに白頭巾の老師と、あまりにもかけ離れた取り合せに町角の子供たちは目を丸くし、白頭巾を花嫁さんの綿帽子とまちがえてか、お嫁さんだお嫁さんだと叫ぶのに老師も大笑いでした。

赤いべべで踊らされる

山内知芳

昭和二十三（一九四八）年十一月十、十一の両日、京都の花園大本山妙心寺で、初めて花園協議会檀信徒代表会議がありました。第二十一教区は協議員清水の塩沢鉄雄、熱海の内田勇次両氏出席、案内役に第二部宗務支所長塚本廉慶師と宗務所長の不肖知芳が登山いたしました。

会議終了後四人そろって、新管長花園会総裁玄峰老師猊下に小方丈で、侍衣通山宗鶴《つうざんそうかく》師の紹介で初相見《しょうけん》しました。老師は温顔に微笑を湛えられながら、忌憚《きたん》のないお言葉をたまわりましたが、その中で今なお記憶する一語は「赤いべべ着て踊らされることはかなわん」、宗鶴師を顧《かえり》みて「これが悪いんだ」とお笑いになりました。猊下は、雲水や社会民衆の面倒を見ていたいお心持ちのようにうかがわれ、無邪気の中にも崇高で、ひとりでに頭が下がりました。あの御一語が深く印象に残っております。

管長としての老大師

木村静雄

管長として晋山早々、老師は山内を一巡して塔頭《たっちゅう》の一院ごとに門前から大悲呪《だいひしゅ》一巻を誦して、各院の開祖への炷拝《しゅはい》に替えられた。三日目には大方丈に役員、山内住職、臨専、臨中の学生を集めて、親しく一場の垂《すい》示《じ》を試み、本山の法式《ほっしき》第一主義を戒《いまし》めて、開創の根本精神を強調されたが、咄々《とつとつ》たる中に滋味溢れ、婉曲にしかも十分に自己の所信を尽された好法話で、老来少しも衰えぬ頭脳の冴《さ》えを示されたものであった。また、臨済学院に臨んで若き学徒を前に二時間にわたる長講話を試みられたが、老師の青年に寄せる愛情と、その豊富な体験から溢れる話題に、学生は最後まで興味深く傾聴して、「さすがは管長さん」と敬仰の念を深くした。また、仏殿の「送り鐘」を新鋳寄進され、花大図書館のために、岡山大龍寺所蔵の禅籍数千部を購入して寄付される等、残された功績は大きい。

しかし、野人味に富まるる老師に取って、管長職はあまり有難くなかったらしく、最初の宗会開会式の茶礼に辞意を表明される等の珍事があって、在職一年に満たずして、この大物管長を失ったことは、心ある宗門人の深い失望であった。

九十の翁《おきな》と七十の媼《おうな》

宮崎白蓮

三島の伯日荘という温泉宿に宿っていた時のことでした。この宿の主婦は、私の歌の弟子で、いつでも来てくれと娘のように言ってくれるので、ちょうど左手の神経痛で、困ってた時でもあったし、それに温泉宿と言っても、ここは淋しい田舎、三島駅から自動車で十五分位の所なのに、そこはひどい田舎で、田と畑と、小さいお寺が近所にあるだけ、神経痛にきく温泉というのも、湧《わ》き出た時は冷泉で燃料をもって湧かす湯なのである。それが醤油《しょうゆ》のようなので、かえって、なるほど神経痛によくきくのかなと思わせられる。

私の行った時、隣室に山本玄峰老師が来ておいでになった。宿の主婦みちよさん曰く、老師様はこのきたない粗末なお家が好きで、もっと立派な熱海温泉の方から昨夜も電話がかかって来て、老師様をお迎えしたい、自動車もって伺うからと言って来たのですよ、それに老師様はお断りになった御様子です。と嬉しそうだった。

朝早くお風呂にはいると、湯気と薄暗いのとでわからなかったが、誰か一人の先客のはいってる様子、近づいて見ると、何とそれは玄峰老師。びっくりした、田舎の粗末な温泉宿によくある風呂は男女混浴のものだった。朝早いせいかまだ誰もはいっていない二人きり、考えて見ると七十の媼《おうな》、先方様は九十の翁《おきな》、恥かしがるお互いでもないので失礼の段は御免蒙《ごめんこうむ》ることにして、落ち着きはらってお湯に浸っていた。幸いなことにお湯は透明でないから、この貧弱な裸体は少しも相手に見えない、全く幼児のような老師様のお顔がいかにも楽しそうなので、私の方でものんびりとなり、友だちのような気安さで、「ねえ、老師様、私はあの〝無門関《むもんかん》〟というのがとてもむつかしくて、われわれ共の手におえないものだと、頭からきめておりました。

老師様の、〝大法輪〟にお書きになっているのを拝見して、よくわかりました。ほんとうに勉強になりました。有難うございます」と、申し上げたところ、何とまあ、老師様の仰言《おっしゃ》ることに、「あんなものみな嘘じゃよ……」私はびっくり仰天して、「へえ、それはまたどういうわけなのです……？」とおたずねしたら、老師様、きょとんとした態度で、「禅というものはな、書いたり、聞いたりするものではないのじゃ」

「あら、そんなら、どうするものなのですか」「心と心じゃわいな」私は頭をこつんと、どやされたような気がして思わず、お湯を老師の頭からぶっかけた。するとまあ、何と憎らしい坊様。

「おお、そうか、わるかったかい」何をぬけぬけとこの坊さん！

翌日はまた、このお湯の中の喧嘩だ。「あんた女という字知っとるか？」うっかりその手にのるものかと、「いいえ、存じませんのよ、老師様！　女とはどう書きますのでございましょうか？」「教えてやろうか、女という字はな、こうしてこうやって、こう書くのじゃよ」老師は指先で空に女という字を書いて見せる。「それ！一本一本みんな曲《いが》んでいるな」「あら！　また！」私は口惜《くや》しくてしょうがないのでやけにぼちゃぼちゃとお湯を引きかきまわして大浪を起した。

昔、アダムとイブは、神様に叱られて、エデンの園を追われるまで、裸であることに気もつかなかった。それが平和な楽園を出て始めて、自分の裸であることが恥かしくなり、何か身にまとって裸体をかくしたという話が、ヤソ教の聖書に出ている。この温泉の風呂の中では、二人きりであり男女であることすら忘れるのは、老師があまりに童心であるからだろう。

変らぬお心配り

山岡まさ

私が老大師様に初めてお目にかかりましたのは、大正十一（一九二二）年三島北高に赴任して間もない頃でありました。龍沢寺《りゅうたくじ》へは先代鉄舟《てっしゅう》翁が、維新当時三年間参禅した因縁がありますので、現今でも朝の読経の時に鉄舟居士の戒名を唱えていただいているようです。老大師様は私が鉄舟の嫁であることを御存じで、向後時々お寺へ来るように仰せられましたが、当時は乗物が不便でしたので、二三回登山したに過ぎませんでした。

昭和三（一九二八）年に東京へ転任しましたので、先代の菩提寺全生庵《ぜんしょうあん》で老大師様にしばしばお目にかかりました。そのせつ宋淵老師様をとてもおほめになっていらせられました。その後私の家も親戚も戦災にあいましたので、龍沢寺に伺い暫《しば》らく置いていただくことをお願いいたし、半年間ほど御厄介になりました。今に忘れませんことは「お寺は精進もので滋養物に不足するから、牛乳でも玉子でも用いるように」と、売る処まで教えて下され、寒くなりました時、女子は冷えるから炬燵《こたつ》をせよとおっしゃって下さいましたが、万一の粗忽《そそう》を思いそれは致しませんでした。

新京に妙心寺別院御建立の時、丁度私の伜《せがれ》夫婦も新京に勤務しておりましたので、たまたま御光来の時お豆腐で薬湯をさし上げましたら、大層お喜びになりましたことも、嫁が記憶しておりまして、七月一日全生庵で報恩追悼会の時横浜から出京して、お豆腐を持参し当日のお斎《とき》に加えさせていただきました。

最後にお目にかかりましたのは品川八ツ山病院に御入院の時でありましたが、お目にかかると「あんたまだ御飯前だろうまず腹こしらえをせよ」とか、いつに変らぬ有りがたいお心配りでありました、思い出しても涙を催す次第であります。

竹倉のある夕

沢　勝子

昭和三十六（一九六一）年三月十五日から五日間、宝池寺《ほうちじ》で授戒会《じゅかいえ》がありました。中川宋淵《なかがわそうえん》老師も前日アメリカから御帰山になり翌朝八時ころ御出かけあそばすことになった。私は旧友お友ちゃんといっしょにこの授戒会に参加させていただくため、龍沢寺に一夜のお宿をお願い申し上げ、翌朝老師のお供をして宝池寺へとむかいました。

老師はお疲れの御けしきもなく、お元気に唱名師《しょうみょうし》の大役をおつとめになり、説教は松原泰道《まつばらたいどう》先生でありました。会場はあふれるばかりの超満員、私たちも多くの戒徒の中に座して熱心に第一日の日程を無事に終ることができました。午後四時過ぎ二人で、御病気御静養中の玄峰老師様をお見舞申し上げることにし、竹倉温泉に車がとまったころは、赤い夕日が雲を染めていました。お付きの宗忠《そうちゅう》さんが「津田さんと沢さんです」と御つたえ申し上げられた。老師様は御重態の御身とも思えず、むっくとお床の上に正座あそばして、お眼をじっとおつむりになり、御丁寧にお頭をお下げ下され「ありがとう」と仰せられて、二人をしげしげと御覧になり「いつもいっしょでいいなあ」「どっちが姉さんや！」。「お勝ちゃんの方が三つ上です」「ああそうか、そんなに見えるなあー」。御枕頭《ちんとう》の花瓶にまばゆいばかり赤、白、黄、紫の花の数々が活けられていました。老師は「これはなあー、内の宋淵がハワイから持って来てくれたのや、これ造花とちがうのやでー、一ヵ月ももつようにちゃんとしてあるのや」と、お目をじっと花にお見入りになりました。お友ちゃんは「老師さん、私たちは宝池寺さんの御授戒にこさせていただいてます」「そうかそうか、それは結構なことや、宋淵もぎりぎりいっぱい間にあうように帰ってきてくれたので、ほんまによかった。宋淵はああいうことにはなれないのだが、今日はどうぢゃった、しっかりやりましたか」と、二人の顔をぢっと御覧になった。「お疲れの御様子もなくお元気に立派におつとめになりました」と申し上げると、御目を細くしてにこにこあそばし、さも御満悦の御面持でありました。「それでは」と申し上げると、私たちにお手をお出しになり、一人に熱い握手をして下さって「ありがとう」と仰せられ、御頭をひくくひくく御丁寧にお下げ下された。

二人は別室に引き下らせていただいて、わけもなくむせび泣くのでありました。

われ仏と偕に在り

須釜栄一

三十年ほど前、郷里白河鉱泉不動湯に浸《つか》っていた時、一人の老人がはいって来た、流し場で向き会って話したが、その腹の便々たるを見て、これは尋常人ではないぞと感じた。後でそれが玄峰老師と聞いて驚いた。数年後上京して龍沢寺にお訪ねすると、よくその時のことを御記憶になっていて、ぜひ泊って行けとおっしゃったので、一泊の恵みを受け、その後たびたび参上し、戦後は宋淵《そうえん》老師にも親しくさせていただき、ことに寺の虫干には紅葉に映える本堂や客殿で、白隠様はじめ諸禅師の書画などを拝見するのは楽しみです。永年玄峰老師の女房役だった宗舜《そうしゅん》和尚の遷化《せんげ》は痛惜に堪えません。

最後に御提唱を拝聴したのは、病を押して上京、全生庵《ぜんしょうあん》に御静養中でした。重いお脚をひきずるようにして仏前に拝礼せられて、咄々と提唱を果されて後「それにしても龍沢寺には宋淵もおり、こちらには玄恭《げんきょう》もいること故、皆さまどうぞ今後ともくれぐれもよろしくお願いいたします」と、参堂の方々に繰返し繰返しお頼みなされた。愛弟子《まなでし》たちを思う切々たる老師のお心遣いには、一同感泣するばかりでありました。

三十六（一九六一）年七月一日、全生庵で営まれた報恩追悼会には、老師に親炙《しんきゅう》された大勢の方々が参集され、午後二時から本堂に宋淵老師をお迎えして大勢の僧侶による読経、その間に尺八の哀韻が響き、薫り高い香が本堂一杯にこめる中に、一同の焼香がありました。その時玄峰老師の「われ仏と偕《とも》にあり懼怖《くふ》あることなし、汝ら諸人と共に歓び喜べ」のお声が私の心耳に響き、老師の温顔が髣髴《ほうふつ》としたのでありました。

「どーッぞ。ひ、と、つ。」

土井道子

大徳寺《だいとくじ》の中の名刹の一つに嫁した若い友人が京都で私との電話を切りしなに、「ではね、どーッぞ。ひ、と、つ。」と言った。たちまち電話の両側で明るい笑い声がおこった。

昭和三十一（一九五六）年の臘八接心《ろうはちせっしん》、この友人も私も老師の無門関《むもんかん》の御提唱に末席をけがしていた。老師はほとんど毎回、この言葉を口にされた。「どーッぞ。ひ、と、つ。みな自分の性根玉《しょうねだま》だけはみつけるように」とつづいたり、「走る馬にも鞭、どーッぞ。ひ、と、つ。」と終ったりする。接心では何の所得もなかった私にも、このお言葉だけは深く根を下したらしい。私やあの友人から、更に他の友人から、更に他の友人たちへひろがってゆき、やがてこのお言葉は私たちのグループにおいて「お互に一生懸命坐りましょうね」という挨拶のシンボルになってしまったのである。

ただいま幸いにも全生庵様で日曜日毎に、私達は老師の御提唱を伺わせていただいている。そのお声は御住職様が「冷水どころか、氷をぶっかけられる想い」と仰せられる程、腹の底から出る、気魄《きはく》にみちたものである。特にこのテープの中でもしばしば現れる「どーッぞ。ひ、と、つ。」は、その中に無限の悲願がこもっていて、じーんッと心につきとおってくる。「どーッぞ、ひ、と、つ。皆を救いたい、皆救われてくれ、」

これこそが老師の御生涯を貫く大誓願であられたろう。老師のお偉さなどわかるはずもないが、このお言葉だけは私の中で今もなお日毎に重さを増してゆく。龍沢寺の山門で車を降りて、大きな荷物をかついで山路にかかると、いつもおのずからこのお言葉が念じられて来、このお言葉に導かれて私は僧堂への道を一歩々々、歩をはこぶのである。

日本の僧侶は居眠り

安井高次

私は玄峰老大師のお生れの家あとにある、湯《ゆ》の峰《みね》温泉東屋《あずまや》旅館の番頭を、多年勤めておりました。老大師が六十歳位の時、幾十年ぶりかで故郷湯の峰へお帰りになった時から、お親しくしていただき、もったいないですが私は祖父のようにお慕い申し上げ、老大師も孫のように可愛がって下さいました。湯の峰へおいでの時は、お育ちになった岡本家にはお泊りにならず、御生家のあとにある東屋にお泊りになりました。そのたびごと種々の御教訓をうけました。

六歳の長男が半日の患《わずら》いで亡くなり、悲歎に暮れていました時老大師にお目にかかりましたら「昔から子供を三人養って始めて親の恩を知るというが、親の心はまだまだ深いもので、かわいい我が子を亡くしてみて、始めて親の恩の深さを知ることが出来る」と御さとし下さいました。私はほんとうに胸を打たれました。

また、私の家は代々禅宗なのに、ある動機で私が天理教信者になりました。たまたま老大師が御帰郷になりましたので、このことを申し上げましたら「それでええ、それでええ」と申されただけで、何もおっしゃりませんでした。禅一宗の管長のお方に、禅宗信徒の者が宗旨替をしたと申し上げたら、何か説法されるかと思ったのですが、ただ「それでええ、それでええ」とだけでありました。それから二十幾年の歳月を経た今日、やっと老大師のお心が読めた気がいたします。ありがたいことでした。

老大師からいただいたお手紙の内、管長をおやめになった時のは、老大師の御心境や宗教に対する御信念が窺《うかが》われると思いますので、ここに引かせていただきます。


手簡真にありがとう再読致し感謝仕ります。玉置・栗山何れも御健祥とあり、此上なく大幸に存じ、其上岡本両家の事御知らせ下され、交々厚意感謝仕ります。二に私も頑健、今年は一月一日より何くれとなき多忙多端なる日を過して居ります、妙心管長は四度辞任表を出し、辞職は致しましたが漸く現今となり後任管長の選挙という有様、是が確定致せば京都にも行かねば相成ませず、また郷里へも帰り祖先の墓参りも致し度存念であります――帰郷致せば玉置即東屋へ厄介をかけ、全く申訳なき次第であります。目下制中、専門道場、大切なる若き雲水をあづかり居る事と、東西南北より種々百般の来人もあり、夫に二三四月は岐阜・名古屋・長野・静岡、東西各地の法要、東京の例会と、全く暇日なく、目下制中安居、他出は致されない事など、本山後任管長定り入山の式には上京、其節は帰郷致します、其節は相変りなく御厄介を相掛申度、今より御頼み申上置ます。

此寺は檀家としてはありませぬが、実に多用なる寺、即ち専門道場であります。副住職もあり、他に副司《ふうす》と云って会計を致す者もありますが、其一人は目下渡米中、是が十一月迄に帰山する予定、是が帰山次第私は真に閑人となります。米国行は非常に意義あり、八方より歓迎を受け信者は九分九厘白人にて、実に未曾有の事、十日に一度位日誌を送り来ます、静岡又は東京より放送も取次事に相成居ります。世界中に向い仏心宗は盛になり居ります。日本の僧侶は居眠りして居ります。実に愧入る次第、是も宗教家の末路致し方ありません。申上度事山々なるも、まわらぬ筆と眼鏡の効なき曇りたる目、あしからず御判読下され度、末筆ながら奥様始め栗山様へ宜敷御伝声御頼み申上ます草々不備。

（昭和十四（一九三九）年五月十日龍沢寺内老大師発）

玄峰老師略年譜

年号	年齢	主なる事項
慶応二年(1866)	一歳	一月二十八日、和歌山県湯の峰温泉の西村氏芳野屋に生誕、渡瀬集落の岡本善蔵・とみえ夫妻の長男として養われ、芳吉と命名せらる。
明治二年	四歳	「四歳くらいになっても、まだロクに歩けん、大きくなってからでも、どこへでもおんぶしていった。」（無門関提唱）
五年	七歳	六月六日、義弟喜蔵生る。
八年	一〇歳	七月九日、義弟寛蔵生る。 十歳位の時、一夜に草履十足作る。
九年	一一歳	養母のため、さびしい山路を薬とりに通う。 酒を買いに行き、転んで瓢を破り地に流れた酒を嘗めしはこのころか。
一〇年	一二歳	一月五日、養母とみえ歿す。三十五歳。西牟婁郡野中村中村弁之助五女、天保一四（一八四三）年生。 山仕事、畠仕事に手を染む。
一一年	一三歳	山で仕事してる杣人らに給料を持って行き、彼等から賭博を教えらる。
一二年	一四歳	十三歳から十四歳まで、大和の天の辻（熊野川上流）に四十人の弁当運びと藁運びで、一日三銭七厘の日当を受く。 このころ火縄銃で賭的をうつ。
一三年	一五歳	芝居の幕引をなされしはこのころか。
一四年	一六歳	このころ、筏流しをして新宮に往復。
一七年	一九歳	いち女と結婚。 （四国遍路の際離別。後、いち女は和田新之助に嫁し、湯の峰現在の東屋の隣に住み女児を

		得た。晩年いち女は娘婿の居る大阪に移住し、三十年程前歿した。（三十七年湯の峰にて調査）
一八年	二〇歳	眼疾を発す。眼病の平癒を祈って平治川の滝にうたれる。
一九年	二一歳	眼疾進行し京都府立病院入院はこの年か。一月十日、養父善蔵後妻かんを娶る。彼女は四村渡瀬大玉峰松の妹、慶応元（一八六五）年生。京都府立病院入院中か。
二〇年	二二歳	六月四日、義妹安恵生る。父善蔵、母かん。医師から失明の宣告をうけ、華厳滝、足尾銅山などさまよい、越後出雲崎で行倒れになる。
二一年	二三歳	四国遍路を始めらる。
二二年	二四歳	四国遍路の途上、土佐雪蹊寺の太玄和尚により仏門に入る。
二三年	二五歳	雪蹊寺にて得度。玄峰と号し始めしはこの年か。
二四年	二六歳	初めて雲水の修行に出て、永源寺に掛錫せられたのはこの年か。
二五年	二七歳	永源寺留錫。
二六年	二八歳	祥福寺に掛錫し喚応老師の鉗鎚を受く。六月十五日、義弟善左衛門生る。父善蔵、母かん。
二七年	二九歳	祥福寺留錫。
二八年	三〇歳	宝福寺に掛錫、九峰老師の鉗鎚を受く。
二九年	三一歳	宝福寺留錫。
三〇年	三二歳	九月十九日、虎溪山に掛錫し、これより毒湛・海晏両老師に従う。ここでは容山と号された。
三一年	三三歳	虎溪山留錫、制間中伊勢菰野で伊藤笑応師に会う。
三二年	三四歳	虎溪在錫、制間中菰野で伊藤笑応師の教えを受く。
三三年	三五歳	虎溪在錫。東京の海禅寺現住職後藤棲道師、この年虎溪に投錫。後年玄峰師が妙心管長たり

年号	年齢	主なる事項
		し時、棲道師は宗務総長として、共に妙心寺派のために尽瘁。
明治三四年	三六歳	虎溪在錫。 十二月十九日、雪蹊寺の太玄和尚との養子縁組を長浜町役場に届出。
三五年	三七歳	太玄和尚発病のため、虎溪山より雪蹊寺へ帰る。
三六年	三八歳	六月二十八日、太玄和尚遷化。長浜町八五七番地（雪蹊寺）の戸主となり、雪蹊寺住職を襲《つ》ぐ。
三七年	三九歳	雪蹊寺保存講（頼母子講）を組織し、寺の復興を図る。
三八年	四〇歳	九月十三日、義妹安恵中村恒彦（中村弥三次氏の兄）に嫁す。
三九年	四一歳	円福寺の宗般老師を雪蹊寺に拝請して、接心会を開きしはこの年か。
四〇年	四二歳	虎溪山時代の友人柴田禅郁（太岳和尚）を養子とし、山本姓に改め法嗣と定めしはこの年か。
四一年	四三歳	一月二十八日、義弟喜蔵死去、三十六歳。 雪蹊寺を太岳和尚に譲り、円福寺に再行脚し宗般老師の鉗鎚を受く。
四二年	四四歳	円福寺在錫。
四三年	四五歳	円福寺在錫。
四四年	四六歳	円福寺在錫。
大正元年	四七歳	円福寺侍者寮にあり。黙龍師老大師に弟子入りし、のち老大師と共に龍沢寺に移る。
二年	四八歳	円福寺在錫。
三年	四九歳	宗般老師によって嗣法。龍沢寺住職に懇望せられ、七月林山宝観と共に龍沢寺を参看す。 宗般老師が鮮満各地巡錫の先駆として京城・平壌・安東等を視察。
四年	五〇歳	三月上旬、龍沢寺へ正式に入寺。 四月二十九日、養父善蔵歿す、七十九歳。

五年	五一歳	龍沢寺の不動堂を裏山から現在の位置に移す。 龍沢寺禅堂の改修に着手。
六年	五二歳	神山清兵衛・岩崎重矩氏等により、発辰会組織せらる。 禅堂改修成り、白隠禅師百五十回忌正当に円福寺の宗般、海清寺の南天棒、虎溪山の五峰無底の三老師を拝請し、三週間の接心会を開く。
八年	五四歳	五月、松蔭寺住職兼任昭和四年春まで続く。 龍沢寺庫裡の改築を企図し、それらの費用のため、相国寺の独山老師の揮毫を得て、東京に展観会を催したのはこの年か。
九年	五五歳	龍沢寺の庫裡完成す。
一〇年	五六歳	円福寺の宗般老師発病、八幡へ行き看病せらる。 東京小石川白山の龍雲院白山道場に、正道会が初めて開かれしはこの年か。
一一年	五七歳	松蔭寺の本堂、庫裡及び寺境などの整備を終る。 九月二十八日、義妹安恵の夫中村恒彦病を発し、松蔭寺に静養中歿す。
一二年	五八歳	二月二十三日、大洋丸に搭乗外遊の途に就く。米国大統領ハーヂングとエンブレースし給い、バーミンハムで開催中の世界平和研究会で「世界平和と仏教」に就て講話あり、独逸で関東大震災の報を聞き帰朝。龍沢寺も震災で大破。
一三年	五九歳	震害修覆に際し、本堂及び隠寮の屋根を銅葺にし、それが完成の時、東嶺禅師百五十年記念の授戒会を修す。その資金として円覚寺の堯道、建長寺の時保、天龍寺の精拙、建仁寺の黙雷等諸老師に揮毫物寄贈を願い換金した。それに尽力せられたのが松尾清二氏であった。
一四年	六〇歳	十月、仏蹟巡拝のため印度に旅行。同行者病気のため非常に困難せらる。
昭和元年	六一歳	印度より帰り、松蔭寺に印度風を加味した宝庫を築かれる。
三年	六三歳	犬山の瑞泉寺復興を本山より懇嘱せられしため、松蔭寺後住に宗鶴師を据え、九月瑞泉寺晋

年号	年齢	主なる事項
		山入寺。
昭和四年	六四歳	龍沢寺授戒。
五年	六五歳	瑞泉寺開山堂のあとへ隠寮を移す。四月、東京の正道会を正修会と改め再出発し、伝通会館を、のち更に白山道場を会場とすることとなる。 十月十五日、養父善蔵の後妻かん歿す、六十五歳。 十二月末日、新宮市に中村弥三次氏を訪問。
六年	六六歳	瑞泉寺に禅堂を開単。 八月十六日、義弟善左衛門歿す、三十八歳。但し戸籍面には記載なく、本項は岡本家の報告によるもので、明治二十六（一八九三）年六月十五日生れ四男とあり、三男は夭折のため、報告を省かれしかと思わる。
七年	六七歳	七月、瑞泉寺退山。
八年	六八歳	覚王山に住職し、前来の確執争権を鎮静し安泰ならしめる。 七月二十三日、遺言書を認めらる。
九年	六九歳	四月六日、箱根富士屋ホテルにて満洲国総理鄭孝胥、日高丙子郎、山本玄実等と共に撮りし写真に老大師自署し、一杉藤平氏に贈られしものあり。 八月、飯山の正受庵住職兼務、十五年春に及ぶ。 九月、正受庵接心会、中野に関山国師御生家高梨家を訪問。 九月十五日、井上日召氏のため特別弁護。
一〇年	七〇歳	正受庵の庫裡を改築。 六月、日華仏教研究会員十一人、日華親善のため渡華、各地を巡錫後青島で解散し、須原秀

		文師と二人新京で大橋満洲国外交部次長主催の両師歓迎会席上、新京に妙心寺別院開創の機運生ず。
		十二月二十五日出発、伊勢参宮と郷里に墓参。
一一年	七一歳	近藤政吉氏により老大師のため静浦に去来庵新築せらる。 七月、満洲新京に老大師を開山とする妙心寺別院開創。満洲国皇帝はじめ諸大官の歓迎を受けらる。 八月、古稀と帰国の賀会、伊豆古奈温泉に開かる、会者六十余人。同様の会各地に催さる。 十一月、新京妙心寺別院禅堂開単式挙行。 龍沢寺授戒。
一二年	七二歳	満洲、朝鮮、内地間をしばしば往来せらる。
一三年	七三歳	四月、旅順高等師範学校教職員及び、上級生のため一週間接心。 夏、朝鮮黄海道海州府警察部長一杉藤平氏の懇請により、全警察官のため一週間接心。 満洲国の西方国境を視察せらる。
一四年	七四歳	昨夏以来やや健康を害した上、冬、中耳炎を発し、沼津岩淵病院へ入院治療。
一五年	七五歳	一月、新京妙心寺別院住職退隠の通知を発せらる。 三月、正受庵兼務住職辞任。
一六年	七六歳	三月二十六日、自ら遺言状を改めらる。 十月、龍沢寺僧堂開単。
一七年	七七歳	四月一日、遺言状を改めらる。喜寿大祝賀会催さる。
一八年	七八歳	土佐有沢家で中耳炎を発せらる。
一九年	七九歳	昭和五年に再出発した正修会は、終戦間近の今年まで、十五年の長きに亘って継続せられた。
二〇年	八〇歳	十月三日、宗舜和尚遷化。

年号	年齢	主なる事項
昭和二二年	八二歳	九月、妙心寺派管長に推薦せらる。 十一月二日夜沼津発、三日京都駅着直ちに本山に登山、一山門迎、総長並びに部長茶礼、続いて大方丈にて一山総茶礼、終って微笑塔併びに玉鳳院塔参、十二時登山振舞、四時本所役員焼香番尊宿に饗応。四日九時半出発、円福寺塔参、四時帰山。五日四派六祖拝塔。六日各山（大徳・南禅）拝塔のため一時出発五時帰山。十日入寺式。十一日法皇忌香語あり、十二日山内各寺の住職及び雲衲学徒に垂示。 十二月十日沼津発、十一日朝本山登山。十二日例年開山忌香語あり。十三日所員斎座饗応。薬石総長始め山内各位冬夜晩炊饗応。十四日十時二十分京都発、熱海松濤館に投宿。
二三年	八三歳	元旦、龍沢寺にて元旦口占の偈あり。 花園大学の改革に執掌。 二月十七日、三島発西下、四時犬山瑞泉寺拝塔。十八日八勝閣に歓迎会あり。十九日犬山発京都竹葉亭宿泊。二十日本山登山一時より報告式、勅使門より仏殿に入る、微笑塔にて報告諷経。二十二日開山塔拝塔、大颫軒にて議員総茶礼、茶礼前老師管長辞意を声明、一時開会式管長宣示。二十四日議員奉答文呈上、総長並に部員管長留任を懇請、夜、天授、霊雲、大龍、養源各老師に饗応。二十五日宗会常の如し。二十六日議長謝礼相見。二十七日宗会継続。二十八日宗会閉会。 二月二十七日、義弟寛蔵歿す、七十三歳。 三月三日、臨済宗中学校卒業式に出席、臨済学院に講話。六日霊鑑慈光国師五百年忌香語あり、二時花園駅発六時半和歌山市駒尾旅館投宿。九日和歌山発、田辺、串峠を経て七時湯の峰東屋投宿。八日東屋滞在。九日湯の峰発プロペラ船にて新宮着中村氏宅投宿。十日新宮発十一日夕東京着。十四日全生庵本尊観音大師開眼香語あり。

		四月三日、沼津乗車近江八幡着、平田駅増田武次郎家投宿。四日戦歿者各家歴訪諷経、長楽寺に於ける忠魂碑除幕式に香語あり、三時半平田発八時半妙心寺入山。五日午前中開堂予行。六日午前開堂予行、南禅管長菊僊老師、国清寺海応老師、紀州観福寺その他客多し。七日十時上堂、晩炊国清老師はじめ九氏。八日降誕会に香語あり。九日臨済忌香語あり。十日法皇忌。十一日開山忌。十二日垂示引続き御親授、総供養香語。十三日御親授後八時半犬山へ発向。二十二日妙心寺へ帰山。二十三日御親授、霊雲院宿忌香語。二十五日御親授後九時下山、犬山瑞泉寺に発向。 四月、愛知県余野徳林寺開山三百五十年忌並びに梵鐘落慶式に出向。 十一月十、十一両日、妙心寺に於て花園会代表会議に列席。
二四年	八四歳	三月十一日午後三時名古屋着、五時犬山瑞泉寺隠寮安単。 同十二日より十六日まで、瑞泉塔中臥龍庵にて授戒会導師つとめらる。十四日には臥龍庵開山広通国師四百五十年忌香語あり。同夜林弥え家投宿。 十七日、臥龍庵前にて右足捻挫、二日間臥床。 十九日、瑞泉塔頭臨渓院開山大和尚四百五十年忌、及び半鐘供養導師厳修。瑞泉寺投宿。 二十日、瑞泉塔頭龍済庵にて開山毎歳忌及び地蔵開眼、終って瑞泉寺隠寮にて揮毫。舟木屋投宿。二十一日午前瑞泉寺隠寮にて揮毫。 二十一日、午後岐阜県可児郡伏見町洞興寺に着。二十二日より二十六日まで授戒会導師つとめられ、夕刻犬山八勝閣投宿。 二十七日犬山発、岐阜駅十時四十八分準急、三島着五時五〇分、自動車にて帰山。
二五年	八五歳	元旦、龍沢寺にて元旦口占の偈あり。 一月二十五日（旧暦十二月八日）成道会香語あり。 四月、龍沢寺授戒会。

年号	年齢	主なる事項
昭和二六年	八六歳	龍沢寺を宋淵和尚に禅《ゆず》り住職を辞任。
二七年	八七歳	四月、仏生会に香語あり。
二八年	八八歳	四月十二日、龍沢寺にて米寿祝賀会、来会者二百五十人予定のところ四百人に達す。 十一月十三日より五日間、新宮市清閑院授戒会に戒師として赴かる。十九日天満円心寺戒会香語あり。二十日和深上品寺慰霊祭に香語。二十二日田辺海蔵寺鐘供養に香語あり。松巌院にて米寿賀会を催さる。
二九年	八九歳	三月、和深上品寺に大鐘銘を贈る。 五月十日、八幡円福寺入山并びに開講香語あり。 六月十五日、遺言状を改めらる。 十一月三日、江間東漸寺の延命観世音開眼供養、晋山、斎会に各香語あり。
三〇年	九〇歳	四月十日より五日間犬山市羽黒町妙国山興禅寺授戒会に戒師として赴き、吉野茂二氏宅に投宿、大阪より津田正念居士来り本戒につく。会中、大道真源禅師四百五十年忌呉山和尚七年忌に各香語あり。
三一年	九一歳	六月二十五日、静岡県奥山の方広寺に、足利紫山老師を訪ね旧懐を温む、帰路浜松盲学校長末久二男氏の依頼により、盲人職員、生徒に講話「磨いたら磨いただけの光あり性根玉でも何の玉でも」、この歌を味ってもらいたいと老大師の言葉に一同深く感激す。 高知の雪蹊寺に、彫刻物を収める霊宝殿を建立。
三二年	九二歳	一月、近藤政吉氏邸に、九十二歳誕辰賀会催さる。 三月二十九日、大阪より船にて雪蹊寺に赴き、晋山、供養、追悼に各香語あり。 五月、浜松市助信町鈴木玄智、袴田五平両氏の請に応じ、浜松楽器、信行社、信愛中学校の

三ヵ所に講演法話。

六月三十日、磐田市泉蔵寺津送に香語を贈る。

七月八日、北品川病院人間ドックに入り精密診断を受く。

七月十九日、東京全生庵に於て鉄舟居士七十年忌に香語あり。

七月十九日夜、田中清玄氏宅に行き、二十日朝浴室にて倒れ、二十二日田中氏宅より北品川病院へ入院。

八月十日、北品川病院退院、龍沢寺帰山。

十月十八日より二十四日まで、龍沢寺の入制大接心に無門関提唱。

三三年　九三歳

一月十一日、龍沢寺にて般若会に法話。

三月十一日、竹倉伯日荘より東京行、十七日帰山。

三月十八日（旧一月二十八日）、近藤政吉氏邸にて九十三歳誕辰賀会催さる。

六月八日、紀州へ出向十七日帰山。

六月十八日より七日間、龍沢寺の半夏大接心に無門関提唱。

九月三日、四国に出向十一日帰山。

十月二十五日、大阪に出向二十八日帰山。

十二月二十日、ラジオ静岡で老大師の「私の修行時代」というテープを取る。

三四年　九四歳

一月十八日より二十四日まで龍沢寺の臘八大接心に臨済録提唱。

三月十一日、玄峰、宋淵両老師四国に飛錫、十八日宋淵老師帰山、二十一日玄峰老師帰山。

六月十日、NHK朝の訪問で、東大教授檜山義夫氏との対談放送せられる。

九月二十五日、ツバメ号にて沼津発墓参のため西下。二十六日伊勢湾台風のため新宮市の新宮荘滞在。二十八日瀞八丁廻り湯の峰東屋投宿二泊三日。三十日京都近又投宿。十月二日沼津近藤氏邸投宿、六日龍沢寺帰山。

年号	年齢	主なる事項
		十月二十六日、丸善石油の宇宙の宮よりの招請により、式典終って午後、飛行機にて高知方面巡錫、十一月八日帰山。 十一月十七日、四大不調、石井医師の診療を受く。 十一月二十一日、電車にて上京全生庵着、二十二日正修会提唱。二十八日まで全生庵滞在。 同日午後品川八ツ山病院に入院越年。
昭和三五年	九五歳	二月二十日、北品川病院退院、転地診療のため伊東病院に移り、院長前島巌政氏自宅にて養生。 二月二十一日、義妹安恵歿す、七十四歳。 三月十九日、伊東病院より熱海松濤館に移り養生せらる。 三月二十五日、龍沢寺帰山。 同二十八日、龍沢寺不動尊大祭導師。 四月二十八日、龍沢寺所在地沢地公民館に、五月三日、長岡温泉に、有志による全快祝賀会催さる。 六月十三日、四国霊場巡拝のためツバメ号にて沼津発、新大阪ホテル投宿。十四日大阪天宝山沖より乗船徳島県小松島着、十五日より巡拝始め。 七月二日、巡拝を終り沼津近藤氏邸着、三日帰山。 同九日、大仁ホテル行二週間滞在にて帰山。 九月二十四日、東京全生庵着、正修会提唱。二十五日秋彼岸法要導師。二十九日帰山。 十月『無門関提唱』上梓。 十月二十三日より五日間、犬山市瑞泉寺授戒会導師として赴かる。会者三千人に及ぶ。 十一月十八日、身体異和のため東京に出向、全生庵に妟臥静養。二十二日より二十七日まで

		食物全く摂れず、二十七日夕僅かに摂取、二十九日好転。 十二月二十一日、第一回狭心症発作。二十三日全生庵にて遺言を口授されしも、二十九日頃より好転越年。
三六年 (1961)	九六歳	元日、二日、三日小康状態、床上にて毎日読経せらる。 一月十六日、竹倉に移らんと望まる、依て自動車にて出発、夜七時半竹倉の伯日荘着。 一月二十五日、容態急変、近親者に電話連絡。 五月十四日「玄峰塔」の大字揮毫せらる。 五月二十七日より六月三日まで絶食つづく。この間六月一日短時間意識朦朧たる事ありしも、その他は意識頗る明確。 六月二日、夜中危篤状態、医師の注射、人工呼吸その他あらゆる手を尽したるも、三日午前一時二十五分御遷化。遺骸を即時龍沢寺に移す。 六月五日茶毘に付し、二十五日般若斎を営む。
三七年		六月三日、龍沢寺にて小祥忌を営む。 九月二十八日、御誕生地和歌山県湯の峰温泉場に「玄峰塔」建立。

本書は、大蔵出版から発行された『玄峰老師』（昭和三十八年八月二十日発行）を新たに組み直し、若干の訂正を施したものです。

【編著者略歴】

高木　蒼梧（たかぎ　そうご）

1888年生～1970年没（82歳）
俳人・俳文学者。本名は錠吉、通称は譲。別号に望岳窓主人。愛知県生。『万朝報』『東京朝日新聞』記者。『石楠』『木太刀』等に俳句を発表、冬葉・乙字・亜浪らと交友する。沼波瓊音・伊藤松宇・幸田露伴等の感化で、俳諧研究『連歌俳諧研究』『俳句研究』を執筆。1960年『俳諧人名辞典』(明治書院)により文部大臣賞を受賞。

玄峰老師

発行日　平成21年7月10日　初版第1刷発行ⓒ

編著者　高　木　蒼　梧
発行人　石　原　大　道
印刷所　三協美術印刷株式会社
製本所　株式会社 若林製本工場
発行所　有限会社 大　法　輪　閣
東京都渋谷区東2－5－36　大泉ビル
Tel（03）5466－1401（代表）
振替　00130－8－19番

ISBN978-4-8046-1286-7　C0015　Printed in Japan